中小学
性别平等 教育指南

（第2版）

冯继有 著

华南理工大学出版社
·广州·

图书在版编目（CIP）数据

中小学性别平等教育指南/冯继有著. —2版. —广州：华南理工大学出版社，2022.7（2022.10重印）

ISBN 978 - 7 - 5623 - 7091 - 8

Ⅰ.①中… Ⅱ.①冯… Ⅲ.①中小学生 - 男女平等 - 教学研究 - 指南 Ⅳ.①G631 - 62

中国版本图书馆 CIP 数据核字（2022）第 111355 号

Zhongxiaoxue Xingbie Pingdeng Jiaoyu Zhinan（Di 2 Ban）
中小学性别平等教育指南（第2版）
冯继有　著

出版人：柯　宁

出版发行：华南理工大学出版社
（广州五山华南理工大学17号楼，邮编510640）
http://hg.cb.scut.edu.cn　E-mail：scutc13@scut.edu.cn
营销部电话：020 - 87113487　87111048（传真）

责任编辑：吴翠微　陈　蓉
责任校对：盛美珍　梁晓艾
印　刷　者：广州一龙印刷有限公司

开　　本：787mm×1092mm　1/16　印张：14.25　字数：353 千
版　　次：2022 年 7 月第 2 版　印次：2022 年 10 月第 2 次印刷
定　　价：42.00 元

版权所有　盗版必究　　印装差错　负责调换

目录

序 …………………………………………………………………… 1

再版前言 …………………………………………………………… 3

导言　成为你想看到的改变 ……………………………………… 7

第一部分　播下性别平等的种子
　　　　　　——中小学性别平等教育的使命 ………………… 11

第一章　培育完整的人
　　　　　——中小学性别平等教育的价值 …………………… 13
　　第一节　性别平等人人有责 …………………………………… 13
　　第二节　性别平等的教育反思 ………………………………… 17
　　第三节　男孩女孩共同成人 …………………………………… 22

第二章　不仅仅是性别
　　　　　——中小学性别平等教育的内容 ……………………… 26
　　第一节　性别平等教育内容及其结构 ………………………… 26
　　第二节　以性别平等教育引领统整性教育 …………………… 29
　　第三节　由女生教育转型升级为性别平等教育 ……………… 31

第三章　一起走才能走得远
　　　　　——中小学性别平等教育的途径 ……………………… 34
　　第一节　性别平等教育的课程类型 …………………………… 34
　　第二节　性别平等教育融合课程必要且可行 ………………… 36
　　第三节　合力挑起性别平等教育的重担 ……………………… 38

第二部分　睁开性别平等的眼睛
　　　　　　——中小学性别平等教育的观念 ………………… 44

第四章　思想的性别启蒙
　　　　　——社会性别的基本概念 ……………………………… 46
　　第一节　提高社会性别意识 …………………………………… 46
　　第二节　突破社会性别刻板化 ………………………………… 49

　　　　第三节　实现社会性别主流化 …………………………………… 53

第五章　所有的灵魂不分性别
　　　　——性别的自我认识 …………………………………………… 60
　　　　第一节　性别与身心健康 ……………………………………… 60
　　　　第二节　性别认同 ……………………………………………… 64
　　　　第三节　性别与生涯规划 ……………………………………… 67

第六章　互相独立又彼此相依
　　　　——性别的人际关系 …………………………………………… 71
　　　　第一节　性别角色 ……………………………………………… 71
　　　　第二节　性别互动 ……………………………………………… 76
　　　　第三节　性别与情感 …………………………………………… 79
　　　　第四节　性与权利责任 ………………………………………… 83
　　　　第五节　家庭与婚姻 …………………………………………… 89
　　　　第六节　性别与政策法律 ……………………………………… 95

第七章　男孩女孩向前冲
　　　　——性别的共同发展 …………………………………………… 99
　　　　第一节　性别与资源运用 ……………………………………… 99
　　　　第二节　性别与社会参与 ……………………………………… 103
　　　　第三节　性别的文化反思 ……………………………………… 107

第三部分　迈开性别平等的步伐
　　　　——中小学性别平等教育的行动 ……………………………… 112

第八章　课堂上采摘阳光
　　　　——上好性别平等教育课 ……………………………………… 114
　　　　第一节　动起来上专题课 ……………………………………… 114
　　　　第二节　一体化上融合课 ……………………………………… 120
　　　　第三节　走出去上实践课 ……………………………………… 125

第九章　种成桃李一园花
　　　　——建成性别平等的学校 ……………………………………… 131
　　　　第一节　性别平等教育纳入学校规划 ………………………… 131
　　　　第二节　建设性别平等的学校文化 …………………………… 134
　　　　第三节　构筑性别平等教育的支持系统 ……………………… 142

第十章　让我们荡起双浆
　　——连起家庭社会做性别平等教育 ·············· 153
　　第一节　家长是性别平等教育的第一任老师 ·············· 153
　　第二节　社会是性别平等教育的无围墙学校 ·············· 161

性别平等教育答疑解难 ·············· 168

　　性别平等教育不关注歧视男性吗？ ·············· 168
　　大脑真的男女有别吗？ ·············· 169
　　性别平等影响家庭和谐吗？ ·············· 170
　　让女生先走男生后走是性别不平等吗？ ·············· 171
　　性别平等是反传统的吗？ ·············· 172
　　性别平等教育搞错工作重点了吗？ ·············· 173
　　信息学竞赛设女生奖是性别歧视吗？ ·············· 174
　　开展男女生混合篮球赛合适吗？ ·············· 174
　　父教与母教之间真有条"三八线"吗？ ·············· 175
　　父亲在外儿子软弱怎么办？ ·············· 176
　　"男性化"的女儿如何管教？ ·············· 177
　　幼儿园能开展性别平等教育吗？ ·············· 178

参考文献 ·············· 180

附录一　中山市中小学性别平等教育指导大纲（试行） ······ 182

附录二　中小学性别平等教育优秀教学案例选编 ·············· 188

附录三　重要概念 ·············· 216

后　记 ·············· 220

再版后记 ·············· 221

序

李慧英

（原中共中央党校妇女研究中心主任、教授、博士生导师）

《中国妇女发展纲要（2011—2020年）》首次提出："性别平等原则和理念在各级各类教育课程标准及教学过程中得到充分体现。"这一政策颁布后，几乎没有任何一所中小学开设相关课程。为了打破困局，将政策转化为行动，妇女发展纲要的推动机构——国务院妇女儿童工作委员会办公室（简称"国务院妇儿工委办"）开始在广东等地试点。令人失望的是到了2012年，几乎所有的试点呈现的都是性别类型教育，而不是性别平等教育。这些试点课毫无例外，都将女生与男生区分开来，女生像淑女，男生像男子汉，性别平等教育进入了瓶颈。

直到2014年7月，试点出现转机。2015年5月15日我到广东中山市调研性别平等教育试点，听的两节课呈现出亮色：打破了性别类型的框框，性别多元得到张扬，一向受排斥的性别气质得到悦纳，丰富多彩的个性得到尊重。这正是性别平等教育所要的！正是这次中山之行，我认识了冯继有老师，一个对性别平等发自内心认同的资深教育人，那时他刚刚接触社会性别分析方法，不折不扣零起步，居然设计出具有性别平等理念的课程。之后，他的性别研究与实践进入"快车道"，2015年年底，国务院妇儿工委办在中山市首次举办了全国教育工作者社会性别意识培训班，冯继有老师和教师团队再次开出了精彩的性别平等教育课程，拿出了有分量的"三件套"——《中山市中小学性别平等教育指导大纲（试行）》《中小学性别平等教育指南》《性别平等教育优秀案例汇编》。由此，中山经验推向全国，冯老师也一跃成为全国有影响力的性别培训专家。

这本重新修订的《中小学性别平等教育指南》，就是冯继有老师近几年思考、探索与实践的结晶。它呈现出四个特点：

1. 针对性。指南是为开展性别平等教育的中小学教师书写和量身定做的。教师们要开课要探索，需要一本答疑解惑的书。冯老师熟悉教师们的困惑与问题，便自觉自愿主动承担，用心作答。这种针对性还可以从书稿的设计看出，几乎每一章都是将教师提出的问题与困惑，作为该章的主题与定位。如"性别平等教育真的有用吗"，引出国内外性别平等教育的背景；从"有必要搞性别平等教育吗"，引出对教育领域性别平等的反思。尽管书名叫指南，作者绝无居高临下的说教，也无指点迷津的指导，而是更像朋友一样，讲事实找数据，进行性别分析。这种分析不是枯燥的理论阐释，而是从鲜活的个案入手，经过层层深入的分析，得出出乎意料而又令人信服的结论。在大量案例分析的基础上，冯老师提出了"三基本"的探索思路：社会性别是基本的理论工具，性别刻板化是基本的性别问题，社会性别主流化是基本的推进策略。这种分析探究成为指南的一大特色，从而有力地呼应了教师们的需求。

2. 建设性。如果说，2000年左右性别平等教育破冰是"破"字当头，一批高等院校的性别教育专家立足于解构中小学教育中的性别问题，那么中山性别平等教育试点则是"立"字挂帅，要建设起性别平等教育的主体架构。建构需要以解构作为前提，清理旧有的性别文化，改良板结的文化土壤；解构又要以建构作为目标，建构其多元包容的性别文化。中山经验做到了，它建立起主体架构的三个支柱，即性别平等教育的目标、内容和课程。第一，从教育规律的知情意行入手，确定了性别平等教育的六个目标：消除性别偏见歧视，自尊并尊重他人；突破性别刻板印象，自信并完善自我；培养性别多元意识，涵养关怀包容的胸襟；发展情感处理能力，营造性别和谐的关系；共建文明环境，进行性别平等的互动；善用社会资源，参与性别权利的维护。第二，教育内容分为性别的自我认识、性别的人际关系、性别的共同发展三大主题，再分解为12个模块66项学习任务。由静态走向动态，由个体走向群体，由微观走向宏观，具有内在逻辑关联，兼顾小学初中高中各个学段的学生需求。第三，教育课程包括专题课程、融合课程和实践课程。保障每一个教师参与性别平等教育的课程，保障每一个学生知行合一参与性别平等的实践过程。

3. 实效性。指南并不满足于仅仅转变教师的性别观念，还力图协助教师将性别平等的种子播种在学生心田，塑造未来一代，使他们成为完整的人。在中小学开课和大专院校开课差别很大，后者可以讲概念讲理论，并不影响学生的接受和研究能力提升，而对于中小学生则忌讳一味讲概念，会导致教学的无效。中小学性别平等教育，是教师将性别平等的理念具象化的过程，是一线教师的再创造，挑战性极强。一方面要求教师准确定位课程的主题，找好性别平等理念的切入点；另一方面要通过教师的精心设计将其具体化；与此同时，老师还要组织课堂活动，让学生动起来参与进去，不是教师告诉学生，而是学生体验感悟到性别平等的理念，从而悦纳多元包容的性别观念。作者在第三部分细致深入地探究性别平等教育教师实践的过程、遇到的问题以及应对策略，列出了优秀教学案例、疑难问题解答以及参考书目，供教师们查询借鉴。所以说，本书是全国进行性别平等教育行动的教师必读书。

4. 学术性。指南出现了一批性别概念，成为整本书的一个特色。如果说各个章节构成了性别平等教育的网，这些性别概念就是网上的结。正是这些网结支撑起性别平等教育的主体架构。这些性别概念可以分为两类，一类是在社会性别理论中已经出现的，但作者并不是将其原封不动地搬过来，而是在理解的基础上进行加工，用自己的语言重新概括。如性别分工、性别角色、性别气质等等。另一类没有出现过，需要对于这类新出现的术语进行界定，作者创造了一些新概念，比如：性别平等教育、女生教育，精准地把握了核心，界定得清晰而又准确，甚至还有不少独到的观念。如"性别平等教育不是让女性像男性，也不是让男性像女性，而是让男性女性更人性"。此外，作者还注意到性别概念之间的联系，试图将这种关联性描述出来，比如"对性别气质的认识增加了性别角色的合理性，性别角色的规定性强化了性别气质的两极化"。在这个意义上，指南对于社会性别研究是一份贡献，对于从事性别研究的学者也是一份启迪。

2022年7月5日于布里斯班

再版前言

2021年9月27日，国务院《中国妇女发展纲要（2021—2030年）》和《中国儿童发展纲要（2021—2030年）》（以下简称新一轮"两纲"）正式向公众发布。当天我在自己的微信公众号上发了关于性别平等教育的第193篇文章——《性别平等教育目标更明 举措更实》。

《中国妇女发展纲要（2021—2030年）》"妇女与教育"部分，主要目标第3项提出："大中小学性别平等教育全面推进，教师和学生的男女平等意识明显增强。"策略措施第3条指出："推动各级各类学校广泛开展性别平等教育。适时出台性别平等教育工作指导意见。推动因地制宜开发性别平等课程，加强专题师资培训。促进性别平等教育融入学校教学内容、校园文化、社团活动和社会实践活动。探索构建学校教育、家庭教育、社会教育相结合的性别平等教育模式。"《中国儿童发展纲要（2021—2030年）》"儿童与教育"部分，策略措施第3条中也提出："中小学、幼儿园广泛开展性别平等教育。"

新一轮"两纲"与上一轮（2011—2020年）相比，明确提出了"性别平等教育"的概念及目标，具体提出了性别平等教育的策略和措施，而且是"两纲"协同推动性别平等教育。

因有机会为新一轮"两纲"制定提出建议，我知道这些变化并不突然，而是基于国务院妇儿工委组织开展的中小学性别平等教育试点项目，"中山模式"成为该实践探索的重要成果。国务院妇儿工委办曾明确要求各地，"以中山模式为样本，积极推动本地区开展中小学性别平等教育工作"[①]。

2015年12月初版的《中小学性别平等教育指南》就是中山试点工作的阶段成果，可见"中山模式"的雏形。截至2020年12月，《中小学性别平等教育指南》已重印11次，累计印数超30 000册，成为全国各地开展性别平等教育试点工作的重要参考和培训教材，只可惜无法及时加入性别平等教育不断出现的新要求、新成果。

新一轮"两纲"发布前我就酝酿修订《中小学性别平等教育指南》。正式着手，却颇为纠结。近七年来，新的认识与成果颇丰，几乎每一章节都想修一修，每一段落都想改一改，感觉这样修改下去都要写一本新书了。直到出版社需要再次重印，我才确定了目前存旧补新、小改大补的修订方案。

---

① 国务院妇儿工委办公室. 国务院妇儿工委办公室举办教育工作者社会性别意识培训班［EB/OL］.（2017-04-07）国务院妇儿工委简报2015年第22期. http://www.nwccw.gov.cn/2017-04/07/content_147087.htm.

原版的框架结构和编写体例是合理的，予以完整留存。只在导言前增加了序和再版前言。序，延请对中山性别平等教育及我个人都给予很多指导帮助的李慧英教授撰写；再版前言，则介绍修订的缘起和主要内容。正文最后增补了"答疑解难"。在原后记之后，增加了再版后记。

内容修订主要根据性别平等相关法律政策新要求，补充性别平等相关数据文献新变化，分享性别平等教育新成果，回应性别平等教育新问题。比如，新出台的法律政策主要有新一轮"两纲"、反家庭暴力法、民法典、家庭教育促进法等，新的妇女权益保障法仍在修订过程中，这次未能列入。

正文三个部分中，性别平等教育的"使命""观念"部分，一以贯之，较少修订，增补最多的是"行动"部分。初版性别平等教育的学校整体推进与家庭社会协同较为薄弱，修订后的第九章"建成性别平等的学校"、第十章"连起家庭社会做性别平等教育"内容得到极大丰富。希望给教师指引的同时，还能具体帮助家长开展性别平等家庭教育，为妇儿工作者统筹协调区域性别平等教育提供操作建议。

附录增补最多的是优秀教学案例。增加的案例我同样深度参与，对这些案例的评析融入正文的修订。

存旧是保留旧足迹。

开展性别平等教育试点工作依据的是当时的法律政策，存旧可见真实的历史；旧足迹虽稚嫩或歪斜，但与新足迹共同构成的路径，更具参考价值，这正是当初写"指南"的本意。

补新要应对新挑战。

增补后的"家长是性别平等教育的第一任老师"一节，包括"承担性别平等家庭教育的主体责任""性别平等教育的家校协同""别因性别限制孩子的成长""做孩子性别平等的榜样""营造性别平等好家风"五个部分，结合家庭教育促进法和家庭教育指导大纲，回应家庭教育普遍缺乏社会性别意识和性别平等观念的挑战。增补的"答疑解难"，解答的都是教育工作者、妇儿工作者和家长对性别平等教育提出的真实新疑难，可作为综合运用书中原理和策略来解决实际问题的样本。

幼儿园能开展性别平等教育吗？这是不少读了初版的学前教育工作者提出的问题。我做了肯定回答，也引导支持了相关探索。这次修订便补充了幼儿园开展性别平等教育的讨论与案例，因应了新一轮儿童发展纲要"中小学、幼儿园广泛开展性别平等教育"的要求。

性别平等教育一路走来，得到了很多支持，也承受着误解和偏见，甚至被污名化。作为资深教育人，我做性别平等教育重点关注的依然是儿童的全面发展、健康成长。《男孩女孩一起来》的歌词，我是有感而发，饱含着对性别平等教育成效的生动希冀。

谁说够豪迈
才算好男孩

好男孩也能悉心关怀
谁说够可爱
才算好女孩
好女孩也会激情澎湃
编程探险足球赛
女孩快过来
跳舞插花煮饭菜
男孩别走开
世界千姿百态
每一朵花儿独具风采
突破刻板印象
不要让性别成为阻碍
男孩女孩一起来
摆脱依赖自己主宰
女孩男孩一起来
平等相待彼此合拍

谁说不学乖
不算好女孩
好女孩也能够做总裁
谁说不忍耐
不算好男孩
好男孩也可以哭出来
穿针引线缝铺盖
男孩快过来
风吹雨打太阳晒
女孩别走开
世界千姿百态
每一朵花儿独具风采
突破刻板印象
不要让性别成为阻碍
女孩男孩一起来
跨过高山飞过海
男孩女孩一起来
掌握幸福拥抱爱

新一轮"两纲"性别平等教育目标更明举措更实,是前期探索的成果,更是未来发展的重任。比如,落实"教师和学生的男女平等意识明显增强"的目标,就需要研究师生性别平等观念意识与行动能力的测评工具;"加强对教材编制、课程设置、教学过程的性别平等评估",就需要建立相关的评估机制并有效运行。类似的很多问题,再版依然未能作出充分回应,继续修订,有赖阅读本书并积极投身性别平等教育的你。

到新一轮"两纲"终期评估时,我已经退休五年了,但性别平等教育的事业仍将继续,促进妇女儿童发展的追求永不停歇。希望到那时,我们能有机会一起修订更新版本的《中小学性别平等教育指南》。

导言
成为你想看到的改变

2014年7月8日，我参加了中山市妇联、市教育和体育局联合召开的中小学性别平等教育专题座谈会。会议主题是研究推进广东省性别平等教育试点工作。记得当时会议气氛很热烈，还有不同意见的交锋。我是头一次到妇联开会，一言未发，只记住编写《中山市中小学性别平等教育指导大纲》（试行）（以下简称《大纲》）的任务分配给了市教研室，具体由我承担。与性别平等教育的缘分就是从这项任务开始的。

工作中遇到的困难首先是观念上的。男女平等，一般人都会表示支持，且觉得没有什么难懂的地方，但涉及具体的性别议题就会出现分歧，比如男孩不像男孩、女孩不像女孩的问题。我自认为是具有平等观念的现代人，当时凭直觉也认为将男孩（或女孩）固定为某种形象是不妥当的，也对"性别刻板化"这个词有点印象。不过，要深入探讨这个问题，尤其对于男女两性各展所长、取长补短这些颇具迷惑性的说法，自己深感理论的匮乏。

教研员就是研究教育教学工作的，我经常对教师说要在研究的状态下工作，现在自己的工作遇到了难题，当然也要去研究、去学习。我读的第一批书是中山市妇儿工委办罗慧玲主任送来的，其中有一本妇联干部教育培训参考教材，书名叫《社会性别主流化读本》，这是我第一次接触"社会性别"这个概念。这本书32开，也不厚，主要是为了帮助妇联干部做好推进社会性别主流化的工作，但对我启发很大。后来，我进一步阅读了《社会性别研究导论》《性别与教育》等专业书籍。对社会性别理论的理解也逐步加深，运用其分析一些比较复杂的性别问题，也开始有了那种"迎刃而解"的感觉。

教研员工作一个突出特点就是与一线的中小学教师联系密切。我们不是做纯学术研究，而是要通过研究帮助老师做好工作。一些参与性别平等教育试点工作的老师比我还急，经常问我：性别平等教育教些什么啊？课怎么上啊？催我快点把大纲拿出来。如果教什么、怎么教的问题都回答不了，教研员对于老师来说真就没什么用了。于是，我用上刚学到的社会性别理论，借鉴国内外的相关经验，花了不到两个月的时间，在9月26日拿出了《大纲》的第一稿。《大纲》对中小学性别平等教育的目标、内容和途径都做了比较明确而详细的设计。

不过，一线老师是不喜欢看文件的，课程标准、教学大纲也不例外，考试大纲看的人相对多一些（这其实是个长期存在的问题）。因此，要给老师解读《大纲》，需要做相关培训。记得第一次面向所有试点镇区和学校教师的培训是在中山市华侨中学，由原广州市委党校的葛彬教授先讲，我后讲。不久之前我才接受了葛教授的培训，这学徒工被迫快速"出师"了。那天的培训我是针对老师普遍存在或可能存在的困惑，用《大纲》文本体现的理念、设计予以解答。葛教授在下面听了，觉得还不错，老师们反映也还可以。

如果一本大纲、一次培训就能解决问题，教研员恐怕早就失业了。老师们在试着上性别平等教育课的时候发现问题很多，作为教研员，自然而然地感到提供指导是责无旁贷。东区柏苑小学龙贻君老师试教中山性别平等教育的第一课，就碰到前面提到的男生女生性别优势等问题，我运用新学、新讲的社会性别理论给予指导。在指导教学的过程中，我认识到指导教学不仅要帮助老师理解社会性别理念，还要帮助老师去引导学生通过体验理解社会性别理念，难度不小。随着投入试点工作的老师越来越多，指导的量也越来越大。

渐渐地有老师请我推荐合适的书看，妇联的罗主任也说，列个书目吧，我们买一批相关书籍送给老师。我找了又找，找不到专为教师介绍社会性别理论的书。前面提到的书籍都是大学相关课程的教材，太厚，专业性也太强，让一线的中小学教师读还是有点强人所难。反复权衡后，我还是推荐了《社会性别主流化读本》，虽然这本书原本的读者对象是妇联干部，但它简明实用，至少一半的篇幅对老师是有用的。可是，这本2009年出版的书现在已很难找到。就是在那一刻，一个念头浮现在我的脑海——编写一本适合中小学老师看的，帮助其理解社会性别、开展性别平等教育的书。

本书的主要目标读者是中小学教育工作者，包括教师、校长和教育行政管理人员。同时，本书也可作为大学相关课程资源，用于中小学教师的职前培训，提升准教师的社会性别意识；还可以供妇女儿童工作者、德育工作者、其他性别教育工作者和研究者，以及中小学生家长阅读参考。

全书包括使命、观念、行动3个部分，分10章展开。

第一部分，试图帮助教师获得性别平等教育的使命感，在孩子心田播下性别平等的种子。使命感是做好性别平等教育的前提。我现在如此热诚地投入性别平等教育，就因为它对自己而言已不仅是一项工作，更是一种使命。使命感源自对性别平等教育价值的体认，以及基于对性别平等教育内容和途径的了解。第一章结合《大纲》制定的性别平等教育6大目标，阐述了其核心价值——将男孩女孩培育成完整的人。第二章介绍了《大纲》3大主题、12个模块、66项学习任务的内容安排，说明性别平等教育是整合性教育、升级女生教育、最终形成的基于平等权利的性别教育。第三章介绍了《大纲》专题课程、融合课程和实践课程三类课程体系的途径设计，融合课程尤其体现了性别平等教育共同承担、性别平等原则全面贯彻的宗旨。联合国1995年发布的《人类发展报告》指出"争取男女平等的重要性，不亚于废除奴隶制和殖民主义的消亡"，教师正是用教育的方式参与了这一漫长而伟大的革命。

第二部分，试图帮助教师树立性别平等教育的基本观念，睁开性别平等的眼睛。第四章介绍了社会性别理论的三个重要概念：社会性别、性别刻板化和社会性别主流化。对于性别平等来说，社会性别是基本的理论工具，性别刻板化是基本的性别问题，社会性别主流化是基本的推进策略。因此，这三个概念具有基础性和贯穿性，对理解后面阐述的具体理念有提纲挈领的作用。第五、六、七章对应《大纲》的三个主题做具体的理念阐述。

第五章阐述性别的自我认识，涉及认识身心异同、青春期保健、性别认同、生涯规划等。对性别差异的理解是性别平等观念的一个重难点，特别要注意把握这几点：男女大同小异，个体差异大于性别差异，性别差异主要是社会因素造成的。第六章阐述性别的人际关系，涉及性别角色、性别互动、性别与情感、性与权利责任、家庭与婚姻、性别与政策法律等。性别角色是关键概念，性别的人际关系就建立在性别角色的基础上。性别互动、性别吸引、性关系、爱情、婚姻、家庭都是性别关系。"大丈夫，小媳妇"的性别地位、"男主外，女主内"的性别分工、"郎才女貌"的爱情、"夫唱妇随"的婚姻家庭，提示我们要注意性别关系背后的性别权利。性别平等的要点就是性别关系和性别权利。性骚扰、性侵害、家庭暴力主要就是对妇女儿童权利的侵害，政策法律应保障不同性别者享有平等的权利。第七章阐述的是性别的共同发展，涉及资源运用、社会参与和文化反思等。这里其实是社会性别理论的综合运用。每个性别问题都是社会文化问题，需要运用社会性别分析法，究天人之际，通古今之变，融中西之汇，成一家之言。

第三部分，试图帮助教师形成性别平等教育的行动能力，迈开性别平等教育的步伐。这一部分选用了众多鲜活的教学案例及其他案例、资源等，以指导教育教学实践。第八章是关于三类课程的设计与教学，包括动起来上专题课、一体化上融合课、走出去上实践课。三类课程都要特别关注确定教学目标、组织课堂活动、引导男女协同等方面。第九章是关于学期规划的制定和实施，考虑的是学校的整体安排。建议从教师培训、教育资源和教育科研方面构筑"三力"（人力、物力、智力）支持系统，建议从环境、制度和活动三个方面建设学校文化。要注意的是，广义的学校文化还包括课程文化等，从这个意义上说，性别平等教育就是建设性别平等的学校文化。第十章是关于家庭、社会的联系与协作。家庭、社会其实是中小学性别平等教育的外部支持系统。从学校教师的角度来说，开展性别平等教育要尊重和支持家长，以赢得家长的尊重和支持；要用创意兼具实效的方式，努力争取妇联、社区、社工、志愿者等社会各界的大力支持。

本书试图摆脱某些教师用书的刻板生硬，力求还原教学研讨的现场，在编写体例上力求鲜活。每一部分都从具体的性别平等教育实践情境开始。每一节由教师的"困惑"引入；间或安排"尝试"，让教师通过小而活的实验、观察、调查、讨论等活动，对相关内容产生初步的体验和感受；再进入正文，点评案例、剖析现象、阐述观点等。每一章结束后安排了"本章小结"和"深度探究"，帮助读者概括主要内容，并引发进一步深入学习的意愿。

尝试将学术性与实用性结合起来。没有学术指导的性别平等教育会荒腔走板，没有实用支持的性别平等教育会拘谨呆板；都有了，不结合在一起，那也是打不响的竹板。我与一线老师一起从性别平等教育的实际需要出发，努力学习社会性别理论；又在社会性别理论指导下，不断探索、改进性别平等教育教学工作，让学术性与实用性结合有了底气。

重视社会性别基本概念的学习并讲求方法。因为没有准确的性别概念，就不可能有正确的性别观念。概念学习注意"精"，不搞"韩信点兵，多多益善"。概念学习还须注重"问题引入，情境解析，比较勾连"。比如，社会性别这个概念就由猜婴儿性别的问题引入，在比较女性停车位和孕妇停车位的情境中解析；比较了性别气质与性别角色、性别角色与性别分工等多组概念，联系了性别刻板化、性别偏见和性别歧视等系列概念。本书还将重点概念列表附在书后。在介绍工作经验和做法时，能用概念界定整理工作思路。比如，建设性别平等的学校文化，就将广义的学校文化和几方面可操作的学校文化区别开来。

"性别"游走在生活的每个角落，"性别"渗透进文化的每个层面。这让看似简单的"性别"呈现出复杂的状态，甚至会爆发激烈的矛盾冲突。

新与旧的矛盾冲突。不要以为传统的性别观念一定缠着"裹脚布"，它或许就踩在身边那位靓女的高跟鞋下；也不要以为现代的性别文化遥不可及，其实看看节目《爸爸去哪儿》就可以找到。

知与行的矛盾冲突。应该说在探索性别平等教育的过程中，所有参与者都在不断转变观念、积极行动。但固有的性别生态让观念转变已属不易，见之于行更是充满艰辛。记得有一次讨论性别气质多样化的问题，一位老师这样回应道：别人家的孩子我能理解、尊重，但我自己的孩子绝对不行。既然别人家的孩子可以，说明道理还是知道的；自己的孩子不行，看来践行还是困难的。性别平等有些人就是这样分成了对别人孩子、对自己孩子；有时候已错得轰轰烈烈，却还讲得头头是道；有些事其实可以有所作为，却一直等待仿佛永远不会成熟的时机。

性别平等的进步与问题并存，我们需要建设与批判同行。圣雄甘地有句名言："成为你想在世界上看到的改变。"（Be the change you want to see in the world.）或许，每个参与性别平等教育工作的人也都要问问自己：你想看到世界上性别变得平等，那么，你是否在努力成为你想看到的改变呢？

广东省中山市是孙中山先生的故乡，中山先生也有句名言，"敢为天下先"。中山市的性别平等教育试点工作当然不敢称"天下先"，但还是践行了中山先生倡导的创新精神。说到底，只是想着努力成为我们想看到的改变。

作为性别平等教育实践课程的一种形式，中山市华侨中学的部分高中生成立了"性别平等协会"。一次活动之后我问起前后的"改变"，一位男生抢着讲了他自己的故事：有次班上投影仪的灯泡坏了，上课的老师请同学上去换，一位女同学自告奋勇地上去了，老师随口说了句，"你们班的男子汉都哪去了？让个女孩子换灯泡。"这位男生马上回应道："老师，性别平等，换灯泡这样的事情男生女生都能做。"大家听了也都觉得有道理。孩子们在努力做出自己想要的改变，同时也是我们想看到的改变，这或许就是性别平等教育的真谛。

本书是中山市探索性别平等教育工作的初步成果，凝聚了妇女儿童工作者和中小学教育工作者的智慧和心血。性别平等教育只是起步阶段，未来的路还很长。我们期待更多的同路人。

本书名为"指南"，并非站在某处高地指点迷津；我们更像是探路者，只是走前了几步，转过身道：

来吧！试试往这边走。

第一部分

播下性别平等的种子
——中小学性别平等教育的使命

  这是我们刚开始性别平等教育试点工作时上的一节课，是职业生涯规划与性别平等教育的融合课，授课对象是职业高中一年级的学生。上课后不久，授课的马惠燕老师问了班上的男生一个问题："将来成家了，你希望你的妻子出去工作，还是留在家里？"第一个男生回答，想未来的妻子"留在家里"。再请第二个男生回答，也说想未来的妻子留在家里，还说外面太乱了，留在家里安全些。继续请第三个男生回答，依然选择的是"留在家里"。马老师追问道："好比你的女同学读了这么多年书，就只待在家里不是很可惜吗？"那位男生振振有词地说："读了书，可以好好教育孩子啊。"班上一阵骚动，同学议论纷纷，马老师也有些无奈，只能转入下一个教学环节。

职业高中的性别平等教育融合课（职业生涯规划）

  这节课马老师做了充分的准备，整体的教学效果也是不错的，学生对于就业中的性别歧视都有一定的分析和批判，并表现出积极应对的态度。但上面的一幕还是让我难以忘怀，也引起了我的反思。

  为什么连续三个男生都选择让未来的妻子留在家里呢？一方面，可能与他们自己家庭和周围家庭的性别分工现状有关。职业高中的学生较多来自农村和镇区，很多家庭还沿袭了传统的"男主外，女主内"的性别分工模式，做家务、照顾与教育子女基本上都是妻子的事。另一方面，可能也与当今社会对成功男性的评价与认定有关。在很多人看来，有本事的男人就是家里的顶梁柱，能在外面挣大钱，无须妻子抛头露面。因此，三个男生的回答在一定程度上表达了当前职业高中男生关于性别角色的认知和期许，是家庭和社会的性别文化长期熏陶的结果。可以推想，随着经济和社会的发展变化，这些男生将来真的成家立业，如果大部分人都无法挣到大钱，不能独自承担家庭的经济责任，还必须和妻子分担家务，共同照顾与教育子女，他们的观念能转变过来吗？能适应新的性别角色和性别分工吗？会不会对他们的家庭生活和职业发展造成不良影响呢？

我将自己的反思与上课和听课的老师们进行了交流。我希望老师们不要感到沮丧、灰心，而应由此更强烈地感受到中小学性别平等教育的使命，增强紧迫感和责任感。试想，如果这些职业高中的男生在小学、初中就受过性别平等教育，他们可能就不再都会这样回答，会有更多的男生尊重未来妻子个人的选择，并支持妻子踏入社会、走进职场。即使我们现在开始对他们进行性别平等教育，也会对他们现有的性别观念带来冲击，为他们将来的幸福和发展带来积极的影响。当然，或许有一天整个社会已经完全实现了性别平等，性别平等教育就将结束它的历史使命。

长期从事妇儿工作的专业人士谈起性别平等教育这个话题既入理，又动情。中山市妇联主席、市妇儿工委副主任陈江梅对参与性别平等教育试点工作的老师们说：性别平等意识进入中小学层面，从小抓起，有利于从根本上推动男女平等工作落实。"孩子从小有了性别平等理念，对未来在工作、家庭、社会生活中树立男女平等意识很有帮助。如果他/她成长为决策者，会在公共政策规划设计方面考虑两性平等，在家庭生活中也时常保持这种意识，家庭将会更和谐。"国务院妇儿工委办公室副主任张立也专门撰写了《性别平等教育应从娃娃抓起》一文，文中写道："男女平等是'中国梦'的重要内涵。中小学开设性别平等教育课程，不仅有助于打破中国'男尊女卑'的传统文化壁垒，而且通过把男女平等的精神种子深深地种在儿童幼稚的心田，将为中华民族伟大复兴的'中国梦'增添性别平等色彩，让具有性别平等信仰的儿童成为托举'中国梦'的未来力量。"[①]

在孩子心田播下性别平等的精神种子，是中小学性别平等教育的历史使命，我们大家准备好了吗？

---

① 张立. 性别平等教育应从娃娃抓起［N］. 中国妇女报：新女学周刊，2014-12-23（B1）.

第一章

培育完整的人
—— 中小学性别平等教育的价值

第一节 性别平等人人有责

【困惑】性别平等教育真的有用吗?当今社会存在很多男女不平等的现象,需要的是强有力的法律和政策,得靠政府部门努力才能解决,学校教育无能为力吧?

您说得很对,推进社会性别平等的确应该由政府来承担首要责任。但是,我们又不能仅仅把它当作政府,甚至是某些部门的事。男女平等是我国的一项基本国策,推进性别平等,人人有责。2015年9月22日,国务院新闻办发表了《中国性别平等与妇女发展》白皮书。白皮书开头就指出:"性别平等与妇女发展是人类追求公平、正义与平等的永恒主题,是社会文明进步的衡量尺度,是人类实现可持续发展的重要目标。"

> 【尝试1.1】我国的性别平等与妇女发展
> 《中国性别平等与妇女发展》白皮书认为:"中国始终坚持男女平等的宪法原则,将男女平等作为促进国家社会发展的一项基本国策,不断完善法律法规,制定公共政策,编制发展规划,持续推进性别平等与妇女发展。"请阅读白皮书,对照我们的社会生活实际,说说在您看来,我国在性别平等和妇女发展上取得的重大成就是什么,存在的突出问题又有哪些。

男女平等基本国策

中国共产党自成立之日起,就把妇女解放和男女平等写在党的奋斗的旗帜上。把男女平等作为促进社会发展的一项基本国策,是中国特色社会主义制度的创新,是党和国家推动男女平等事业和妇女全面发展的重要战略决策。

1995年9月4—15日,联合国第四次世界妇女大会在北京举行。时任国家主席江泽民代表中国政府在开幕式上致欢迎辞,他庄严提出:"中国政府一向认为,实现男女平等是衡量社会文明的重要尺度。新中国成立后,我国广大妇女成为国家和社会的主人。我们十分重视妇女的发展与进步,把男女平等作为促进我国社会发展的一项基本国策。我们坚决反对歧视妇女的现象,切实维护和保障妇女在国家政治、经济和社会生活中的平等地位和各项权益。"这是中国政府第一次向国际社会公开承诺,将男女平等作为一项基本国策。

2003年8月27日,胡锦涛同志在与全国妇联新一届领导班子成员和部分中国妇女九大代表座谈时,明确提出:"各级党委和政府一定要充分认识妇女的重要作用和妇女工作的重大意义,牢固树立马克思主义妇女观,坚决贯彻男女平等基本国策,通过扎实有力的工作促进妇女事业的发展。"

2013年10月31日,习近平同志同全国妇联新一届领导班子成员集体谈话并发表重要讲话,他再次强调:"必须坚持男女平等基本国策,充分发挥我国妇女伟大作用,为实现'两个一百年'奋斗目标、实现中华民族伟大复兴的中国梦而奋斗。"

基本国策是由基本国情决定的,针对全局性、长期性、战略性问题的系统对策,反映了解决这类问题的国家意志,具有层次高、时效长、范围广、领域多的特点,对国家全局的政治稳定、经济发展、社会和谐会产生重大、长期的影响。

男女平等基本国策作为促进妇女与经济社会同步发展、男女两性平等协调发展、妇女自身全面发展的一项带有长远性和根本性的总政策,其核心要义包括以下几点:重视和发挥妇女在经济社会发展中的主体地位和作用,推动妇女与经济社会同步发展;在承认男女现实差异的前提下倡导男女两性权利、机会和结果的平等,依法保障妇女合法权益;从法律、政策和社会实践各方面消除对妇女一切形式的歧视,构建以男女平等为核心的先进性别文化;将社会性别意识纳入决策主流,切实在出台法律、制定政策、编制规划、部署工作时充分考虑男女两性的现实差异和妇女的特殊利益。①

男女平等基本国策的提出,是对"性别观点纳入决策主流"的国际社会共识的积极回应;表现出国家领导人,对虽不断改善但依然严峻的男女不平等的社会现实问题,具有清醒的认识和解决的坚定决心;对保障平等权利、激发创造活力、营造社会和谐、实现人民的幸福和国家的富强,具有十分重要的意义。

其中,特别重要的是,性别平等与妇女发展议程纳入顶层政策设计。党的十八大首次将坚持男女平等基本国策写入党的代表大会报告。国民经济和社会发展"十二五"规划首次设立"促进妇女全面发展"专节。2021年9月8日,国务院印发了《中国妇女发展纲要(2021—2030年)》,这是1995年以来我国为推动妇女发展和妇女事业的全面进步制定和实施的第四轮妇女发展纲要。国家制定的其他专门计划纲要也对性别平等和妇女发展议题予以关注,例如:2009年4月国务院颁布了《国家人权行动计划(2009—2010年)》,2021年9月又颁布了《国家人权行动计划(2021—2025年)》,四期国家人权行动计划都有相关内容。法治建设也进一步加大了保障妇女合法权益的力度,例如:2010年10月全国人大常委会通过的《中华人民共和国村民委员会组织法(修订)》第六条规定:村民委员会成员中,应当有妇女成员;第二十三条规定:妇女应当占村民代表会议组成人员三分之一以上。为农村妇女参与村级民主自治提供了有力保障。《中华人民共和国反家庭暴力法》于2015年12月27日第十二届全国人民代表大会常务委员会第十八次会议通过,2016年3月1日起施行。在这样的顶层设计下,各

---

① 国务院妇女儿童工作委员会办公室. 男女平等基本国策的贯彻与实施[M]. 北京:人民出版社,2016.

地也积极探索并创新推动性别平等。就拿广东省来说，2012年6月，深圳市人大常委会通过了《深圳经济特区性别平等促进条例》，这是中国第一部以促进性别平等为题目和主要内容制定的地方性法规。2013年12月起，广东省先后在茂名市和中山市启动中小学性别平等教育试点工作。与此同时，国务院妇女儿童工作委员会办公室在全国范围开展了中小学性别平等教育试点项目。2017年和2018年连续两年，性别平等教育入选中国性别平等十大新闻事件，随后作为典型案例收入联合国2030年妇女参与社会可持续发展议程案例库。

性别平等你我同行

> 【尝试1.2】妇女地位调查
> 凭您的感觉和经验回答以下问题，再与后面的调查数据作比较。
> 1. 男性和女性谁挣的钱更多？差距有多大？
> 2. 男性和女性谁做家务的时间更多？差距有多大？
> 3. 女性担任单位负责人的比例有多少？
> 4. 您认同"男主外，女主内"吗？社会认同的比例可能有多少？
> 5. 您认同"女人干得好不如嫁得好"吗？社会认同的比例可能有多少？

我国推进性别平等和妇女发展取得了举世瞩目的成就，但依然面临着突出的问题和严峻的挑战。

《中国性别平等与妇女发展》白皮书从性别平等与妇女发展的机制保障、妇女与经济、妇女与教育、妇女与健康、妇女与决策管理、妇女与环境、性别平等与妇女发展的法治保障、性别平等与妇女发展的国际交流合作八个方面，详细介绍了男女平等基本国策颁布20年的巨大成就，但也清醒地认识到，"作为世界上人口最多的发展中大国，受经济社会发展水平和历史文化等因素影响，中国的妇女发展还面临诸多新情况新问题，推进性别平等的任务仍然繁重而艰巨"。国务院新闻办2019年9月发布的《平等 发展 共享：新中国70年妇女事业的发展与进步》白皮书，总结中国妇女事业70年辉煌成就的同时也指出，"在更高水平上促进男女平等和妇女全面发展，既面临机遇，又任重道远"。我们且解读一下2010年进行的第三期中国妇女社会地位调查的部分数据[①]。

一是两性劳动收入差距还在拉大，农村妇女土地权益问题依然严重。城市和农村在业女性的年均劳动收入分别仅为男性的67.3%和56.0%；农村妇女没有土地的比例高于男性9.1个百分点，其中因婚姻变动而失去土地的占27.7%，男性仅为3.7%。

二是女性家务劳动负担较重，影响个人发展，妇女参与决策和管理仍面临障碍。72.7%的已婚者认为，妻子比丈夫承担的家务劳动更多，18.9%的在业母亲"有时"或"经常"为了家庭放弃个人发展机会，比男性高6.5个百分点；2.2%在业女性为国

---

① 第三期中国妇女社会地位调查课题组. 第三期中国妇女社会地位调查主要数据报告［R］//谭琳. 2008—2012年中国性别平等与妇女发展报告. 北京：社会科学文献出版社，2013.

家机关、党群组织、企业、事业单位负责人，仅为男性相应比例的一半。

三是性别歧视现象仍在一定程度上存在，妇女发展的社会文化环境亟待改善。有10%的女性报告在就业方面遭遇过性别歧视，男性仅为4.5%；61.6%的男性和54.8%的女性认同"男人应该以社会为主，女人应该以家庭为主"的观点，与2000年相比，分别提高了7.7和4.4个百分点；有40.7%的男性和48.0%的女性认同"干得好不如嫁得好"，与2000年相比，分别回升了10.5和10.7个百分点。

2020年进行的第四期中国妇女社会地位调查主要数据显示，"我国促进男女平等与妇女全面发展的社会环境进一步优化，中国妇女社会地位发生了显著变化，人们对男女社会地位平等的认同达到前所未有的新高度"，但仍有不少问题有待解决。例如，农村女性参与民主管理、民主监督、社会公益活动的比例以及愿意参加村/居委会成员竞选的比例，均低于城镇女性；女性家庭照料负担重、公共服务支持不足；家有3岁以下孩子者中有"托幼服务"需求的比例为35.1%，但3岁以下孩子白天主要由托幼机构照料的仅占2.7%，由母亲照料的占63.7%。社会对女性的偏见依然存在①。

2014年10月世界经济论坛发布了全球性别差异指数，中国在142个国家中仅排在第87位。该指数包括经济参与和机会（薪酬、参与度和领导力）、教育（接受基本教育和高等教育的机会）、政治赋权（在决策机制中的参与度）和健康与生存（预期寿命与性别比例）。我国的主要的差距在于出生性别比失衡，导致在健康与生存领域中指标排名仅列第140位。② 世界经济论坛2021年3月31日发布的《全球性别差异报告》估计，受新冠肺炎疫情等因素影响，实现性别平等还需花费135.6年，与2020年报告的99.5年相比，增加了36.1年。③

经济发展并不必然带来性别平等。未来推进性别平等之路，需要全社会的共同努力。

推进性别平等，政府首责。现代政府的基本职能之一就是依照法律维护社会公平公正，促进社会成员协调发展，保障公民合法权利的实现。因此，政府必须强化推进性别平等的责任和职能，将性别平等和妇女发展纳入经济社会发展的目标体系，采取制定规划、政策倾斜、健全制度、配置资源、公共服务等手段，不断促进妇女发展和性别平等。

推进性别平等，传媒有责。网络时代，传媒更加深刻地影响着社会的各个层面，包括人们的思想和行为。因此，要推进社会性别平等观念纳入传媒决策者、传媒工作者和传媒工作机制主流，引导并督促传媒进行公正的性别描述，还要发挥传媒的社会监督职能，使之成为促进性别平等的工具。在自媒体发达的今天，还要特别重视提高社会公众，特别是妇女的媒介素养。

推进性别平等，教育有责。一方面，性别平等是教育公平的一项主要内涵，是教育民主化和现代化的重要标志。另一方面，教育是推进性别平等的重要手段，虽然见效较

---

① 第四期中国妇女社会地位调查主要数据情况［J］．妇女研究论丛，2022（1）：1；129．
② 2014全球男女平等国度排名：中国位列87［N］．外滩画报，2014-10-31．
③ 世界经济论坛．全球性别差距报告（Global Gender Gap Report）2021. https://www.weforum.org/reports/global-gender-gap-report-2021．

慢，但效果持久、深入。宽泛地说，政府官员、传媒人员乃至全体公众都需要接受性别平等教育。学校教育是要培养具有性别平等观念的未来主人公。可以说，今天的性别平等教育，就是明日的性别平等社会。

推进性别平等的队伍浩浩荡荡，我们加入到行列中去了吗？

第二节　性别平等的教育反思

【困惑】看来，推进性别平等学校教育确实应该有所作为。不过，我感觉学校教育在男女平等方面已经做得挺好的，男孩女孩都同样地接受教育，现在女孩在学校甚至还更有优势，不少学校女老师占了多数，似乎没有必要再搞什么性别平等教育了吧？

首先，我们应该看到学校教育与其他领域一样，在推进性别平等上已经取得了巨大的历史进步，但确实还存在很多的问题，特别是不少问题我们教育工作者往往没有察觉，甚至习以为常。看来，我们需要对性别平等进行深刻的教育反思。

教育内容与课程的反思

下面是一首幼儿园儿歌：

我的一家

大拇指是爸爸，爸爸开汽车，嘟嘟嘟。
爸爸旁边是妈妈，妈妈洗衣服，哗哗哗。
个子最高是哥哥，哥哥拍皮球，砰砰砰。
哥哥旁边是姐姐，姐姐跳跳舞，哒哒哒。
小小指头就是我，我在敲小鼓，咚咚咚。

这首儿歌有着浓重的性别刻板印象：爸爸开汽车，在外工作；妈妈洗衣服，做好家务；哥哥是男孩，喜欢运动；姐姐是女孩，擅长文艺。这首儿歌反映出来的教育内容与课程方面的性别问题，在20世纪末就有专家指出过。[①] 但据幼儿园的老师反映，这首儿歌现在孩子们依然在唱，而且这一类的儿歌还有很多很多。

【尝试1.3】教材的性别分析
　以您手边正在使用的教材为例：
　1. 分析教材的内容。比如：语文教材课文中的男性形象和女性形象，历史教材中的男性人物和女性人物等。
　2. 分析教材的习题。比如：数学、物理、化学等学科应用题的情境中的男性角色与女性角色等。
　3. 分析教材的图片。比如：美术、音乐、体育教材中的动作演示图中的男性和女性等。

---

① 张彬. 试析教材教法中的性别问题[J]. 课程·教材·教法，1998（12）：57-58.

中山市实验小学的语文老师何利对教材中的人物进行了性别形象分析，她使用的是人民教育出版社2011年版《语文》（1～3年级）。

男性形象共41个：其中名人20个；职业角色包括画师、教师、建筑师、老板、国王、弓箭手、微生物学家、地质学家、文学家、政治家等。

女性形象共23个：其中名人1个，就是宋庆龄；职业角色只有售货员，剩下的都是家庭角色——奶奶、外婆、妈妈、女儿。

不难看出，语文教材中女性形象明显比男性形象少，有成就的知名人物就更少。男性形象以职业角色为主，而且很丰富；女性形象则以家庭角色为主，职业角色单调，且有明显限制。

统编版《道德与法治》教材一年级下册第10课"家人的爱"：全课图画中出现孩子形象13人，其中男孩7人，女孩6人，基本相当；出现家人形象20人，其中男性7人，女性13人，女性明显多，接近男性的两倍；做家务、照顾人的家人形象中，男性4人，女性8人，女性又是男性的2倍；外出工作的形象有3人，均是男性，没有女性。一幅图配文"妈妈忙着做家务，是对家人的爱"，另一幅图的配文则是"爸爸辛勤工作，是对家人的爱"。连环画"肩头上的爱"，画的是奶奶送孙子上学，其中一幅背景出现了另一位送孩子上学的家长，还是女性。孩子形象也有明显的性别差异：男孩开门接收寄来的包裹，认真写作业，出门玩耍；女孩则给奶奶捶腿，陪奶奶聊天，跟爸爸妈妈一起买菜。图1-1是某版美术教材小学四年级上册第三单元"厨房交响曲"的第7课"妈妈的好帮手"，教材中写道："妈妈又在厨房里忙开了，我们能不能为妈妈设计美观实用的帮手，让她轻松愉快些呢？"图片中系着围裙的和帮忙的三个学生都是女生。这时，我们是否要问一问："爸爸去哪儿啦？""男生去哪儿啦？"（我们有心的教师敏锐地发现了教材的问题，并将其改造成了一节性别平等教育的融合课，详见本书第八章【尝试8.6】）

图1-1　某版美术教材截图

大量的分析均显示，中小学教材所描绘的社会是由男性主导运作的，女性的角色和活动常常被忽略，少数对女性的描述，或是过分强调"女主内"的家庭角色，或是歪曲丑化女性形象。我们常常会看到这样的教材插图：母亲在厨房做饭，父亲则坐在客厅的沙发上看报纸。教材中所描述的女性大多数属于依赖、被动和服从的类型，她们缺乏智慧、冒险精神和创造精神，表现出目光短浅、温和美丽、寻求同情和保护等。

我们老师试着分析一下自己教授多年、习以为常的教材，一定会发现现行的教学内容和课程存在的突出的性别问题。这些问题正潜移默化地影响我们的学生，导致其无法正视女性的经验和成就，习得性别刻板印象，忽略个体差异。

教师观念和行为的反思

> 【尝试1.4】男生女生的数学学习
> 　　请一些老师或学生回答下面的选择题，然后将答题情况进行统计分析。
> 　　1. 一位男生数学成绩不好，您觉得最主要的原因可能是：
> 　　　　A. 性别差异　　　B. 兴趣不同　　　C. 不够勤奋
> 　　2. 一位女生数学成绩不好，您觉得最主要的原因可能是：
> 　　　　A. 性别差异　　　B. 兴趣不同　　　C. 不够勤奋
> 　　您的选择分别是什么呢？

　　男生逻辑思维能力强，女生更善于机械记忆；男生粗心、马虎，女生扎实、用功；男生反应机敏，女生比较古板；男生爱玩、乐于思考，女生对感性的、形象的东西更感兴趣；男生可以全心投入学习，女生易受情绪困扰；男生比女生更有潜力，且男生擅长理科，女生擅长文科。上述带有明显性别偏见的观念可以说已经成为大多数教师心中牢不可破的"常识"，甚至被当作教育规律写入一些教育教学论文和专著中。

　　下面是笔者在一次讲座前，让老师们做"尝试1.4"这两道选择题后，得出的一个简单的结果统计（答题教师人数96人）：

原因	男生	女生
A. 性别差异	1	39
B. 兴趣不同	38	49
C. 不够勤奋	57	8

　　虽然只是一个简单的小调查，但还是可以得到一个清晰的事实，即教师对数学学习困难的归因，男生和女生有明显不同。归因为性别差异的，女生明显多于男生，说明不少教师还是认为男生比女生更适合学数学；归因为不够勤奋的，男生明显多于女生，说明很多老师还是认为女生通常比男生学习更加勤奋。

　　老师的教育观念必然反映在教学行为上。作者选取了老师的课堂提问做了一个小研究，观察比较了不同类型的小学和中学各10节不同学科的课堂。老师提问后请学生作答的情况如下：

学校类型	作答学生总人次	男生人次	女生人次
小学	289	132	157
中学	183	117	66

　　可以看出，小学女生作答的机会更多，而中学则是男生的作答机会更多。老师们可能会说，小学的确是女生更安静，更专心听讲，表达能力更强啊；到了中学男生更善于

思考，更有主见啊。这背后的社会性别观念问题，我们后面还将详细阐述，老师们至少应该先问一问，我们的教学行为是不是在支持并不断强化这样的差异。

20世纪80年代中期国外就有研究者做过类似的研究，通过对100多个班级进行3年的观察，发现这些班级的授课老师都更多地叫男生回答问题并给予更多鼓励。当女生答错，老师往往会叫其他同学帮她解答；如果男生答错，老师则倾向于启发他回答。另外，老师在课堂提问是倾向于对男生提开放性问题，而对女生更多的是提那些需要记诵的问题。还有研究表明，师生互动的性别差异在学科间有所不同：在语文和外语课上，老师与女生的互动相对较多；在数学和科学课上，老师与男生互动更多。特别需要警醒的是，斯宾德（D. Spender）的研究指出，老师们常常意识不到自己的性别偏见在多大程度上影响了课堂互动。当老师认为自己与男生和女生互动的时间一样多的时候，其实与男生的互动比与女生的互动多两倍；当老师与女生的互动时间超过1/3的时候，老师和班里的男生就认为已经超过一半的时间了。

如果加上性别的视角，观察一下其他教师的课堂行为，也审视一下自己与学生的课堂互动情况，一些从未有过的发现一定会让您有所触动，并有所行动。

学校组织与文化

> 【尝试1.5】学校里的性别比
> 请从以下几方面采集数据并进行分析：
> 1. 您所在学校学生社团（或兴趣小组）男生和女生的分布情况。
> 2. 您所在的校园里名人雕塑中男性与女性的比例，名人名言中男性与女性的比例。
> 3. 您所在镇区男教师与女教师的比例，男校长与女校长的比例。

表1-1是一所小学部分社团男女生分布情况统计表。

表1-1 某小学部分社团男女生分布情况

社团名称	人数	男生	女生
合唱	60	15	45
拉丁舞	63	13	50
武术	25	24	1
信息学A	35	32	3
信息学B	15	15	0
篮球	13	13	0

大家很快发现，合唱、拉丁舞社团女生人数明显多于男生，武术、信息学和篮球社团男生人数明显多于女生，篮球社团甚至完全没有女生。如果统计一下老师自己学校的相关数据，会发现这种情况都不同程度地存在。或许有老师会说，这都是孩子们自愿选

择的,但深究下去就会知道,孩子们在社团选择上表现出的性别差异,与平时学校对男女学生的不同要求和期待直接相关,而这些差异反过来又会强化社会、学校以及孩子们自身的性别偏见。

关于我们教师队伍的性别结构,一个普遍的说法就是"阴盛阳衰"。2012 年教师节,《中国青年报》做了一个这方面的专版[1],其中引用了由北京师范大学发布的教师蓝皮书《中国中小学教师发展报告(2012 年)》的几组数据,我们认真解读一下,也许对这一普遍说法会有自己的独到见解。

2001 年与 2009 年全国中小学专任女性教师所占比例:

年份	小学	初中	高中
2001	52.16%	43.9%	37.46%
2009	57.11%	48.81%	46.87%

2009 年城、镇、乡小学和初中专任女性教师所占比例:

学校	城	镇	乡
小学	79.39%	68.16%	46.11%
初中	64.4%	47.88%	41.67%

2009 年部分地区小学专任女性教师所占比例:

北京	上海	广东	贵州	云南	西藏
74.4%	74.21%	61.74%	43.66%	46.56%	49.15%

仔细分析不难发现,所谓教师队伍"阴盛阳衰"只是在经济发达地区的城镇小学和城市初中有表现,在全国范围来看,专任教师性别比例大致均衡,而经济欠发达地区、农村、更高学段男性专任教师的比例还是更高些。教师队伍的这种状况其实依然没有脱离固有的男强女弱、男高女低的社会格局。因为,在经济发达地区、城市和小学,教师的社会地位或经济收入还是属于相对较低的,于是女性偏多;在经济欠发达地区、农村和高中,教师的社会地位或经济收入就属于相对较高的了,所以男性还是不少。

根据教育部网站的统计数据,2020 年全国中小学女性专任教师占比分别为高中 55.63%、初中 58.81%、小学 71.14%,比例均有进一步的提升,同样未脱离男强女弱、男高女低的社会格局。还要看到不同学科教师内部的性别不平衡,比如,中小学体育教师一直以男性为主,虽比例逐年下降,但 2018 年的占比依然高达 76.3%[2]。某市几大幼儿园曾专门招聘男体育教师,幼儿园为数不多的男教师几乎都主教体育。

不少人提出中小学教师招聘男性优先,且以较隐晦的方式实施,如免费师范生降分

---

[1] 让男教师不再"逃离"中小学 [N]. 中国青年报:教育·科学版,2012-09-10.
[2] 潘建芬,肖兰敏. 全国中小学体育教师队伍配置结构与优化 [J]. 中国学校体育,2020 (9):46-48.

录取男生；分性别设岗招聘教师，导致能力素质比女性差的男性应聘成功的机会更大。要看到中小学教师性别比例失衡的问题（不过，女教师多造成男生不阳刚并不成立），更要看到问题的本质。性别文化宣扬女性适合做教师，性别机制又压减女性进入其他行业的机会。说男性适合当警察，不嫌男警察多；说女性适合当教师，却嫌女教师多，逻辑显然不通。不能用性别歧视的方式去解决性别不平等的问题，只有社会各行各业对女性求职者没有歧视，女性占比少的行业招聘采用相应的女性优先，中小学教师招聘才可能实现男性优先。

更能说明问题的是，在教师队伍内部，行政管理者还是男性居多。珠三角某市的男性校级领导386人，女性校级领导184人，不够男校级领导人数的一半，担任正职的男女人数差距更大。所以，不要让所谓"阴盛阳衰"的说法，掩盖了学校人事结构中依然突出的"男强女弱"。

再说学校文化，先从容易看见的校园文化设施入手吧。有心人关注了某所师范大学附属中学的名言牌，结果全部为著名男性的名言。当然，这些名言本身并没有问题，同样可以激励男生和女生奋发向上。但这是否又在默默地向学生传递一种信息：只有男性的言论才可能名垂青史，传诸后世，值得学生铭记于心，见之于行。文化更多是无声无息，如空气般弥散开来的。我们教师身处校园，但绝不能被性别不平等的学校文化包围而不自知。

在甘肃省某贫困县的一个乡曾经有过这样一项教育政策，为了普及教育作出了动员适龄儿童入学的规定。每户农民，家里有三个适龄男孩的，父母必须送两个入学；家里有三个适龄女孩的，则至少要送一个入学。这样的规定也许现在已经被废止了，但我们教师不能忽视教育中性别问题的普遍性和严重性，关于性别平等的教育反思不能停止。

第三节　男孩女孩共同成人

【困惑】学校教育推进性别平等还真是有很长的路要走，有很多的事要做啊。可是，我们中小学性别平等教育的目标定位究竟是什么呢？

您的问题相当关键，中小学性别平等教育的目标定位，可以说是中小学性别平等教育最本原的问题。不弄清这个问题，我们后面要谈的具体教育教学工作就有可能事倍功半，甚至南辕北辙。

什么是性别平等教育

性别平等教育有广义和狭义之分。

广义的性别平等教育实际上就是"体现了性别平等的教育"，是指不同性别者在接受教育的全过程中，在教育的各个领域均享有平等的机会和权利。联合国教科文组织在《2003—2004年全民教育全球监测报告》中指出，性别平等教育意味着三个方面的平等：①教育机会平等。男女两性进入学校的机会相同，家长、教师和整个社会在这方面没有性别歧视。②学习过程中的平等。男女两性受到相同的对待和关注，在课程、教学方法和教学工具方面免受陈规旧习和性别歧视的影响，可以有相同的学业导向。在接受建议时也不受性别歧视，可以使用相同数量和质量的教育设施。③教育结果的平等。学习结果、受教育年限、学术资格和文凭不因性别而不同；外部结果也平等，工作机会相等，离开全日制教育以后找到工作的时间相近，有相同资格和经历的男性和女性所取得的报酬相等。

狭义的性别平等教育则是"关于性别平等的教育"，是指培养性别平等的观念和行动能力的教育。"教育拥有改变不平等性别关系、规范、实践，促进性别平等作为一个基本的价值观被接受的巨大潜力。"联合国教科文组织发布的《在教育全过程推进性别平等战略（2019—2025）》致力于"使教育系统更具有性别的变革力，推动性别平等""使女孩和妇女在教育中得到赋权，以获得更好的生活、更好的未来"两个目标，立足"以更精确的数据为教育全过程中的性别平等行动提供依据""更全面的法律、政策和规划框架以增进权利""更优质的教育和学习实践以促进赋权"三个优先领域，展开的行动包括：研发突破教育机构及学习内容中的性别刻板印象的方法，支持融入性别平等的课程改革等。《大纲》采用的就是狭义的概念，本书后面要讨论的主要也还是狭义的性别平等教育，部分内容兼及广义的性别平等教育。

性别平等教育的意义

在《大纲》中，我们是这样表述性别平等教育的意义的："性别平等教育，是贯彻落实男女平等基本国策的重大举措，是推进实施妇女发展纲要规划的重点目标，也是践行社会主义核心价值观的重要载体。中小学性别平等教育，是培养中小学生性别平等观念和行动能力，促进其个人成长、和谐相处并参与建设性别平等社会的教育，是进一步加强和改进中小学德育工作、全面推进素质教育的重要组成部分。"

一方面，性别平等教育具有重要的社会意义。首先，男女平等作为基本国策具有长期性和广泛性，要真正贯彻落实并深入人心当然不能缺少性别平等教育这一重要举措。其次，《中国妇女发展纲要（2011—2020年）》在总目标中明确要求保障妇女"平等享有受教育的权利和机会，受教育程度持续提高"，"妇女与教育"领域主要目标的第1条就是"教育工作全面贯彻性别平等原则"。《中国妇女发展纲要（2021—2030年）》在总目标中明确要求"妇女平等享有受教育权利，素质能力持续提高""男女平等理念更加深入人心"，"妇女与教育"领域主要目标第3项明确要求"大中小学性别平等教育全面推进，教师和学生的男女平等意识明显增强"。如果缺少性别平等教育，妇女发展纲要的这些重要目标就无法实现。最后，"平等"包含了性别平等，"公正"包含了性别公正，"和谐"也体现在性别和谐，性别平等价值观是社会主义核心价值观的重要组成部分，开展性别平等教育就是在切实践行社会主义核心价值观。

另一方面，中小学性别平等教育具有重要的教育功能。微观层面，性别平等教育让中小学生具备基本的性别平等的观念和行动能力，从而帮助其就个体而言，健康成长；就人际而言，和谐交往；就社会而言，建设公义。中观层面，开展性别平等教育是适应改革开放和社会发展变化的新形势，进一步加强和改进中小学德育工作的新动作。宏观层面，性别平等观念和行动能力属于中小学生核心素养的一部分，开展性别平等教育实质上就是在更加全面地实施好素质教育。

性别平等教育的目标

> 【尝试 1.6】您期望性别平等教育的效果
> 1. 对于学生来说,在知识、能力、行为、态度等方面要达成哪些新要求?
> 2. 对于教师来说,在教育观念和教学行为方面要发生怎样的新变化?
> 3. 对于学校来说,校园文化和环境会呈现出什么样的新面貌?

《大纲》概括了性别平等教育六个方面的总目标:①消除性别偏见歧视,自尊并尊重他人;②突破性别刻板印象,自信并完善自我;③培养性别多元意识,涵养关怀包容的胸襟;④发展情感处理能力,营造性别和谐的关系;⑤共建文明环境,进行性别平等的互动;⑥善用社会资源,参与性别权益的维护。

这六大目标是依照知、情、意、行的教育规律,从认识理解、行为习惯和情感态度三个维度展开的。认识理解的维度上,包括消除性别偏见、突破性别刻板印象、具有性别多元意识等;行为习惯的维度上,包括情感处理能力、性别互动能力、资源运用能力,能够超越社会性别的限制实现个人的充分发展、参与建设文明的性别环境、维护合法的性别权益等;情感态度的维度上,包括自尊自信、尊重他人、关怀包容、关心社会、崇尚公平正义等。

如果形象地说,这六大目标其实就是性别平等版的《我有一个梦想》:

我梦想有一天,那个特别内秀的男孩不会被嘲笑为娘娘腔。

我梦想有一天,那个喜欢电脑的女孩不会被建议去舞蹈班。

我梦想有一天,那个单亲家庭的孩子不会再承受异样的眼光。

我梦想有一天,那些长大的孩子拥有更加自由的和美爱情。

我梦想有一天,建立起没有暴力的和睦家庭、没有骚扰的和谐职场。

我梦想有一天,再没有性别的强势,只有民族的强大、人类的强大。

培育完整的人

男孩女孩,都要长大成人;男人女人,都应该是完整的人。中小学性别平等教育的价值,用一句话来概括就是——培育完整的人。这与党的教育方针"培养德智体美劳全面发展的社会主义建设者和接班人"是完全一致的。

20 世纪初的女性主义作家夏洛蒂·吉尔曼(Charlotte Perkins Gilman)较早明确提出"完整的人"这一概念。她反对社会公共领域与家庭私人领域的隔离,认为"这种隔离对男女两性都是有害的,这样做的最严重后果,就是限制了每一性别可能对社会所做的贡献"。中国传统文化也认为修身齐家与治国平天下是一脉相承、一以贯之的。可惜当时这只面向君子,淑女终究是困于家庭,而君子开始远庖厨,进而也与家庭生活渐行渐远。如果拆除家庭与社会生活的藩篱,人性的壁垒也将土崩瓦解,建立于性别刻板印象之上的男性或女性形象也将不复存在。

完整的人拥有完善的人格。既不是以男性为中心的男人或女人，也不是互相对立冲突的男人或女人，而是独立自主、平等和谐、相互借鉴、协同发展的新型的男人和女人。

完整的人经历完美的人生。不是主内主外、画地为牢，而是家庭生活和社会生活相得益彰。

亲爱的老师们，让我们一起开展性别平等教育，努力把孩子们培育成这样的完整的人吧！

本章小结

我国的性别平等取得了进步，也面临着挑战。推进性别平等人人有责，政府负有首要责任，教师也要承担起自己的责任和使命，那就是进行性别平等教育。广义的性别平等教育实际上就是"体现了性别平等的教育"，狭义的性别平等教育则是"关于性别平等的教育"，是指培养性别平等的观念和行动能力的教育。反思我们的教育内容与课程、教师观念与行为、学校组织与文化，不难发现性别平等教育才刚刚起步，仍有需要不断完善的地方。中小学性别平等教育具有重要的社会意义和教育功能，从认识理解、行为习惯和情感态度三个维度可以展开为六大目标，它的核心价值就是——将男孩女孩培育成完整的人。

深度探究

1. 请关注一则近期发生的有关性别平等问题的新闻事件，在深入分析的基础上，提出推进男女平等基本国策的针对性建议。

2. 性别平等教育就是因性施教吗？请比较因性施教与因材施教。

3. 请观察分析教师安排学生承担某些学务工作时有无性别差异，要体现性别平等教育应该如何加以改进？

4. 请以未来完整的人（男人或女人）的身份，写一篇日记，描绘您心目中性别平等的理想生活。

第二章

不仅仅是性别
—— 中小学性别平等教育的内容

第一节　性别平等教育内容及其结构

【困惑】中小学性别平等教育究竟要教些什么呢？就算把性别平等的口号翻来覆去地解读，两三节课不也就讲完了吗？

您的看法有道理，中小学性别平等教育的内容不能粗略笼统、翻来覆去。性别平等教育，不仅仅是性别，而是基于性别生长出的丰富的教育内容。当然，也不能将与性别无关的内容纳入其中。

> 【尝试2.1】性别平等教育教什么？
> 　　试着想想怎样规划下面的教育内容：
> 　　1. 家长、老师都很紧张的早恋问题放在哪个学段教呢？
> 　　2. 社会高度关注的儿童性侵害的预防讲些什么内容，从几年级开始讲呢？
> 　　3. 有些内容似乎与心理健康教育有重叠，怎么办？

教育内容结构表

《大纲》参考了已有经验，并考虑了我们教育制度、课程设置的实际情况，根据中小学性别平等教育目标，对教育内容进行了详细的分解，做了具体的设计安排。设计教学内容时，对于像"尝试2.1"提到的一些问题，都要反复斟酌、认真考虑、试行修订。《大纲》的整体教育内容及其结构关系见表2–1。

表 2-1 中小学性别平等教育内容结构表

主题	模块	学习任务 小学	学习任务 初中	学习任务 高中
性别的自我认识	性别与身心健康	1.1 认识两性身心的异同 2.1 知道身体意像对两性身心的影响 3.1 认识两性青春期身体发育和保健	4.1 尊重两性青春期身心发展与差异 4.2 分析媒体对身体意像的表现	5.1 破除自我的体像烦恼 5.2 注重两性青春期生理与心理的卫生保健
性别的自我认识	性别认同	1.2 尊重不同性别者的气质 2.2 了解性别气质的刻板化 3.2 理解性别气质的多样化	4.3 辨析性别气质刻板化对个人的影响 4.4 接纳自己的性别气质	5.3 破除性别气质的刻板化 5.4 认同自己的性别气质
性别的自我认识	性别与生涯规划	2.3 欣赏不同性别者的创意表现 3.3 认识不同性别者的成就与贡献	4.5 探索不同性别者追求成就的历程 4.6 了解生涯规划可以突破性别限制	5.5 分析职场中不同性别者的工作困境 5.6 制定生涯规划不受性别限制
性别的人际关系	性别角色	1.3 辨别性别角色的刻板化 2.4 了解不同性别者在团体中所扮演的重要角色 3.4 了解家庭与学校中的分工不应受到性别限制	4.7 思考传统性别角色对个人学习与发展的影响 4.8 分析性别平等的分工方式对于个人和社会发展的影响	5.7 反思家庭、社会存在的性别角色差异 5.8 消除性别分工的偏见和误解
性别的人际关系	性别互动	1.4 学习与不同性别者平等互动 2.5 尊重不同性别者做决定的自主权 3.5 学习在性别互动中展现自我特色	4.9 分析人际互动中的性别刻板模式	5.9 展现在性别互动中的自主性 5.10 尝试消除人际互动中的性别偏见与歧视
性别的人际关系	性别与情感	1.5 不受性别限制表达自己的感受和意见 2.6 了解两性表达情感都有权采取适宜的方式 3.6 辨别不同类型的情感关系	4.10 学会性别间恰当的情感表达方式 4.11 学习处理与异性的情感关系	5.11 学习情感表达与沟通的方式 5.12 学习以合适的态度处理情感关系中的问题

续表

主题	模块	学习任务		
		小学	初中	高中
性别的人际关系	性与权利责任	1.6 知道保护自己的身体隐私 2.7 认识性骚扰和性侵害的类型 3.7 消除性萌动的困惑 3.8 了解性骚扰和性侵害的危害	4.12 认识安全性行为并保护自己 4.13 学习自我保护，预防性骚扰与性侵害	5.13 理解性健康与幸福的真谛 5.14 懂得采用安全性行为的保护措施 5.15 培养应对性骚扰与性侵害的能力
	家庭与婚姻	2.8 认识家庭暴力及其求助的渠道 3.9 认识家庭暴力对身心发展的影响	4.14 掌握家庭暴力的防治办法	5.16 探讨如何突破婚姻中性别刻板模式
	性别与政策法律	3.10 了解人人享有平等的权利，不受性别限制	4.15 学习维护性别权益的相关政策法律	5.17 认识性别相关法律的精神内涵及其所赋予的权利
性别的共同发展	性别与资源运用	2.9 发现校园中资源运用与分配的性别差异 3.11 运用科技和媒体资源，不因性别而有差异	4.16 运用校园各种资源，突破性别限制 4.17 运用科技和媒体资源解决问题，不受性别限制	5.18 运用相关法律维护性别弱势者权益
	性别与社会参与	3.12 调查社会中的性别歧视	4.18 参与公共事务，不受性别限制	5.19 参与讨论社会性别问题并提出建议
	性别的文化反思		4.19 认识历史进程中的性别文化变迁	5.20 反思民俗、媒体、文艺作品中对性别的限制，寻求改善策略

注：学习任务的序号用 x.y 表示，其中 x 表示学段（1 为小学低年级，2 为小学中年级，3 为小学高年级，4 为初中，5 为高中或职业中学），y 表示同一学段学习任务安排的顺序。

教育内容设计思路

认真阅读表 2-1 会发现，《大纲》的中小学性别平等教育内容是基于学生需要和教育需要，分层、逐段设计安排的。

一是基于学生的需要。比如：通过对学生的问卷调查和访谈，我们了解到从小学高年级开始，孩子们对异性间的交往和情感方面的问题就开始关注，并且需要帮助和支持。为此，《大纲》专门开辟出"性别与情感"模块，设计了"辨别不同类型的情感关系""学习处理与异性的情感关系""学习以合适的态度处理情感关系中的问题"等学习任务。

二是基于教育需要。教育的需要有些是回应社会要求。比如预防性骚扰、性侵害的多个学习任务，是对性侵害未成年人恶性案件引发的汹涌社会舆论的回应。有些则来自专业判断。比如关于突破性别刻板化的多个学习任务，与社会文化习俗，包括与孩子已有的感受都是相冲突的，但从社会性别的观念来说，又是无法回避且刻不容缓的。当然，对于某些在社会和家长中争议较大的内容，我们基于积极而稳妥的原则，继续深入调研，暂缓列入学习任务。

三是分层细化。3个层级是主题、模块和学习任务。在性别的自我认识、性别的人际关系和性别的共同发展3个主题下，分解为12个模块。性别的自我认识主题包括性别与身心健康、性别认同、性别与生涯规划3个模块，性别的人际关系主题包括性别角色、性别互动、性别与情感、性与权利责任、家庭与婚姻、性别与政策法律6个模块，性别的共同发展包括性别与资源运用、性别与社会参与、性别的文化反思3个模块。12个模块下总计安排66项学习任务。分层细化保证了性别平等教育内容的整体性，符合性别平等教育的内在逻辑。

四是逐段递进。五个学段是小学低年级、小学中年级、小学高年级、初中和高中（职中）。小学低年级有6项学习任务、中年级有9项学习任务、高年级有12项学习任务，初中有19项学习任务，高中有20项学习任务。不同学段在同一主题、模块下的学习任务是递进式的。以"性别认同"模块为例：小学低年级的学习任务是"尊重不同性别者的气质"，小学中年级的学习任务是"了解性别气质的刻板化"，小学高年级的学习任务是"理解性别气质的多样化"，初中的学习任务是"接纳自己的性别气质"等，高中的学习任务是"认同自己的性别气质"等，对"性别气质"由"尊重不同""了解刻板""理解多样"，到"接纳"，再到"认同"，一段一个阶梯地完成了"性别认同"。逐段递进保证了性别平等教育内容的发展性，符合中小学生成长的客观规律。

第二节　以性别平等教育引领统整性教育

【困惑】我看到中小学性别平等教育内容中有"预防性骚扰与性侵害""消除性萌动的困惑""认识安全性行为"等，这不就是学校曾经开展过的性教育的内容吗？性别平等教育和性教育是什么关系呢？怎么处理两者的教育内容才会比较好呢？

《大纲》设计安排的中小学性别平等教育中的确有属于性教育的内容，也应该有。那么，性别平等教育与性教育有什么区别，又有怎样的联系呢？

【尝试 2.2】除了性之外的性教育

请思考以下几个问题：

1. 对于一个遭受了性侵害的儿童来说，除了性之外，最重要的是孩子的什么遭受了侵害？
2. 比较一下众多性骚扰事件行为人和受害人之间的地位，您有什么发现？
3. 当有人说"早恋"的孩子很多都是行为有问题的孩子，这提示我们，除了性，"早恋"中更重要的问题会是什么呢？

性教育的立足点是生理性别（sex）。一般来说，性教育是指关于性知识、性道德和性行为等方面的教育。

性别教育的立足点是社会性别（gender）①。有研究者认为，性别教育就是社会性别的教育，是指以特定社会背景中的性别观念为基础，通过有形和无形的方式渗透到教育的各个环节，影响受教育者性别认知的发展和性别观念的形成，产生相应性别行为的社会化教育过程。② 性别平等教育就是基于平等权利的性别教育，因此，就目前的教育实践而言，性别平等教育和性别教育常常表达的是同一个概念。

立足于生理性别的性教育存在明显的不足，其中最突出的就是忽视了社会性别的教育，导致价值观的缺位或者偏差。性健康是人格健康的重要组成部分，性教育的关键不是告诉学生性知识，而是引导学生培养负责任的价值观。可是，当前不少性教育是有性（sex）而无性别（gender），即使有部分教师在性教育中谈到"性别"，也是在强调所谓"男孩要像男孩，女孩要有女孩样"的性别刻板化。因此，国际性教育的普遍趋势是引入社会性别的视角，开展基于性别平等的性教育。联合国教科文组织 2010 年发布的《国际性教育技术指导纲要》（以下简称《纲要》）中明确指出，性教育不应该只是性生理教育，而应该是基于社会"性"（sexualities）的全面的性教育，社会性别教育是重要的内容。《纲要》中写道："若抛开性别，就无从理解什么是性。""支持以权利为基础的模式，其中，尊重、接纳、容忍、平等、同情和互惠等价值观都与人们普遍认可的人权密切相关。讨论关于性的话题必须要涉及价值观。"③ 2018 年发布的修订版强调："全面性教育（comprehensive sexuality education，CSE）培养相互尊重的社会关系和性关系，帮助儿童和年轻人学会思考其选择如何影响自身和他人的福祉，并终其一生懂得维护自身权益。"④ 性是有性别的性，理想的性教育应该包括对社会性别平等的追求。比如，性骚扰与性侵害背后的支持体系是男女不平等的权利关系，本质上是一种性别暴力。性教育必须反思这种权利关系，帮助学生认识到社会公平与正义包括了性别的公正，这样才能从根本上以积极的态度去改变性骚扰与性侵害的文化环境。成都大学胡珍

---

① 有关社会性别（gender）的概念及相关理论，本书的第二部分将作详细介绍。
② 王文，王国霞，赵莹. 国外社会性别发展研究进展及对我国性别教育的启示［J］. 东北师范大学学报（哲学社会科学版），2009（5）：232-235.
③ 国际性教育技术指导纲要：第1卷（性教育的基本原理）. 联合国教科文组织出版，2010.
④ 国际性教育技术指导纲要（修订版）. 联合国教科文组织出版，2018.

教授率领的团队积极探索将社会性别主流意识纳入中小学性教育，并编写出了两本相关的指导用书——《与青春同行：社会性别与中学性教育》《向青春迈进：社会性别与小学性教育》。

处理性别平等教育与性教育两者关系的教育方式有三种。一是各自独立展开。这种方式无疑会耗费更多的教育资源以及学生更多的学习时间，也难免交叉重复，教育效果和效益都会大打折扣。二是在性教育中引进性别平等观念。这种方式能较好地利用原有的教育资源，但较难消除传统性教育观念与技术的不良惯性，而且性别平等教育中有关性别共同发展等方面的教育内容也不太容易纳入变革后的性教育之中。三是以性别平等教育引领、统整性教育。这种方式难在要重建教育内容框架，重新整合教育资源，但有利于社会性别教育观念和技术的更新，统整后的教育效果和效益也更有保障。

我国台湾地区就是采用第三种方式，将性别平等教育作为中小学九年一贯制课程纲要的重大议题之一，而将性教育的内容纳入其中。鉴于贯彻落实男女平等基本国策的需要，考虑我国传统性别文化根深蒂固的实际，以性别平等教育引领、统整性教育或许是最优的选择。《大纲》也是按照这种思路处理性别平等教育与性教育两者关系的。

第三节 由女生教育转型升级为性别平等教育

【困惑】我们学校以前开展了"女生教育"，有收获，也有困惑。有人就质疑说为什么不搞"男生教育"，我们自己也觉得碰到了"瓶颈"。现在提出性别平等教育，感觉跟"女生教育"有一致之处，又有不同的地方。今后"女生教育"应该怎么办呢？

您的感觉很敏锐，女生教育与性别平等教育之间的确是有同有异。那么，如何正确理解并对待这些异同呢？

女生教育，特别重视教育女生。一方面是要培养女生"自尊、自信、自立、自强"的四自精神；另一方面则认为，"抓女生，促男生"应当是新时期学校德育管理的新思路。[①]

女生教育的具体做法很丰富，主要有以下一些方面：①开发校本教材，促进女生健康成长。自编《美丽青春我做主——女生生活指导手册》《心中的女神》等女生青春期教育校本教材，内容包括青春期性教育、形体礼仪、人际交往、自防自护，指导女生认识女性美，追求女性美，做到美丽保健，纠正心理偏差。②补充教材内容，提高女生"四自"意识。学校以科组为单位，结合学科特点，把卓越女性的优秀事迹补进教材。比如：历史科组将优秀女性故事补充编入教材，思想品德科组向学生介绍活跃在当今世界舞台的女性精英，语文科组组织发掘语文教材中女性人物身上的人格魅力。通过女性教育女生，帮助女生克服自卑、依赖心理，增强自信、自强意识，形成健康的心理素质，树立正确的世界观、人生观、婚恋观。③学校教师纠正"女孩不如男孩"的性别偏见，改革教法学法，实施因性施教。比如：初中部数学科组的老师根据女孩语言优

---

① 林加良. 美丽青春我做主——女生教育读本［M］. 北京：光明日报出版社，2013.

势，从训练用数学语言表达问题入手训练女生的数学思维能力，改变女生死记硬背数学定理的陋习。化学科组的老师针对女生探索意识薄弱、探究能力不强的特点，创设认知冲突，诱发探究动机，改进实验教学，注意培养女生的质疑能力，养成探究习惯。这些做法可增强女生学习的自信心和学习兴趣，增添女生探究的勇气，提高女生动手的能力，培养女生良好的智能。④以文体活动挖掘女生发展潜能。学校通过举办"女性美"征文比赛、校服设计大赛、插花比赛、水果拼盘设计评比、女生干部才艺展示、女性文学研究等活动，开发女生潜能，增强创新意识，培养审美情趣，提高艺术修养，内化优雅气质。

广东省中山市在女生教育方面也曾做过积极探索。应该说，在特定的历史阶段，女生教育对于促进妇女发展、贯彻落实男女平等基本国策、推进教育公平，都具有积极意义，也有效地培养了女生的"四自"精神。①

与此同时，女生教育也面临瓶颈。比如有人提出"女生可以活泼开朗，也可以文静，或者成熟、大方。怎么非要全是一个模样呢？"，还有家长提出"开展女生教育的同时也要开展男生教育，这样方可体现男女平等的观念"②。

现在回头审视"女生教育"，的确存在一些不足，主要是社会性别意识还不强。比如，将"女生教育"与推进教育普及阶段的"女孩教育"混淆了。过去和现在许多社会人士和教育专家说的"女孩教育"，是帮助女孩走出家门、走进学校去接受教育。这在我们国家的过去，以及现在某些贫困或偏远地区，都是教育普及和公平的重要工程，是广义的性别平等教育。而这里说的"女生教育"不属于此种情形。以培养母亲的女性教育为"女生教育"背书，显然存在对女性自身发展的限制。即使在盛行"女子无才便是德"的年代，人们也是重视培养女孩的妇德，教她们学习做母亲的。前文说到的那三个希望未来妻子留在家里的职中男生，也知道女生多读书可以教小孩。

社会性别意识不强还造成"女生教育"做法上的失误。"结合学科特点，把卓越女性的优秀事迹补进教材"的做法很好，纠正了教材中存在的性别不平等问题。然而，为女生开发的校本教材是根据女孩的"语言优势""探究能力不强"而设计的，明显带有性别刻板印象。

当时，某小学五年级三班的同学们上了一堂"男女生的生理优势"的女生教育示范课。下面是其中一个片段：

男生女生各有什么优点？林老师问在座的男生和女生。女生就说自己自信，自我管理能力强，男生就说自己力气大，体育好。随后，男生和女生比赛掰手腕，结果除了一名女生外，其他女生都输给了男生。掰手腕结束后，开始编辫子。老师让六名长头发的女生站成一排，邀请三位女生和三位男生给她们编辫子，结果，女生编得有模有样，而由男生组负责编辫子的三位女孩仍然是头发散乱。

"男生棒还是女生棒？"林老师问在座的学生。

"各有千秋。"一位男生回答。

---

① "女生教育"的中山实验 [N]. 南方日报, 2012-10-25.
② 中山拟推"女生教育"：1个好女生能带10个男生 [N]. 南方日报, 2012-10-30.

"各有所长，男女搭配，干活不累。"一位女生的回答引起了观摩者的笑声。

单从这个片段来看，孩子们学到的所谓各有所长，就是男生大力，女生手巧。其实，小学五年级的学生，男女生的体能差异并不明显，心灵手巧更应是面向全体学生的素质教育目标。这样的教学反而强化了孩子的性别刻板印象，对男女生的全面发展都是不利的。

总之，"女生教育"提出的初衷是好的，具体的做法不少也是对的；但"女生教育"最大的瓶颈是观念未能适应时势发展，缺少了"社会性别"理论的支撑，"女生教育"的具体内容就不可避免地出现了迷失，未能达到性别平等教育的目的。

性别平等教育是一个全新的课题，社会性别意识薄弱是一个历史遗留的问题。从"女生教育"过渡至性别平等教育，教育工作者和妇女儿童工作者在探索中展现出难能可贵的自我更新和自我超越。

"女生教育"应该转型升级，走向社会性别理论指导下的性别平等教育。

本章小结

根据学生需要和教育需要，通过分层细化与逐段递进，《大纲》将中小学性别平等教育内容由小学到高中设计为3大主题、12个模块和66项学习任务。性教育立足于生理性别，性别教育立足于社会性别。当前，性教育正引入性别平等观念，而更好的方式是以性别平等教育为框架引领、统整性教育。女生教育在特定的历史条件下是有积极意义的，但由于缺乏社会性别观念的支撑，其发展面临瓶颈，亟须转型升级为性别平等教育。这样才能从教育内容上真正保证性别平等教育成为基于平等权利的性别教育。

深度探究

1. 请分析您所教学段的性别平等教育内容，理解它是如何从主题、模块到学习任务进行细化的。或是选择某个模块的教育内容，分析各学习任务是如何随着学段逐段递进的。

2. 某些学校针对男孩开展了"阳刚教育"，请问如何分析并处理阳刚教育与性别平等教育的关系？

3. 想想您所在的学校有哪些与性别相关的校本教育内容，尝试将它们纳入《大纲》目前设计的中小学性别平等教育内容中。

4. 请根据您对学生需要和教育需要的了解，以及具体的教学实践，对《大纲》目前设计的中小学性别平等教育内容提出意见和建议。

第三章

一起走才能走得远
——中小学性别平等教育的途径

第一节 性别平等教育的课程类型

【困惑】中小学性别平等教育原来有这么丰富的教育内容啊！不过，中小学生在校学习的时间有限，课程表可排得满满的，各种活动也是应接不暇，而且，国家还要求减轻中小学生的学习负担，我们怎么去落实这些教育内容呢？

您的担心是有道理的。这也要求我们一定要善用教学资源，珍惜广大教师的教育时间和学生的学习时间，选择切实有效的教育途径实施好性别平等教育。

构建性别平等教育课程体系

> 【尝试3.1】性别平等怎么教？
> 下面的做法好吗？可行吗？您还有什么好想法？
> 1. 借鉴"某某教育进校园"的做法，采用启动仪式、大型活动，或师生比赛、专题讲座的形式。一个阶段后即告结束。
> 2. 按照心理健康教育的做法，培养专业专职教师，专兼职结合，将性别平等教育编入课程计划，开展主题活动。

如今"某某教育进中小学校园"似乎已经成为一股热潮，但实际的效果却不尽人意。一方面，中小学的教师和学生，被一个个浪头挟裹，难以抽出身来按照学校教育规律和课程规范开展教育教学，这样的教学形式让其不堪重负，甚至反感。另一方面，这些浪潮来得快，退得也急，或者标语口号化，或者仅仅依托诸如启动仪式、一次过主题活动等植入性载体，轰动效应是有的，持久效应则很不够。

《大纲》的性别平等教育内容，有长度、宽度和厚度，短期冲刺、几个讲座都是无法承载的。虽然要达到心理健康教育目前的水平有难度，但必要而可行的做法应该是构建中小学性别平等教育的课程体系。

课程，一般是指学校为实现培养目标而选择的教育内容及其进程的总和，但其本质上是"教师所组织、学生所体验的学习经验"①。课程这一术语，源自拉丁语的"跑道"。运动员在跑道上一圈一圈地奔跑，运动能力逐步提高；学生也是通过一轮一轮的各类课程，不断丰富学习经验，使各方面的素质螺旋式提升，从而实现身心发展。

建立科学规范、切实可行的课程体系是中小学性别平等教育的必经途径。只有设计并实施好中小学性别平等教育课程，性别平等教育的六大目标才不会沦为逐渐褪色的标语口号，性别平等教育丰富的教育内容才不会成为永远停留在设计图纸上而无法落成的空中楼阁。只有设计并实施好中小学性别平等教育课程，男女平等才能完成国家政策与学生生活的对接，才能深入持久、落到实处、走进心灵。为此，《中国妇女发展纲要（2021—2030年）》明确提出，广泛开展性别平等教育要"推动因地制宜开发性别平等课程"。

性别平等教育的三类课程

《大纲》根据义务教育学校、普通高中和中职学校的课程方案，以及中山市的课程计划，安排了专题课程、融合课程和实践课程这三种类型的课程。

（1）专题课程，是专门进行性别平等教育的独立课程。由学校的性别平等教育骨干教师、负责德育的行政、思政课教师、健康（心理健康）课教师和校医主导设计并授课，班主任也可参与设计及授课。每学期1～3课时，可安排在校本课程或者健康、思政类课程中进行，如班会、队（团）会、体育与健康课、义务教育道德与法治课、普通高中政治课、职业高中德育课等。

（2）融合课程，是将性别平等教育内容与学科课程中的相关内容加以统整，互相融合所形成的课程。由学科教师设计并授课。每学期的融合课程总数不少于3课时，安排在学科课程中进行。

所有学科都可以开发性别平等教育的融合课程，关键是寻找恰当的融合点。健康、品德、政治类课程除了专题课程之外，也可以开发融合课程。语文、历史、地理等人文类课程中同样有不少融合点。即使是艺术、科学、技术类课程，如音乐、美术、数学、科学、生物、物理、化学、信息技术、通用技术等，只要深入挖掘，同样能够开发出有效的融合课程。

融合课程同样要确保性别平等教育的充分展开。融合课程不应只是在学科课程原有设计的基础上简单加些性别平等教育的点缀，而应是学科课程与性别平等教育两方面目标、内容的有机结合。应通过巧妙的教学设计实现教学目标合二为一、教学环节一举两得，达到水乳交融、相得益彰的效果。

（3）实践课程，是组织学生在学校、家庭和社会进行性别平等教育实践活动的课程。由综合实践活动课教师、性别平等教育骨干教师、负责德育的行政、思政课教师主导设计并组织实施，同时要协调其他教师、学生家长的密切配合，并充分利用社区资源。每学年至少1次，安排在综合实践活动课程或课外、校外活动中进行。实践课程不是一节课，也不仅仅限于课堂，但可以安排总结展示课，组织学生交流、分享在实践活

---

① 佐藤学. 课程与教师[M]. 钟启泉，译. 北京：教育科学出版社，2003：4.

动过程中取得的收获和成果。"性别的共同发展"主题的教育内容尤其适合开发为实践课程。

三类课程的安排与课时数可参照表3-1所示执行。

表3-1 性别平等教育课程安排简表

课程类型	负责人员	课程安排	课时数量
专题课程	德育行政、思政课教师、心理健康教师、校医、班主任	校本课程、班会、队（团）会、思政课	每学期1～3课时
融合课程	学科教师	学科课程	每学期不少于3课时
实践课程	德育行政、综合实践活动课教师、心理健康教师、思政课教师	综合实践活动课程、课外校外活动	每学年至少1次

这里提到的性别平等教育骨干教师，不是也不可能是专业的专职教师，而是那些热心性别平等教育，接受过相关培训且取得良好效果，社会性别意识和开展性别平等教育的能力均比较强的教师。结合目前中小学教师队伍的实际，可以优先考虑从德育行政、心理健康教师、思政课教师、校医、班主任、综合实践活动课教师中培养。

上述三类课程有不同的作用。如果将中小学性别平等教育比作一棵大树，专题课程就是主干，起支撑、引领作用；融合课程是枝叶，起覆盖、辐射作用；实践课程是根，起延伸、拓展作用。

第二节 性别平等教育融合课程必要且可行

【困惑】中小学性别平等教育三类课程总体上还是挺实在的，专题课程和实践课程也容易理解，融合课程涉及所有的学科教师和学科课程，真的需要融合课程吗？而且每个学科都能开发出性别平等教育的融合课吗？

您对融合课程可能遇到的困难很有预见性。如果没有充分的理由，完全可以选择更平顺的途径，不一定非得安排融合课程。下面，我们就对融合课程作详细的探讨。

> 【尝试3.2】性别平等教育融合课程
> 假如您只是学科教师，没有融合课您会怎样选？（A. 会　　B. 可能会　　C. 不会）
> 1. 您会主动参加性别平等教育的相关培训吗？
> 2. 您会主动在学科教学中融合性别平等教育吗？
> 3. 您会主动关注学校各方面一些性别不平等的现象吗？

性别平等教育融合课程的必要性

（1）融合课程是"教育工作全面贯彻性别平等原则"的需要。《中国妇女发展纲要（2011—2020年）》明确要求："性别平等原则和理念在各级各类教育课程标准及教学过程中得到充分体现。"《中国妇女发展纲要（2021—2030年）》也明确要求："促进性别平等教育融入学校教学内容、校园文化、社团活动和社会实践活动。"设想，假如没有融合课程，性别平等原则就极可能只体现在某些专门的课程中，无法充分体现到"各级各类"课程教学过程中。这样的现象也就很难避免：专题课程教育学生打破性别刻板化，数学课上仍然传递男生比女生更擅长数理逻辑的性别刻板印象；舞蹈课上男孩子还是在性别偏见的氛围里，缩手缩脚，无法尽情起舞；体育课上足球都给男孩子踢，女孩子则可以哪里凉快哪待着。所谓"全面贯彻"就会成为一句空话。

（2）融合课程是实施素质教育、减轻学生学业负担的需要。如果过多依赖专题课程，相应的课时就得增加，这必然会加重学生的学业负担。而将性别平等教育内容与学科课程中的相关内容加以统整，巧妙设计出水乳交融的融合课程，就能不加课时，实现学科教育与性别平等教育一举两得、相得益彰。

（3）融合课程还是提高教师社会性别意识和男女平等意识的需要。《中国妇女发展纲要（2011—2020年）》指出，要"提高教育工作者的社会性别意识"，还要求在师资培训计划中增加性别平等教育的内容。《中国妇女发展纲要（2021—2030年）》也要求，"教师和学生的男女平等意识明显增强"。但如果培训只是安排教师听些性别专家的讲座，听时心动，过后不行动，慢慢就淡忘了，效果不会好。如果让每位教师都参与到融合课程的设计、实施中去，这本身就是最好的体验式、参与式的培训。教师学着做，做中学，社会性别意识和男女平等意识才能切实得到提高。

性别平等教育融合课程的可行性

当前，教师职前职后均未接受过社会性别的理论培训，性别平等教育的课程教学也尚在摸索阶段，融合课程的设计实施难度的确很大。不过，有困难并非就不可行，只要积极探索、扎实推进，就能够克服困难。

只要将学科的课程标准或教材与《大纲》进行对照就不难发现，两者的教育内容有许多可融合点。例如：《义务教育历史课程标准（2011年版）》关于初中历史学科的课程内容中有一条，"了解民国以来剪发辫、易服饰等社会习俗方面的变化"，而《大纲》的初中性别平等教育内容中也有一个学习任务，"认识历史进程中的性别文化变迁"，将这两者整合就可以开发出融合课程。其教学内容为"由民国裹脚习俗的变化看性别文化变迁"，这节课的课题名称可定为：性别平等，始于"足"下。再看大家普遍觉得很难融合的数学学科。小学数学教材（人教版）三年级下册第八单元的课程内容是"解决问题：设计校园"，而《大纲》的小学中年级性别平等教育内容也有一个学习任务，"发现校园中资源运用与分配的性别差异"，同样也可以将这两者整合，开发出融合课程，其教学内容为"让学生运用学过的数学知识，针对校园中资源运用与分配的性别差异，提出有针对性的校园设计"。我们考察一下整个小学的品德与生活课程

（见表3-2），更会发现一系列融合点。

表3-2 性别平等教育融合品德与生活课程的内容对应表

学科课程教学内容	性别平等学习任务	融合课程教学内容
健康安全的生活：知道初步的保健常识并在生活中运用	1.1 认识两性身心的异同	了解男孩和女孩身体的相同和不同之处，能运用初步的保健常识
健康安全的生活：不到危险的地方去玩，避免意外伤害	1.6 知道保护自己的身体隐私	了解自己身体的隐私部位，知道自我保护，避免伤害
愉快积极的生活：学习欣赏自己和别人的优点与长处，并以此激励自己不断进步	1.2 尊重不同性别者的气质	知道男孩和女孩的气质都是多样的，学会彼此尊重，相互欣赏
负责任、有爱心地生活：关心他人，友爱同伴，乐于分享与合作	1.4 学习与不同性别者平等互动	学习与不同性别者互相关心、友爱，共同合作、分享
动手动脑、有创意地生活：能积极地出主意、想办法来扩展游戏或推进活动；能对问题提出自己的想法与看法	1.5 不受性别限制表达自己的感受和意见	懂得男孩女孩都有主意、有办法，都能当头，都能表达自己的感受和意见

通过以上论证，大家应该理解，开展中小学性别平等教育，全体老师都要参与；融合课程不仅必要，而且可行。因此，虽然难，我们还是要迎难而上，而且通过努力，我们也一定能攻坚克难。

第三节　合力挑起性别平等教育的重担

【困惑】中小学性别平等教育的确应该做，值得做，有丰富的内容，有切实的路径，我们也很愿意做。不过，对于大多数老师来说这都是新的课题，不知道我们可以得到哪些方面的帮助和支持呢？

广大中小学教师对教育、对孩子、对国家从来都是有着强烈的使命感和责任感，随着认识的加深，将会更加积极地投入性别平等教育工作。同时，家庭与社会各方也给予了大力的支持和配合。《中国妇女发展纲要（2021—2030年）》要求"探索构建学校教育、家庭教育、社会教育相结合的性别平等教育模式"。

【尝试3.3】考考您
　　下面这几个小问题，您能答对吗？
　　1. 妇联与妇儿工委有什么关系？
　　2. 社工和义工是不是一样的？
　　3. 您的学校和家所在社区的名称是什么？

性别平等教育的热心人

说起妇儿工委，大家会有点陌生，它是妇女儿童工作委员会的简称，是妇女儿童工作的协调议事机构，负责协调和推动政府有关部门执行妇女儿童的各项法律法规和政策措施，发展妇女儿童事业。国家层面是国务院妇儿工委，共有35个成员单位，包括中宣部、国家发改委、外交部、教育部、科技部、国家民委、公安部、民政部、团中央、全国妇联等。各省、市级的人民政府也设有妇儿工委，如广东省妇儿工委、中山市妇儿工委。各级的妇女儿童工作委员会下设办公室，简称妇儿工委办，负责妇儿工委的日常事务。

妇联大家就熟悉些，除了全国妇联，各省、市、镇区也有地方妇联，如广东省妇联、中山市妇联、西区妇联、南朗镇妇联。妇儿工委与妇联有区别，妇儿工委是政府协调议事机构，妇联是社会群众团体；但两者又有联系，妇联是妇儿工委的成员单位之一，妇儿工委办公室设在妇联。妇联的基本职能是：代表和维护妇女权益，促进男女平等。所以，妇联不仅是妇女的"娘家人"，更是推进性别平等的热心人。妇联有丰富的维护性别权益、推进性别平等的经验，积累了很多第一手的材料。中山市和茂名市承担了广东省中小学性别平等教育试点工作，两地的妇联都与教育部门共同努力进行实践探索。茂名高州的石鼓镇在帮助农村孩子，特别是留守儿童预防性骚扰性侵害等方面，也取得了实际的教育效果。

义工，是港澳台地区对志愿者的称呼，英文是volunteer，是"自愿进行社会公共利益服务而不获取任何利益、金钱、名利的活动者"。社工，是社会工作者的简称。社会工作者（social worker）是遵循助人自助的价值理念，运用个案、小组、社区、行政等专业方法，以帮助机构和他人发挥自身潜能，协调社会关系，解决和预防社会问题，促进社会公正为职业的专业工作者。社工和义工都助人，但社工是职业，还是专业。例如，中山市西区有专门的社工综合服务中心，专业的社工为性别平等教育提供了专业的服务。中山市的性别平等教育随处可见社工的身影，社工们对学生进行团体和个别辅导，也配合教师开发课程；还组织相关活动，参与编写排演小话剧，做了大量工作。

社区也有很多热心人，将性别平等教育作为社区教育功能的一部分，积极行动。中山市南朗镇榄边社区就开展了一系列有创意、有实效的性别平等教育活动。比如，联合茶东村葵林画室举办"性别平等"专题画展，通过画画班的作品，让村民感受"性别平等"；还进行了"性别平等"专题调研，通过调查了解村民性别平等观念的基本情况。

只要我们多些发掘、沟通、影响，一定会有更多性别平等教育热心人涌现出来。

性别平等教育责任共担

推进性别平等教育，学校、家庭、社会缺一不可，必须责任共担，各展所长，形成合力，才能构建学校、家庭和社会三位一体的性别平等教育体系。政府既要管理督导，也要为性别平等教育树立典范；学校应发挥专业优势，成为性别平等教育的引领和主导；家庭既要主动配合学校教育，也要发挥其在性别平等教育方面的独特作用；社会既是学校教育的延伸拓展，也能为性别平等教育提供丰富的资源。小手拉大手，让性别平等教育进家庭；社工加义工，让性别平等教育进社区；社会大课堂，让性别平等教育一体化。

各级妇儿工委，作为政府妇女儿童工作的协调议事机构，承担着统筹协调性别平等教育的政府责任。各级教育行政部门和妇联作为妇儿工委的成员单位，都要履行职能，发挥专长，共同推进性别平等教育。

国务院妇儿工委办公室统筹谋划，持续推进全国的中小学性别平等教育向纵深发展：2014年召开"男女平等基本国策进校园工作交流研讨会"；2015年举办"教育工作者社会性别意识培训班"；2016年组织编写《中小学性别平等教育工作手册（试行）》，设立中小学性别平等教育进课堂项目试点；2017年召开"中小学性别平等教育进课堂项目启动暨培训会""中小学性别平等教育进课堂交流研讨会"；2018年12月召开"中小学性别平等教育进课堂项目试点总结暨推进会"；2019年11月又举办"中小学性别平等教育培训班"。目前，全国已有天津、山西、内蒙古、黑龙江、上海、江苏、江西、山东、广东、四川、陕西、湖南、贵州13个省（区、市）开展了中小学性别平等教育进课堂工作，其中天津、黑龙江、广东、贵州实现了全覆盖。

2015年12月22—23日在广东省中山市举办了"教育工作者社会性别意识培训班"，国务院妇儿工委办公室、教育部基础教育课程教材发展中心有关领导出席，来自全国31个省（区、市）和新疆生产建设兵团的教育部门工作人员、中小学校长、教师和妇儿工委办公室同志共110余人参加。采用理论授课、经验分享、课程观摩、交流讨论相结合的培训方式，从理论学习到实践观摩，从理性认知到直观体验，层层递进阐释了"为什么"以及"如何"在教育工作中贯彻落实男女平等基本国策。中山市华侨中学的"悦纳性别气质"、中山市实验小学的"从性别视角看校园"和蓝波湾学校的"我的劳动小围裙"三节观摩课，分别展示了中山市通过专题课、实践课和融合课开展性别平等教育的创新实践。各地妇儿工委和教育部门的同志表示，将按照国务院妇儿工委办的要求，以"中山模式"为样本，积极推动本地区开展中小学性别平等教育工作，为全国普遍开展中小学性别平等教育创造更多更好的实践经验。

2018年8月广东省妇儿工委、省教育厅、省妇联联合印发《关于在我省全面开展中小学性别平等教育的通知》，同年9月在全省中小学、中职学校全面开展性别平等教育工作。通知要求明确职责分工："各级妇儿工委负责统筹协调性别平等教育工作；各级教育行政部门负责将性别平等教育纳入学校教育内容；各级妇联要发挥家庭文明建设作用，做好中小学性别平等教育的宣传工作。"

性别平等教育观摩交流

性别平等教育不能坐而论道，闭门造车，观摩交流能促进性别平等教育起而行，一起行。上述国务院妇儿工委办组织的研讨会、推进会、培训班，都可以视为全国性的性别平等教育观摩交流，下面介绍的是基层的观摩交流。

观摩交流的组织。首先必须明确观摩交流的要求。接受观摩的单位要按照本区域性别平等教育工作方案和指导大纲的要求，认真准备。参与观摩交流的学校可根据实际做出适当安排。如果区域范围不大，如一个镇区，可安排在一起观摩交流。如果区域范围较大，如一个市，可分片区组织观摩，也可安排相同学段学校一起观摩。参与观摩交流的人员应该包括妇儿工委办、教育行政部门和妇联的相关领导、工作人员，教学研究人员，中小学的教师、校长等。观摩学校应提早确定，最好能在一个学期开始时通知公告，观摩时间、课程也应提前至少一周公布，方便学校做出安排；半天的观摩课不宜超过两节，要留出足够的研讨交流时间；观摩课的类型和学段尽量多样化，鼓励不断探索新的教学内容和形式；观摩课教学时间与学校课程表的上课时间保持一致，其他相关安排求实从简，尽量减少对正常教学秩序的干扰。承担观摩课的教师要向观摩交流人员提供教学设计，融合课还应提供相关的教材内容。此外，不宜要求学校提供过多的文字材料，性别平等教育的展示也要避免应付式、浮夸型。

观摩交流的研讨。研讨要针对问题，求真务实，避免虚应故事的客套、漫无边际的神侃。应重点关注课堂教学和学校活动中体现出的正确的性别平等观念，对强化性别刻板印象、隐含性别偏见的问题尤其要及时发现，严肃指出，并跟进反馈整改。当然，也不要苛责校长和教师，因其大多数在职前和职后都没有接受过社会性别理论的培训，性别观念多来自文化传统、过往经验以及知识体系陈旧的某些专家。社会性别意识普遍缺乏是客观事实，推进性别平等教育应有容错机制，要相信一线教育工作者，引导其不断纠错，逐步提高。同时，还要努力寻找性别平等教育的闪光点。正面评价，热情鼓励，能够增强性别平等教育探索者的勇气和动力。

观摩交流的评比。结合观摩交流，可以开展性别平等教育优秀教学案例的评比，也可以表彰奖励参与性别平等教育试点的区、校。怎样才是一节好的性别平等教育课呢？首要的问题是要上"对"，确保传递正确的性别平等观念；在"对"的基础上再进一步遵循教育教学规律和儿童成长规律，把课上"好"。评比时要注意鼓励探索和创新。性别平等教育课当然可以模仿借鉴，但要避免全盘照搬或简单移植。有创新的课，即使还存在缺陷，不完美，也要给予充分肯定。

性别平等教育的教学案例如何评呢？以下的评价建议可供参考。

（1）观念正确（20%）。教师具有较强的社会性别意识，能突破性别刻板印象，教学中的性别平等观念没有明显错误。

（2）目标明确（20%）。教学目标要聚焦，不空泛，不贪多求全，一课一得，并针对学生实际生活中遇到的性别问题。

（3）过程合理（20%）。教学环节安排合理，教学方法灵活，组织学生开展自主、合作、探究学习，不简单灌输。

（4）课型恰当（10%）。符合不同课型的特点，专题课要动起来，融合课要一体化，实践课要走出去。

（5）效果良好（20%）。学生在某方面的错误性别观念得到纠正，初步形成性别平等观念和行动能力。

（6）创新突破（10%）。不能简单照搬他人的教学设计，借鉴的同时必须结合实际调整改进，鼓励创新，在性别平等教育重点难点上有所突破的可适当加分。

广东省中山市正是通过观摩交流，逐步打磨出性别平等教育的"中山模式"。又借助更高层次、更大范围的观摩交流，完善并推广"中山模式"。近年来国务院妇儿工委办主办的5次全国性别平等教育培训研讨活动，有两次在中山举办，其他三次中山也提供了课例，介绍了经验。据不完全统计，截至2019年，中山共接待来自全国各地性别平等教育的观摩考察团队39批，共计1500余人次；中山性别平等教育讲师团队在广东省14个地级市、全国15个省级行政区共讲授性别平等教育教师培训课1200多课时，展示或指导课例120多节，为15个性别平等教育项目提供技术支持，包括山东省的性别平等教育在线小课堂、内蒙古自治区的性别平等教育优秀成果培育推广、深圳市性别平等教育读本编写、东莞市性别平等教育工作坊等。

《中国妇女发展纲要（2021—2030年）》提出"大中小学性别平等教育全面推进"的目标，任重道远。让我们大家齐心合力，共同挑起性别平等教育这副极有价值的重担，一起走，走得更远！

本 章 小 结

为了防止中小学性别平等教育变成一阵风、几股浪，必须构建相应的课程体系。《大纲》根据相关的课程规范和课程计划，设计了专题课程、融合课程和实践课程三类课程。专题课程是专门进行性别平等教育的独立课程；融合课程是将性别平等教育内容与学科课程中的相关内容加以统整、互相融合所形成的课程；实践课程是组织学生在学校、家庭和社会进行性别平等教育实践活动的课程。需要所有学科教师参与的融合课程有难度，但十分必要也切实可行。社会各方齐心协力，共挑重担，构建学校、家庭和社会三位一体的性别平等教育体系，实现"大中小学性别平等教育全面推进"。

深 度 探 究

1. 中小学性别平等教育课程体系为何要安排三类课程，它们之间有何区别与联系？

2. 请对照《大纲》的性别平等教育内容，分析自己所教学科的课程标准或教材内容，找到一个合适的融合点，尝试构思一节中小学性别平等教育融合课的简要教学设计。

3. 中小学性别平等教育不能少了老师的参与，请根据自身工作岗位写篇短文，题为"我为性别平等教育做点啥"。

4. 中小学性别平等教育需要社会各方力量的支持，请说说您觉得最需要谁的什么方面的帮助和支持。

第二部分

睁开性别平等的眼睛
——中小学性别平等教育的观念

中山市东区柏苑小学的龙贻君老师,是中山市中小学性别平等教育第一课"男生女生——多样的我们"的授课教师。

正式上课的前两天,她进行了一次小范围的试教,也请我参加了。我还清晰地记得龙老师当时的神情,充满兴奋又有些忐忑不安。评课的时候,她十分恳切地表示:虽然阅读了《大纲》,也认真做了思考,但还是感觉不太有把握。尤其是学校过去推行女生教育,有些观念与性别平等教育是冲突的,也让自己觉得困惑,很希望得到帮助。龙老师虚心好学、勇于探索的精神让我钦佩。同时,她在短时间内,根据《大纲》的教育理念和教育内容,尝试了这节小学高年级的性别平等教育专题课,帮助学生"理解性别特点的多样化",教学设计、实施总体来说都不错,教学效果也很明显,殊为难得。不过,我也坦率地指出:这节课最关键的症结还是在于教师性别平等观念不够明晰。

这节课上师生都会讲到:男生也可以有女生的特点,女生也可以有男生的特点,男女生既要发挥自身性别的优势,又要取长补短。很明显,这些所谓"女生的特点""男生的特点"其实就是刻板化的性别气质。所以,这句话在某种程度上反映出教师自身的观念还在性别特点多样化与刻板化的矛盾中困惑纠结。正因为此,课堂教学中老师才会在鼓励学生接纳性别特点多样化的同时,又建议学生要突出自身性别的"主要"特点。

龙老师的确是一位善学会教的优秀教师,在两天之后的公开课中立刻做了很好的改进。紧紧扣住"感受和体验性别特点是丰富多样的""理解性别特点的多样化是正常和正面的"这两个主要教学目标,展开名人面对面、同学展风采和自我透视窗这三个主题活动,由远及近,由人及己,让性别特点多样化的观念生动自然地渗入孩子们的心田。一位男生自豪地说:"我也很细心啊。做作业、考试我都能够仔细审题,用心检查。"一位女生绘声绘色地讲起自己如何在一群小男孩的起哄声中勇敢地从小土坡上跳了下来,"腿没事,手却伤了",说到这她笑了,老师和同学们也笑了。龙老师在课后反思中这样写道:"这节课不但让学生受益,也让我得到了很多方面的成长。我愿与学生们一起投入性别平等教育,共同建设性别平等和谐的未来。"

课后的交流研讨挺热烈的。除了赞赏与收获,一些听课的老师也表达了疑虑和困惑。一位剪着短发、心直口快的班主任老师说:"现在的孩子中性化问题很严重,我班上就有个男孩子,没点阳刚气,我批评了他好多次也改不了。上了这样的课,岂不更加男孩不像男孩,女孩不像女孩?"我首先问这位老师是否参加过我们组织的性别平等教育的培训，她摇了摇头。于是，我简要说明这节课正是要打破她说的性别特点刻板化，并建议她参加相关培训。不久后，我在上培训课时发现这位老师就坐在下面，课后我特意问她观念是否改变了，她回答道："当然变了。我再不会说那个男孩不阳刚，他应该得到尊重。"

龙贻君老师在上中山市中小学性别平等教育第一课"男生女生——多样的我们"

《中国妇女发展纲要（2011—2020年）》就"妇女与教育"的策略措施提出具体要求："加大对教育管理者社会性别理论的培训力度，在师资培训计划和师范类院校课程中增加性别平等的内容，强化教育管理者的社会性别意识。"《中国妇女发展纲要（2021—2030年）》同样提出，"加强（性别平等教育）专题师资培训"。中央党校李慧英教授也强调性别平等教育是一个循序渐进的过程，需要相关教师观念到位、认识到位，才能够促进性别平等理念深入学生心中。① 由于职前培训与职后培训均缺乏相关课程，大部分教师的社会性别意识还很弱。不过，龙贻君等最早尝试性别平等教育课的老师们给了我们启示，形成性别平等的观念要经历艰苦的蜕变，很不容易，但并非不可能。积极参与性别平等教育的实践，从"做"中学，与学生共同成长，是最切实有效的学习方法。

所有的灵魂都不分性别，性别平等的观念不是天生就有，也不能依赖他人的灌输，大家一起来学习，努力睁开性别平等的眼睛吧。我们将解开更多性别之惑，也会发现更多性别之美。

---

① 南储鑫. 专题课、融合课、实践课：儿童国策教育创新多——中山市中小学性别平等教育观察［N］. 中国妇女报：新女学周刊，2014-12-23（B1）.

第四章

思想的性别启蒙
——社会性别的基本概念

第一节　提高社会性别意识

【困惑】性别平等，我懂啊，大部分老师和家长应该也都懂吧，这还用学习和培训吗？而且男女有别也没错啊，提倡男女平等也不能说男女都一样吧？

正如您所说的那样，男女的确有别，提倡性别平等也绝非否认男女差异，而是基于对男女差异的更准确、更深入的认识。为此，我们得先从理解"社会性别"这个概念入手。

生理性别与社会性别

【尝试4.1】猜猜是男是女

看下面两张图片，您都能猜出其中哪个是男孩哪个是女孩吗？

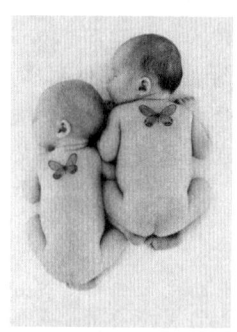 

想想猜得出或猜不出的原因，这反映出性别的一些什么特点。

左边的大家猜不出，因为这张照片中两个光着身子趴着睡觉的婴儿，我们既看不到任何关于性别的生理方面的差异，也没有其他的文化符号方面的差异；右边的大家很快就看出来了，虽然同样看不到解剖学意义上的差异，但通过发型、服饰我们做出了自己的判断。这两张照片就蕴含了关于性别的两个不同概念：生理性别和社会性别。

生理性别（sex），是指男女两性在生理上的分化，具体表现在染色体、性腺、性激素、解剖结构、生理机能、身体形态等方面的差别。例如：只有男性产生精子，只有女性产生卵子并怀孕。判断生理性别通常是依据解剖结构，外生殖器是最直观和便捷的判别标准，当然，目前准确判定生理性别的科学方法是染色体测量。

社会性别（gender），是指男女两性在社会文化的建构下形成的性别特征和差异，包括社会文化形成的对男女差异的理解，以及男女不同的角色分工、社会期望和行为规范等。在日常生活中人们区分男性或女性所依靠的"社会印象"，诸如有关男女的穿着打扮、言行举止等，就属于社会性别的范畴。而"女子无才便是德""男儿有泪不轻弹"等，更是基于社会性别的道德标准和行为规范。

生理性别是与生俱来的，在遗传基因等生物学的因素控制下出现的，一般不可改变，或者很难改变。社会性别则是后天赋予的，在文化、习俗、制度等社会性因素的影响下产生的，当然也会因文明的差异而不同，随社会的发展而改变。

我们日常使用的性别概念往往混合了性别的生物属性和社会属性，既包含了生理性别，也纳入了社会性别。因此，笼统地说"男女有别"是不够的，我们需要理解社会性别的概念，弄清楚生理性别与社会性别这两者之"别"，才能更准确地把握性别平等。

女性停车位与孕妇停车位的启示

还是从两条关于汽车停车位的新闻说起吧。

先看第一条新闻：

光线、通风条件良好，靠近出入口，地面还涂满粉红色，旁边立柱上还写有"尊享女人位"等字样。这样的停车位是不是既"粉可爱"又"萌萌哒"？

近日，在杨家坪西城天街负一层的车库，就有10个这样特别的停车位。说它特别，不只是漂亮，还因为它的用途——专供女性司机停车。

西城天街车库管理方一负责人表示，此举是为顾客提供便利，之所以"专供"，是因为管理方曾做过统计，来此逛街的80%都是女性，而女性司机尤其是新手，又普遍在泊车、倒车方面不太擅长。[1]

请问：您觉得这些女性停车位体现的是性别平等还是性别偏见？

如果您感觉犹疑，没有把握，我们再看第二条新闻：

本周起，美的总部大楼新推出了一项特色福利，为准妈妈员工设立专用车位。目前，第一批准妈妈们已经领取了停车牌。

据美的集团微信公众号介绍，"准妈妈专用停车位"的金点子来自在总部大楼办公的一位员工。如今，在总部大楼北广场的园林车位上已经设置了10个停车位，专供在大楼内上班的怀孕3～8个月的有车女员工使用。[2]

---

[1] 商场设置女性专享车位是人性化还是歧视［N］. 重庆商报，2014-10-09.
[2] 美的为准妈妈员工设专用停车位［N］. 佛山日报，2014-10-09.

同样的问题，这些孕妇停车位体现的是性别平等还是性别偏见呢？

两相比较，我们不难发现：设立女性停车位，是认为女性的驾驶技术普遍比男性差，这是基于社会性别的男女有别；设立孕妇停车位，是认为女性怀孕期间的生理变化会引起行动不便，这是基于生理性别的男女有别。基于生理性别对女性的关怀，是性别平等的体现；而基于社会性别对女性的"照顾"，背后隐含的就很可能是对女性的贬低，是性别偏见的温床。两种停车位在提醒我们，生活中还真得有点社会性别意识才行啊。

社会性别意识决定性别平等观念

基于社会性别来提倡男女平等，就既不会否认男女的生理差异，片面强调男女都一样，也不会忽略男女的社会差异，将特定文化赋予的差异视为天经地义，损害女性的尊严、机会和权利。

社会性别的概念产生于20世纪70年代初的国际妇女运动中，20世纪80年代后逐步被国际社会普遍接受，成为推进性别平等最重要的核心概念。有关社会性别研究的国际大会有规律地在世界范围内举行，如墨西哥城（1975年）、哥本哈根（1980年）、内罗毕（1985年）、北京（1995年）召开的联合国世界妇女大会，国际跨学科妇女研究和社会性别研究大会每三年召开一次。

1995年在北京召开的第四次世界妇女大会使社会性别的概念在中国得以普及。1998年，教育部批准北京大学在社会学系设立第一个女性学方向的硕士点，社会性别的教育与研究正式进入国家教育体制。我国香港、台湾地区的大学和研究机构在社会性别研究方面也取得了丰富的成果。台湾学者多将社会性别研究称为"性/别研究"，强调性别生物性与社会性的整合。台湾还大力推动基于社会性别观念的性别平等教育，1997年成立了"两性平等教育委员会"；1999年在《国民中小学九年一贯课程暂行纲要》中将"两性教育"列为重大议题，融入各学习领域中加以实施；2004年正式公布"性别平等教育法"，"两性教育"也更名为"性别平等教育"。

社会性别意识是一种现代意识、文明意识，与环保意识、人权意识一样，越来越成为人们普遍认同的价值观念。

印度总理纳伦德拉·莫迪恐怕没想到，自己对孟加拉国总理谢赫·哈西娜的一句溢美之词居然招来网友对他涉嫌性别歧视的批评。2015年6月7日，正在孟加拉国访问的莫迪前往达卡大学发表演讲，谈及反恐议题时莫迪说："我为孟加拉国总理感到高兴，尽管身为一名女性，她能公开表达对恐怖主义零容忍的态度。我要向她的勇气致敬。"谁料想，莫迪的这段话8日在社交媒体上"炸了锅"，网友们认为，"尽管身为一名女性"的说法涉嫌性别歧视，让莫迪的"大男子主义思想"暴露无遗。网友"潘沙尔"写道："男人的优越感总是存在于那些说出诸如'尽管身为一名女性'这种话的人身上。"[①]

与莫迪相比，劳伦斯·萨默斯担任哈佛大学校长时曾经遭受的批评则更专业、更猛

---

① 印度总理莫迪"歧视女性"言论引热议［N］.北京晚报，2015-06-09.

烈。2005年1月14日，萨默斯在美国全国经济研究局会议上提出论断，认为是男女性别差异阻碍了女科学家、女工程师和男同行一争高下。毕业于哈佛大学，后在麻省理工学院工作的生物学家霍普金斯听到萨默斯的演讲后，气愤地离开了会场。霍普金斯说："真是可悲。哈佛所有聪明的年轻女性是被一个这样歧视她们的男性所领导。"此外，还有5名与会者，其中包括圣克鲁斯加州大学校长登顿，都被萨默斯的言论激怒。登顿说："这就是他的演讲！这里满屋子坐的都是国内最优秀的学者，而他却不停地在重复早就被我们批驳过的观点。"萨默斯事后一再辩解只是学术讨论，也反复道歉，但仍被批评者指出，他担任哈佛校长3年以来，女性从事学校高级工作的数量逐年锐减。[1] 有意思的是，2007年10月12日，具有男性精英色彩的哈佛大学终于迎来了第一位女校长福斯特，她屡次强调，"我不是哈佛女校长，我是哈佛校长"。

上面两件看小不小的事，充分表明社会性别意识如此重要且深入人心。《中国妇女发展纲要（2011—2020年）》在"妇女与教育"部分明确要求"提高教育工作者的社会性别意识"。我们只有认真学习并运用社会性别概念，才能认识到生理性别与社会性别的不同；而认识到这种不同，才能提高我们的社会性别意识。社会性别意识高低，决定性别平等观念强弱；不明白社会性别，就没有真正明白性别平等。对于性别平等，我们其实并没有自己想象的那么"懂"。从一定意义上说，理解社会性别的基本概念，是思想上的性别启蒙。我们广大教师的确需要这样的启蒙。

第二节 突破社会性别刻板化

【困惑】社会性别概念的确为我们理解性别平等提供了新的视角，很受启发。但是，认为男女应发挥各自的性别优势，取长补短，扬长避短，优势互补，难道不对吗？

如果我们真正理解了社会性别概念，并且将其作为理论工具和分析手段运用好，就会发现人们通常说的男女各自的性别优势其实是社会文化形成的性别刻板印象。

【尝试4.2】平常生活的性别印象
从下面这些日常生活的说法里，您发现了性别问题吗？
1. 生活的烦恼跟妈妈说说，工作的事情和爸爸谈谈。
2. 我觉得女司机技术的确不好，我自己就很怕开车。
3. 幼儿园太多女老师了，应该有些男阿姨。

什么是性别刻板印象

刻板原是版画中的术语，后引入心理学。刻板印象，指的是认知上的预设框架。社

---

[1] 哈佛校长歧视女性遭批评[N]. 京华时报，2005-01-19.

会性别刻板印象（gender stereotype）简称性别刻板印象或性别刻板化，又叫性别定型、性别定式等，是指针对不同的性别群体的简单而固定的看法。例如，我们到商店里请售货员帮忙给小朋友挑选礼物，如果是男孩，一般会推荐枪、刀剑、小汽车之类的玩具；如果是女孩，则很可能是洋娃娃。在性别气质、性别角色、性别分工、性别互动等方面都普遍存在性别刻板印象。

性别刻板印象普遍存在，但很多时候人们又都习以为常。比如，有一首大家耳熟能详的歌曲《常回家看看》，不知道您是否注意到其中的两句歌词，"生活的烦恼跟妈妈说说，工作的事情和爸爸谈谈"。妈妈说生活，爸爸谈工作，这其实就是很典型的将性别角色刻板化为"男主外，女主内"。我们写的、唱的、听的都不觉得有问题，而这种自然而然，这种普遍性，表明性别刻板印象渗透在社会生活的方方面面，与男女老幼都密切相关，这正是性别刻板印象的可怕之处。

性别刻板印象的成因

造成性别刻板印象的原因主要有两点：一是将性别差异绝对化，抹杀个体差异，其实很多时候个体差异是大于性别平均差异的；二是将性别差异固定化，用一成不变的观点看待性别现象，其实性别观念往往是落后于时代发展的。

还是回到女司机的话题，社会上存在女司机是"马路杀手"的性别刻板印象，就是以偏概全，搞扩大化，将部分女司机驾驶技术不好推展到所有的女司机；就是缺乏发展的眼光，总以为女性在操作机器方面先天不足。实际的情况却并非如此。来自交管部门的数据显示，2007年北京有女性驾驶员139.8万人，占全体驾驶员总数的30.7%，但女性驾驶员负同等以上责任的一般事故总共只有176起，仅占一般程序处理事故总数的3.3%；而造成了死亡的重大和特大事故中，女性肇事24起，死亡24人，分别仅占当年事故总数、死亡人数的2.2%、2%。换言之，女司机肇事事故死亡人数仅约为男司机的1/50。或许有人怀疑这是因为女性驾驶员数量虽多，但开车总时长要远远少于男性驾驶员的缘故。从案例数多得多的交通执法情况来看，这个结论并不成立。2007年，北京市机动车驾驶员受处罚的交通违法行为有386.3万起，其中女性驾驶员74万起，占19.2%，女性开车总时长不会比男性有几十倍的差距（见图4-1）。发达国家的研究同样也表明，女司机通常造成的严重事故要比男性少，平均来说，同样里程的驾驶，男性驾驶员发生致死事故的可能性要比女性多46%。①

不过就像版画一样，性别刻板印象是很难改变的，对这些实实在在的数据很多人还是不以为然。有人会说他见过的某位女司机的恶劣表现，但他忘了自己曾见过不知多少位男司机的恶劣表现。一些女性也会现身说法，自认的确驾驶技术不好，但她没注意到身边还有众多同性的驾驶达人。这时，人们其实是在运用已有刻板印象选择过滤后的经验进一步巩固自己的刻板印象。别说普通人，就是追求真相、见多识广的媒体记者也会受到性别刻板化的影响。看看这两则同一媒体同一时段新闻的标题，《女司机误踩油门

---

① 被妖魔化的女司机［N］. 中国新闻周刊，2014年3月第7期.

小车冲上花基》《小车撞花基侧翻 司机弃车逃逸》[①]，女司机出事故，性别依然成为主要关注点。这样烙印着性别刻板化的新闻也就继续散播、强化着性别刻板印象。

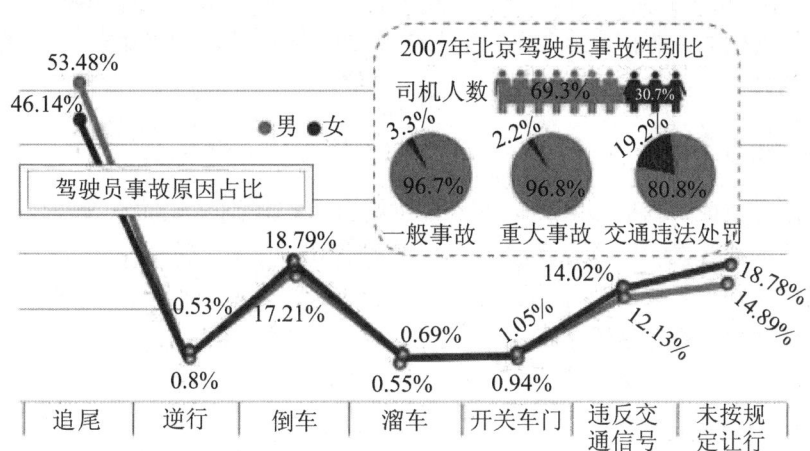

图 4-1 2007 年北京驾驶员事故及其原因的性别比较

性别刻板印象的影响

性别刻板印象以两种主要的方式对我们的生活施加影响。一是知觉过滤。符合刻板印象的事物会给我们留下深刻记忆，不符合刻板印象的事物，我们要么视而不见、听而不闻，要么当作特例放在一边。善打毛衣的男性、性格豪爽的女性都被当作小石子筛选到了一边，男豪爽、女细腻的性别刻板化"过滤装置"继续如常运转。二是自我应验。女性空间感差的刻板印象让众多女性对看地图、辨方位的自我预期降低，于是在生活中将把握方向的工作更多地交给男性，养成了"路在嘴上"的习惯，而由此造成的方位感弱化又进一步验证了预期。

性别刻板印象能帮助个体简单迅速地认识性别特征，有一定的积极意义，例如公共厕所的图标就利用了性别刻板印象。特别在儿童阶段，性别刻板印象能缩短性别认知所需的时间。

不过，性别刻板印象的消极作用比积极作用要大得多，它是产生性别偏见、性别歧视的直接原因之一。如果说性别刻板印象还仅仅是意识、观念，性别偏见就与行动有关，性别歧视更偏重指违反道德或法律的行为。例如，"女性不擅长开车"是性别刻板印象，"我不愿意教女性学开车"就是性别偏见，"女性学开车需多交学费"则属于性别歧视了。性别刻板化或许有时只是给生活带来小小的不便。例如，看到"刘小军"这个名字，一般人都会认为是男性；如果是个女性，无非就是出现安排住宿的时候出错之类的小问题，还可能为生活增添些有趣的调料。更多的时候，性别刻板印象及其引发的性别偏见和歧视，会给性别的自我认识、人际关系和共同发展带来严重的消极影响。

[①] 中山日报，2015 年 9 月 8 日，9 月 10 日.

这些我们在后面还将分别进行剖析。

有学者研究表明,在小学时,约55%的男生和45%的女生认为"自己在很多方面有专长",男女生的差距是10个百分点;到了高中,只有42%的男生和23%的女生有上述看法,男女生的差距拉大到19个百分点。① 性别刻板印象影响的不仅是女司机在驾驶过程中的自信,更是女性在人生道路上的自信。

性别刻板印象的突破

关于如何突破性别刻板印象,李慧英教授提出了"性别文化的重新建构"和"公共政策的积极推动"两个方面的重要举措。特别提出北欧国家的做法值得我们学习借鉴,北欧国家性别刻板化的观念已发生了根本性的转变,成为国际性别平等的旗帜,其性别人文指标和权能指标遥遥领先。②

有一件耐人寻味的小事,英国的七岁小女孩梅姬是"超级英雄粉丝",她在特易购超市(Tesco)看到新推出的玩具"超级英雄闹钟"上写着"给男孩的礼物",感到很不高兴,而特易购超市收到小女孩的抱怨之后,也道歉并移除了玩具上的告示,还补充道:"这是送给男孩女孩都很棒的礼物。"③ 这件事反映出,性别刻板印象有"细"和"早"两个特点,因此,突破性别刻板印象也要抓"细"、抓"早"。"细"是指它渗透到每个人的生活细节中,包括语言,比如,我们称幼儿园的男教师为"男阿姨",称医院的男护士为"男姑娘"(粤方言称护士为姑娘),就隐含了幼儿教师、医院护士是女性的性别刻板印象,应该予以改变。学校的教师和学生要将"娘娘腔""男人婆"等作为校园禁忌语。"早"是指性别刻板印象发生的年龄小,儿童几乎是在最早的性别认同出现时,就在习得性别刻板印象。在一所幼儿园的生活体验区里,我们发现学做木工的都是小男孩,学花艺的都是小女孩,在"银行"工作的有男有女,但"行长"是小男孩,小女孩大都做"柜台职员"。我们应该从幼儿园开始注重性别形象的多样化。女性可以是富于爱心的母亲,也可以是优秀的职业女性,还可以是出色的女政治家;男性可以是企业员工,也可以是优秀的组织管理者,还可以是富有家庭责任感的好父亲。让丰富多样的形象传递性别平等发展的理念:无论男人女人,每一个人都有同样的价值,应当获得同样的尊重;每一个人都有多方面的才能,应当获得充分的施展。

我们要特别注意,在当今社会男女平等逐步深入人心的情况下,性别刻板印象很多时候已经不再宣称男强女弱,而是展现"男女各有优劣"的公平姿态。不少教师在教学中也会赞赏并传播后者,殊不知后者的表述虽然看上去很美,但掩盖不了其将性别群体的特点简化、固化的实质,是以公平的名义流播偏见,以优势互补的名义限制发展。

我们否定两性各有优劣的说法,并不是否认个体之间有各自的优势和劣势;或者

---

① Susan A. Basow. 两性关系:性别刻板化与角色[M]. 刘秀娟,林明宽,译. 台北:台北扬智文化事业股份有限公司,1994:335.

② 李慧英. 性别刻板定型与"文化陷阱"[M]//李慧英,刘澄. 社会性别与公共政策(之二). 北京:中国社会科学出版社,2014.

③ 英国超市推出"给男孩的礼物"惹女孩抗议[EB/OL]. [2014-11-26]. http://www.bbc.com/ukchina/simp/uk_life/2014/11/141126_tesco_girl.

说，正因为承认个体之间有各自的优势和劣势，必然无法承认两性存在那些刻板的优劣。因此，所谓取长补短、扬长避短、优势互补，都应该是不同个体之间的事，而非不同性别之间的事。可以说，突破性别刻板印象，才能真正促进人的全面发展与个性互补。

性别刻板印象是动态而不是静止的，打破性别刻板印象也不能指望一举制胜、一蹴而就，而要持之以恒、长期积累。昨天性别形象多样化的努力，就会带来今天性别刻板印象的一点改变，而今天性别刻板印象的新突破，又将带来明天性别平等的更大进步。

第三节 实现社会性别主流化

【困惑】我们生活中的性别刻板印象还真不少啊！不过，有些女性就是愿意回归家庭、相夫教子，这样难道不行吗？另外，性别平等总是强调妇女权益、妇女解放，好像有点女人斗男人的感觉。

这位老师提的问题很尖锐，性别平等当然不仅仅是女性的事，更不仅仅是部分女性的事，而是全社会的事，是全人类的事业。要理解这一点，就得从社会性别主流化说起。

什么是社会性别主流化

社会性别主流化（gender mainstreaming），就是将性别观点纳入政府工作和社会发展决策的主流。这是经过国际妇女运动数百年奋斗和世界各国人民探索，在20世纪后期联合国一系列有关人类发展大会的基础上，逐渐形成的推进性别平等和可持续发展的基本经验与共识。

社会性别主流化这一概念，最早出现在1985年第三次世界妇女大会上，集中反映在1995年北京召开的第四次世界妇女大会所通过的《行动纲领》中。该行动纲领是这样表述社会性别主流化的："在处理提高妇女地位的机制问题时，各国政府和其他行动者应提倡一项积极鲜明的政策，将性别观点纳入所有政策和方案的主流，以便在做出决定以前分析对妇女和男子各有什么影响。"

社会性别主流化与以往的妇女运动相比，具有以下一些突出的特点：

强调社会性别问题的实质是社会问题，而不单纯是妇女问题、妇女组织的问题、某部分人某个具体领域的问题。

强调把性别问题纳入政府工作和社会发展决策的主流，也就是将社会性别主流化作为社会发展战略，贯穿社会发展全过程，通过改变社会政策、制度、法律、文化和社会环境，使两性平等参与社会发展和受益。

强调实现社会性别主流化的责任主体首先是政府，而不是妇女组织，避免将社会性别问题边缘化。

强调男性和女性应享有基本人权框架下的所有平等权利，而不是有一定范围、等级差异的权利。

强调使用社会性别分析工具和方法，不是用单一纵向比较的方法去凸显妇女取得的社会进步，也不是用简单描述的方法把妇女本身当作问题。①

为了形象具体地理解社会性别主流化，我们且来看看其中的一个重要方面——公共政策性别分析。

公共政策性别分析，是要确保公共政策充分考虑两性的关注和经验，从而使两性受益均等，它已成为联合国有关机构及一些国家和地区机构决策的一项制度。我国香港实行该制度就积累了丰富经验，制定了《社会性别主流化检视清单》，用以检视议会、政府制定的一系列法律、法规和政策。再如，西欧妇女婚后大多在家照顾小孩，北欧妇女则大多外出工作，就与公共政策的指向有关。西欧的托儿机构主要是市场行为，政府少有公共投入，为了减轻开支，母亲通常在家照顾幼儿。北欧的政策则不同，以瑞典为例，政府为每个人托儿童提供 90% 的资助，所以瑞典妇女更多选择外出工作。我国过去很多政策，比如以男方为主的分房政策，就明显存在性别歧视。有关男女公务员退休年龄的政策也需要进行认真的性别分析。②

可以看出，公共政策性别分析切实体现了 1997 年联合国经济和社会理事会通过的社会性别主流化的一致定义，即"把性别问题纳入主流是一个过程。它对任何领域各个层面上的任何一个计划行动，包括立法、政策或项目计划对妇女和男人产生的影响进行分析。它是一个战略，把两性的关注和经验作为在政治、经济和社会各领域设计、执行、跟踪、评估政策和项目计划的不可分割的一部分考虑，以使妇女和男人能平等受益，不平等不再延续下去。它的最终目的是达到社会性别平等"。

性别平等与妇女赋权

社会性别主流化对待妇女的态度，强调妇女是参与发展的主体，认为赋权妇女是实现性别平等的中心所在，反对将妇女当作实现某一特定社会目标的工具。2015 年 8 月 2 日晚，193 个联合国成员国达成共识，初步通过了 2015 年后可持续发展议程文件《变革我们的世界——2030 年可持续发展议程》，并承诺将于 2030 年前实现 17 个新的可持续发展目标。其中"性别平等及妇女赋权"成为第五项目标。③

性别平等（gender equality）是国际妇女运动和联合国长期努力追求的社会目标。在 1975 年第一次世界妇女大会通过的《墨西哥宣言》中，就明确界定了男女平等是"男女作为人的尊严和价值的平等，以及男女权利、机会和责任的平等"，此后人们不断深化认识，形成了对性别平等的共识：性别平等是作为人的尊严和价值平等，是男女权利平等，是男女机会平等，是男女实质平等。

在当前以经济建设为中心的背景下，尤其不能将性别平等与经济发展水平简单画上等号，认为"经济搞上去了，妇女自然跟着受益"。如果忽视社会分配中的性别不公

---

① 刘伯红. 社会性别主流化读本 [M]. 北京：中国妇女出版社，2009.
② 李慧英，杜洁. 公共政策性别影响分析 [M] // 李慧英，刘澄. 社会性别与公共政策（之二）. 北京：中国社会科学出版社，2014.
③ 联合国成员国就 2015 后可持续发展议程达成共识 性别平等及妇女赋权成为第五目标 [N]. 中国妇女报，2015－08－05.

平，经济发展的同时，两性不平等很有可能会扩大。

赋权（empowerment）指的是每个人，不论男女，都有掌控自己生活的权利，包括安排自己生活日程，获得技能，增强自信，解决问题，能够自立。它既是一种过程又是一种结果。赋权妇女着意改变社会性别机制及其他社会不平等，关注妇女的独立自主决策与资源控制，以建立新的社会经济政治平等。它不是外在的给予或允许，而是对内在的能力的确认和发挥，是妇女发起并推动其他社会机构积极回应的改变现状的行动。比如，妇女特别是农村妇女若获得与男性同等的资源和发展机会，她们对家庭脱贫和社会发展产生的影响甚至可能高于男性。在联合国总部举行的 2015 年女性公益可持续发展国际论坛，近 250 件中国传统手工艺作品同时展出，随后分别在联合国总部和哈佛俱乐部拍卖。这些作品的制作者都是中国西部的贫困妇女，她们没想到自己的作品有一天能走出山区、卖到美国，这让她们更有经济独立的信心。

"妇女回家"与"被回家"

> 【尝试 4.3】评评妇女回家这个理
> 2011 年"两会"期间，全国政协委员张晓梅提出"鼓励部分妇女回家"的提案，再次引发了妇女回家的讨论。张晓梅提出让部分妇女回家的理由有两点：第一个理由是女性的自然生理决定了其社会性别角色，第二个理由是事业和家庭的双重负担。请您来评一评，这些理由成立吗？

第一个理由，用本章第一节讲过的社会性别概念就可以反驳，因为社会性别角色不是生理性别决定的，主要是文化建构的结果。第二个理由，女性事业与家庭的双重负担问题的确存在。同类型的调研报告都得出了相似的结论：家庭与事业的冲突，女性履行母职影响了女性的职业发展。"2009 年中国职业女性生存状态调查报告"显示，70%的职业女性面临着家庭与事业的冲突，在这种冲突中，自认为在现实生活中实现了"事业与家庭兼顾"的，2007 年有 31.2%，2008 年 28.2%，2009 年有 29.4%。而在这种冲突中，"生活重心在家庭"的比例 2007 年为 22.9%，2008 年为 23.5%，2009 年为 34.1%，逐年升高。2007 年的调查中，甘心当全职太太的比例是 3%，而 2009 年有 8.4%的人愿意做全职太太，回归家庭。这些数据提醒我们，要特别注意女性回归家庭意愿背后的不情愿：一是传统性别角色的刻板化，让女性"顾家"的压力巨大，家务劳动负担明显重于男性；二是职场的性别隔离，让女性争取职业成就的动力也会下降。回归家庭，不是主动的取舍，更多的是无奈的选择。

市场化改革以来，就"妇女回家"这个问题产生了四场争论：20 世纪 80 年代末《中国妇女》杂志主动发起的"就业还是回家——妇女出路在哪里？"的讨论；90 年代中期，郑也夫在《社会学研究》上发表"男女平等的社会学思考"，提出妇女解放"超前"论，引发学界讨论；2001 年"两会"期间，全国政协委员王贤才作"'家政'的呼唤与回归——男女平等与分工的思考"的发言，倡议低收入妇女从事家政，引发了21 世纪初期的第一场关于"妇女回家"的争论；2011 年张晓梅提案倡议鼓励部分有条件的中产阶级女性回归家庭。①

其实四场争论并没有太多新意，归根到底，解决"妇女回家"问题的关键还是——赋权妇女。如果给予女性和男性在家庭和社会分工中公平的资源和机会，让妇女"回家"不是"被回家"，而是自主支配个人生活所作出的独立选择，这才是性别平等。

性别平等的男性参与

只要有一个女人……
作者：南希·史密斯　　译者：黄长奇

只要有一个女人觉得自己坚强因而讨厌柔弱的伪装，
定有一个男人意识到自己也有脆弱的地方，因而不愿再伪装坚强。
只要有一个女人讨厌再扮演幼稚无知的小姑娘，
定有一个男人想摆脱"无所不晓"的高期望。
只要有一个女人讨厌"情绪化女性"的定型，
定有一个男人可以自由地哭泣和表现柔情。
只要有一个女人觉得自己为儿女所累，
定有一个男人没有享受为人之父的全部滋味。
只要有一个女人得不到有意义的工作和平等的薪金，
定有一个男人不得不承担起对另一个人的全部责任。
只要有一个女人想弄懂汽车的构造却得不到帮助，
定有一个男人想享受烹饪的乐趣却得不到满足。
只要有一个女人向自身的解放迈进一步，
定有一个男人发现自己也更接近自由之路。

社会性别主流化就是通过男女共同参与、受益和发展，实现社会性别平等的最终目标。这首小诗正是对此目标的形象描述。

女性问题只是社会问题这枚硬币的一面，另一面就是男性问题。比如：由于男女不平等和生育男孩偏好，我国出生人口性别比持续偏高30余年，即使从2009年开始连续下降，2014年出生人口性别比还是达到115.88，仍在高位徘徊（正常范围在103至107之间）。这导致2013年之后，我国每年的适婚男性过剩人口在10%以上，平均每年约有120万男性在婚姻市场上找不到初婚对象。

在瑞典有专门的男性危机中心，主要帮助离异或有情感危机的男性摆脱心理危机，还治疗有家庭暴力倾向的男性。据介绍，有暴力倾向的男性往往没有完成从儿童角色到成人角色的转变，因此，男性危机中心的咨询就是引导暴力男性学会两性平等相处，培

---

① 宋少鹏. "回家"还是"被回家"？——市场化过程中"妇女回家"讨论与中国社会意识形态转型［J］. 妇女研究论丛，2011（4）：5-12.

养父亲的责任感。①

性别平等男性也受益，性别平等男性要参与。"他为她"（HeForShe）②，是联合国于2014年9月发起的一项全球团结运动，呼吁男性与女性联合起来，共促性别平等。在中国，它有一个更易懂的口号及更通俗的诠释：性别平等，为她我能。作为男性，我能分担家庭责任，我能防止暴力侵害妇女的行为，我能为小男孩树立榜样，我能积极投身性别平等教育，我能协助推进社会性别主流化。"他为她"要在全球寻找10亿男性支持者，人口众多的中国应该也能够在国际社会中作出更多贡献。各位男老师，你们准备好了吗？

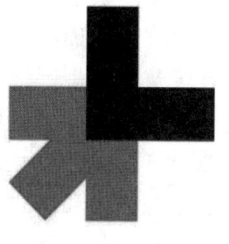

社会性别主流化任重道远

中国是最早承诺推进社会性别主流化的49个国家之一，我国政府将男女平等作为基本国策，积极推动社会性别主流化，当然也面临着严峻的挑战。

就以农村土地资源的分配为例。2011年3月，中央党校"性别平等政策倡导课题组"专家参加了河南郸城某村的一次村集体资源的分配会议，这个村子的土地已经被征用，房子也要拆迁，届时每个村民可以免费得到40平方米的住房，至于谁有资格分到住房就由村两委、村民小组长和部分村民代表一起来讨论决定。参加会议的除了妇代会主任是女的，其他都是男的。讨论结果是，所有的儿子、儿媳及其子女都理所当然享有村民待遇，而离异、丧偶和招婿上门的妇女连村民资格都没有。这种按照男娶女嫁确定村民资格的村民自治，使得城镇化对于农村男女的意义完全不同。城镇化不但没有缩小男女之间的收入差距，反而把性别分层不断拉大了，妇女的土地权益问题不是随着城镇化的推进而减少，而是与城镇化的发展同步增长，变得越来越突出和严重。③

为此，农业部、中央农村工作领导小组办公室、财政部、国土资源部、国务院法制办、国家档案局于2015年联合印发了《关于认真做好农村土地承包经营权确权登记颁证工作的意见》（农经发〔2015〕2号），明确提出有关颁发土地承包经营权证书的规定：承包经营权证书载明的户主或共有人，要体现男女平等的原则，切实保护妇女土地承包权益。广东省出台农村土地承包经营权确权登记颁证实施方案，通过明确土地关系，划清权益界限，有效化解历史遗留问题，解决涉地纠纷矛盾，保障妇女的土地承包权益。2021年12月20日妇女权益保障法修订草案提请十三届全国人大常委会第三十二次会议初次审议。草案增加了对农村妇女土地及相关权益的保护措施，明确了基层人民政府对村民自治章程、村规民约以及涉及村民利益事项的决定中侵害妇女权益的内容予以纠正的责任。

---

① 李慧英. 性别平等是一种生活方式［M］//李慧英，刘澄. 社会性别与公共政策（之二）. 北京：中国社会科学出版社，2014.

② HeForShe 网址 http://www.heforshe.org/.

③ 王晓莉. 我国当代农村土地政策的社会性别分析［M］//李慧英，刘澄. 社会性别与公共政策（之二）. 北京：中国社会科学出版社，2014.

国家还引导各地积极探索建立法规政策性别平等评估机制，为从源头促进性别平等与妇女发展提供坚实的机制保障。2015年8月，广东省妇联、省法制办联合印发《关于建立广东省地方法规政策性别平等咨询评估机制的指导意见》，确定了机制评估委员会名单及工作规程，标志着广东省的地方法规政策性别平等咨询评估机制正式建立。意见明确了咨询评估机构的职责，包括积极参与涉及妇女权益的法规政策的调研、论证、起草等工作，关注并促进将社会性别平等纳入决策主流；积极参与相关法规政策执行情况的专题督查和监测评估，对违反男女平等原则的法规政策及时提出修订意见和建议；积极参与有关性别平等主流化的宣传、培训、研讨和交流等活动，不断增强全社会的性别平等意识。意见还明确了咨询评估的范围、工作规程等。此后，广东省推动各地级市全面建成地方法规政策性别平等咨询评估工作机构并发挥作用。①

中国国家主席习近平2015年9月27日在纽约联合国总部出席并主持全球妇女峰会，在开幕式上发表题为《促进妇女全面发展 共建共享美好世界》的重要讲话，就促进性别平等和妇女全面发展提出四点主张。第一，推动妇女和经济社会同步发展。制定科学合理发展战略，确保妇女平等分享发展成果，推动广大妇女参与经济社会发展。第二，积极保障妇女权益。把保障妇女权益系统纳入法律法规，增强妇女参与政治经济活动能力，保障妇女基本医疗卫生服务，确保所有女童上得起学和安全上学，发展面向妇女的职业教育和终身教育。第三，努力构建和谐包容的社会文化，消除一切形式针对妇女的暴力，打破有碍妇女发展的落后观念和陈规旧俗。第四，创造有利于妇女发展的国际环境。坚持和平发展和合作共赢理念，积极维护和平，开展妇女领域国际发展合作，缩小各国妇女发展差距。② 2020年10月1日，习近平主席在联合国大会纪念北京世界妇女大会25周年高级别会议上的讲话中指出，"让性别平等真正成为全社会共同遵循的行为规范和价值标准"③。

社会性别主流化是实现性别平等、促进社会文明进步的一条光明之路、挑战之路，中国在路上。

本 章 小 结

要树立正确的性别平等观念，必须掌握一些基本理论，其基本概念包括社会性别、性别刻板化、社会性别主流化等。对于性别平等来说，社会性别是基本的理论工具，性别刻板化是基本的性别问题，社会性别主流化是基本的推进策略，三者都贯穿始终。社会性别基于生理性别，又有别于生理性别；认为性别是先天和后天因素综合作用的结果；重视从历史积淀、社会影响、文化建构、社会习俗等方面分析性别现象；社会性别

---

① 广东建立地方法规政策性别平等咨询评估机制［N］. 羊城晚报，2015-09-17.
② 习近平在全球妇女峰会上的讲话［EB/OL］. (2015-09-28). http://news.xinhuanet.com/herald/2015-09/28/c_128272780.htm.
③ 习近平在联合国大会纪念北京世界妇女大会25周年高级别会议上的讲话（全文）［EB/OL］. (2020-10-01). http://www.gov.cn/xinwen/2020-10/01/content_5548949.htm.

意识是现代意识、文明意识。性别刻板化是指针对不同的性别群体的简单而固定的看法；它夸大性别差异，将性别差异绝对化和固定化；它普遍存在，难以发现更难以改变；它引发性别偏见和歧视，必须努力突破。社会性别主流化是将性别观点纳入政府工作和社会发展决策的主流；它重视妇女赋权，主张男性也要参与，同样受益；社会性别主流化就是从人权、经济效益、社会公正和可持续发展的角度，全面持久地推进性别平等。

深度探究

1. 请运用社会性别的视角分析一部文学艺术作品的人物形象，或者分析近期社会热议的性别事件，并与不运用社会性别视角的分析做一个比较。

2. 选一部您看过的电影（或电视剧、舞台剧），分析比较其中不同性别的人物形象各一个，发现其中存在的性别刻板印象。

3. 认真阅读一项地方法规政策的条文，尝试对性别平等咨询评估提出意见和建议。

4. 自己（男性）或介绍男性熟人登录 HeForShe 网页（http://www.heforshe.org/），签署"他为她"承诺宣言，并交流男性参与性别平等的感受。

第五章

所有的灵魂不分性别

——性别的自我认识

第一节　性别与身心健康

【困惑】有人说男强女弱是由男女生理的差异决定的，男的就是比女的强壮。而且科学研究还说，男性荷尔蒙和女性荷尔蒙决定了两性身体和心理有很大的不同。讲性别平等还得遵从两性身心的差异，这样孩子才能健康成长，对吧？

认识两性生理结构机能和身心发展历程是性别平等教育的首要课题，具备了这些基本的认知能力，才能谈得上互相尊重、共同发展。我们一定要科学准确地把握两性身心的异同，特别要善于运用之前学习过的社会性别理论。忽视两性差异或者误解、夸大差异（目前主要表现为后者），都不利于孩子，特别是身心发展迅速的青春期孩子的健康成长。

两性身心异同

【尝试5.1】性别知识哪里来？
您是从以下哪些渠道获取的有关性别差异的知识？
①中小学教材；②大学教材；③学术专著；④科普期刊；⑤畅销书；⑥网站文章；⑦电视节目；⑧微博微信；⑨讲座；⑩与人聊天。

两性身心有异有同，且同中有异，异中有同，是个比较复杂的问题。对待这些问题，一是要有严谨的科学态度，不要将假说、已淘汰的旧知和存争议的探索当作准确的科学知识，并不负责任地传播；二是要有社会性别意识，不要混淆自然与文化的区别。

比如两性生理结构上的差异，开始只是从解剖学上发现内外生殖器官的差异，后来才根据遗传学的研究明确性染色体的差别。正常的人类个体具有23对（46条）染色体，其中22对男性女性都具有，也叫常染色体，第23对与性别密切相关，被称为性染色体。女性的性染色体为两条X染色体，男性的性染色体为一条X染色体和一条Y染色体。1972年，国际奥委会决定，运动员必须通过染色体检验来证明其生理性别。

男女体形及力量上存在着平均差异。一方面的确与性激素有关，研究发现，雄性激素促进了血红蛋白的形成，而雌性激素则没有这种直接作用。另一方面，也不能否认运动训练的原因。E. G. Hall 和 Lee 发现，经过多年的男女混合体能教育之后，青春期以前的男孩和女孩在大多数的体能健康测验项目中表现的程度都类似。1970—1982 年期间的马拉松比赛成绩也是训练效果的例证，女子马拉松的最好成绩进步了约 20%，而男子记录只进步了 0.1%。[1] 这样看来，男女体形和力量的自然差异可能是历史上性别角色区分的原因之一，但同时性别角色区分又扩大和强化了自然差异。

攻击性的性别差异也是客观存在的，其原因除了男女体形力量的差异或雄性激素分泌水平的不同，还有性别角色规范、模仿、教育的不同。或许，将其归为性激素与社会文化协同互动的结果更切合实际些。

性别差异的话题在后面还会反复提及，有几句简单的话大家可以记住，分析后面问题的时候试着用一用，看看能否成为分析性别差异的基本准则：

（1）性别差异是有，但性别相似点更多，不同性别之间大同小异。
（2）性别内部的个体差异往往大于性别（之间的平均）差异。
（3）性别差异主要不是先天因素决定的，而是社会文化构建的结果。

我们要特别注意的是，关于两性身心差异的错误知识会直接影响到两性的身心发展。很多时候会导致错误的教养方式，比如不鼓励女孩参加运动，对男孩调皮捣蛋过分宽容等，这对孩子们的健康成长是极为不利的。

迷蒙的荷尔蒙

荷尔蒙决定性别差异的说法流传甚广，事实究竟如何呢？

荷尔蒙（hermone）就是激素，是指由人体各种内分泌腺所分泌的有效化学物质。性激素（性荷尔蒙）是众多激素中的一种，包括雄性激素和雌性激素。

以前科学家以为雄性激素属于男人，为男性所分泌，雌性激素为女人所有，只有女性才会分泌。后来进一步的研究发现，男女体内均存在分量不等的两种性激素，它们协力合作，在人体某些特定的器官中发挥作用。因此，激素的性别差异不是绝对的，个体在性激素上的差异体现为激素相对量和比例的不同。相应地，两性间的区别也是由于激素相对量及比例的不同，而非绝对的种类差异。

性激素在个体发展的两个阶段对个体产生巨大的影响，一是出生前期，即怀孕到出生这一时期，二是青春期和青春期以后。研究显示，染色体所决定的两性的不同只是个体生殖结构发育的必要条件，性激素分泌部位、数量的不同为个体的发育创造了不同的内部条件，对出生前胎儿的性分化有极其重要的作用。到了青春期，性激素分泌量大增，男性通常分泌较多的雄性激素，女性通常分泌更多的雌性激素，使个体产生第二性征，逐步发育为成熟的男性和女性。

性激素除了影响人的生理结构的发育成长之外，对人类的行为模式也有不同程度的

---

[1] Susan A. Basow. 两性关系：性别刻板化与角色［M］，刘秀娟，林明宽，译. 台北：台北扬智文化事业股份有限公司，1994：55.

影响。动物实验研究表明,在成年期注射性激素可能对侵犯行为和性行为有所影响。也有研究表明,睾丸酮的分泌程度与青少年的某些性格特质有关,但不会在青春期造成性格上的性别差异。

总之,性激素对于人类的影响相当复杂,还需要研究的不断深入。就目前所知,雄性激素并非只是男人的激素,雌性激素也不只是女人的激素;性激素不能决定性别差异;性激素影响了性别,也影响了个体,影响了生理,也影响了行为;性激素对人类行为的影响与社会因素交织在一起,显得更为复杂。

青春期身心保健

青春期是以生殖器官发育成熟、第二性征发育为标志,由儿童逐渐发育成为成年人的过渡时期。青春期是人体迅速生长发育的关键时期,也是继婴儿期后,人生第二个生长发育的高峰期。世界卫生组织(WHO)规定青春期为 10~19 岁。

青春期的时间和身体发育过程存在性别差异和个体差异。男孩的青春期通常在 10~13 岁的时候开始,在 20 岁前后或骨骼发育完全时结束;女孩的青春期通常在 8~13 岁开始,比男孩早两年左右,十六七岁或骨骼发育完全后结束。

男孩生理上的改变通常是这样的:睾丸和阴茎长大,阴毛长出并逐渐变得浓密,声音变得低沉,开始有射精的体验,有时会出现梦遗的现象,腋毛和胡须开始生长。还会经历井喷式的身高和肌肉的生长,皮肤变得油腻,易长痤疮。女孩生理上的改变通常是这样的:乳房开始发育,阴毛开始生长且渐渐变长、变粗、变卷,阴道壁逐渐增厚,子宫和卵巢变大,月经初潮,腋毛开始生长,宫颈口开始分泌由阴道释放出的黏液。另外,身高显著增长、骨盆和臀部变宽、脂肪增加、皮肤变油以及出现痤疮的可能性增加。

进入青春期,心理上也出现明显变化,对异性的兴趣和感觉增强,开始摆脱对双亲的依赖,又被称为"心理断乳期"。情绪容易产生不安和波动,女孩在月经期情绪上会有较大波动。

广义的青春期保健,涵盖了青春期身体和心理各方面的卫生保护与健康发展,诸如营养、运动、情绪、性格等等。狭义的青春期保健则主要指男孩和女孩外生殖器官的卫生保健,女孩的乳房保健、经期管理,以及后面第六章将介绍的性知识的掌握、性观念的形成。

基于性别平等的青春期保健教育要注意身心协同,不要变成纯粹的生理卫生学习,要关注心理方面,并考虑社会文化的相关影响。比如人类学家米德在研究了萨摩亚青春期少女后发现,青春期的骚动和逆反更多是社会文化影响的结果。[1] 要尊重性别差异,也要避免性别刻板化。下面我们就以女性经期管理为例谈谈。

月经周期是一件很正常的事情,而且是一个健康女性应该拥有的一部分。月经初潮应该是一件令人兴奋的事情,但很多女孩子都会在月经初潮来临时感到不安和恐惧,因

---

[1] 玛格丽特·米德. 萨摩亚人的成年——为西方文明所作的原始人类的青年心理研究 [M]. 周晓虹,李姚军,刘婧,译. 北京:商务印书馆,2008.

为没有人告诉过她们那意味着什么，又该做些什么。一些父母觉得跟孩子谈论月经会很尴尬。一些习俗和宗教认为月经是不洁、不祥的，这其实是对女性生理过程的贬低，也给女孩带来心理负担。因此，要打破社会禁忌，让女孩认识月经其实是身体自我更新并保持生育能力的一种方式，以轻松自然的心态去面对。

女性月经期间卫生保健的很多禁忌，除了知识更新滞后，还有性别刻板化的影响。比如月经期间不适宜运动的说法在我国比较普遍，其实，月经期间是可以适当运动的，并不存在特别的健康风险。还有研究表明，月经周期对肌力、速度和爆发力并没有绝对的影响，而运动表现会随着个体差异和运动项目的不同而有所不同，很难下定论。[①] 更不用说，广大女性的运动动机往往是锻炼身体、娱乐、情绪表达等，这些满足个人感受的运动更不会受月经周期的影响。因此，月经期间不适宜运动更多只是不爱运动女性的某种借口，并没有运动生理方面的科学依据。反而，有研究表明，有规律的运动能缓解经前不适和痛经。

另外，可以根据学生的实际需要拓展青春期保健学习的具体内容，比如青春期女生如何选购内衣。可以引导她们根据自身生长发育的情形选择合适的内衣，刚发育时可选择棉质、吸汗、半截式的运动内衣，慢慢再依据体形的变化选择更合适的类型。

在青春期保健的问题上不能太过"重女轻男"，青春期男生同样需要相关的指导。比如，每天清洗外生殖器，并保持清洁；运动、游戏时，要注意保护外生殖器，避免受伤；不要穿太紧的裤子；遗精是正常现象，只要将身体清理干净，换上干净内裤，不需要担心。

青春期学生关注了解异性的愿望强烈，帮助其适当了解一些异性的青春期卫生保健知识，对培养男孩女孩互相理解、尊重和关怀的品质都是具有积极意义的。

以瘦为美与体像烦恼

孩子很小就会关注自己长得好不好看，小学阶段就会有女生想着自己是不是太胖了，有男生觉得自己是不是太矮了。这都属于心理学说的身体意像。

身体意像（body image）也称体像，是个体对自己身体相貌、体格、体能等的认知和评价，是个体自我意识中最早萌发的部分，也受社会文化的支配和重要他人评价的影响。身体意像影响着人们尤其是青少年的身心健康。研究表明，青少年身体意像与自尊正相关，对自己外表评价高者，拥有更高的自尊；对自己外表评价低者，自尊也更低。媒体对体像的表现极大地影响着青少年对自身体像的品评和判断。

青少年学生正处在生理和心理发生巨大变化的阶段，身高、体重和容貌的变化以及第二性征的出现，使其对自己的体像感到困惑，表现为体像烦恼。

体像烦恼（body image depression）是个体由于对自我体像失望所引起的心理烦恼，对青少年学生来说，具体表现为形体烦恼、性别烦恼、性器官烦恼和容貌烦恼等方面。调查显示，有22.3%的青少年学生存在体像烦恼，其中7.6%的学生存在形体烦恼，

---

① 高于棻. 身体不同，成绩不同？——谈男女身体的生理差异[J]. 性别平等教育季刊, 2007, 39.

8.9%的学生存在性别烦恼，5.2%的学生存在性器官烦恼，5.06%的学生存在容貌烦恼。① 体像烦恼对个体的心理和行为，如社交、情感及学习积极性均产生不同程度的消极影响，严重的甚至会引起体像障碍。

社会文化的影响导致了身体意像方面的性别差异。俗话说"男儿无丑相"，反映出传统文化在身体意像方面给男性的压力要比女性小得多。"女为悦己者容"，体现了女性的身体意像应努力适应男性的审美观的传统观念。女孩和妇女的境遇常常很大程度上取决于她们的外表，文化习俗更加使年轻妇女承受尽力达到完美的压力。特别是现代社会消费主义盛行，时尚产业发达，被称为拼"颜值"的时代，女性身体意像的压力越来越大。从媒体广告我们不难发现，与女性身体相关的产业，如时装、化妆、减肥和整容产业对女性的身体意像进行了持续构建，女性的身体被客体化、商品化。与源源商机、滚滚财富相伴的是，女性越来越努力地改造自己的身体，又越来越不满意自己的身体。数据显示，神经性厌食症患者90%以上为女性，这都是以瘦为美的时尚惹的祸。

青春期少女普遍对自己的身体意像判断不准。通过体像图测量被试者的体像发现，58.6%的人对自己的体像判断过高或过低，其中82.2%的人认为自己比实际胖，56.8%的人把理想体像定位在偏瘦，17.3%的人把理想体像定位在过瘦。对体像满意度的调查显示，体像满意度与个体对自我体重的评估、求瘦欲望和被试者的体质指数（BMI）均显著相关。② 以瘦为美的时尚，让女孩子觉得自己太胖，不仅影响自信，还影响饮食习惯，对身心均会造成很大伤害。那些拥有不太良好身体形态的女孩，甚至会希望通过发生性行为来获得爱和认可。

人们的身体形象各有不同。尽管一些文化和传媒传递了负面信息，但事实上没有"完美"或者"标准"的体型或形象。教师要引导学生批判地分析媒体对体像的表现，接受并悦纳自我，突破体像烦恼。让青少年学会对自己的身体感到舒适自在，拥有积极正面的身体意像，并拥有更大的自信。通过鼓励与调适，青少年都可以对自己的外表感到自信，也可以在别的方面建立自信并实现自我价值。尤其是女孩，也可以不比"颜值"拼实力，通过专注于学术成就、创意才能或发展其他特质，找到自信与幸福。

第二节　性别认同

【困惑】我看到有些学校在开展"男孩教育"，要激发男生的阳刚气，感觉这好像也是性别刻板印象吧。不过，阳刚气也是挺正面的，培养阳刚气似乎也没错啊。

您能运用前面讲到的社会性别理论分析教育与性别问题，难能可贵。所谓阳刚气，就是传统意义上的典型男性气质。培养阳刚气错还是不错，要解开疑惑，还得从性别气质说起。

---

① 高亚兵，彭文波，骆伯巍，等. 大中学生体像烦恼与自尊的相关研究［J］. 心理科学，2006，29（4）：973-976.

② 潘晓红. 青春期少女自我体像及相关问题的调查［J］. 中国心理卫生，2002，16（8）：542-544.

性别气质多样化

性别气质是以两性第一性征和第二性征为基础的一整套固化的、强调两性对立的心理特点和行为举止。著名女哲学家波伏瓦说过,"女人不是天生的,而是后天变成的"。变成的部分就是被称为第三性征的性别气质。

我们先读一则新闻报道（节选）：[①]

南京师大附中新城初中10周年校庆,特别举办男孩教育论坛,希望培养出顶天立地的男子汉。"男孩危机"在全世界普遍存在,男生成绩比不上女生,体质也有所下降,再加上学生们提出的观点,让学校更意识到构建"男孩教育"模式的紧迫性。

一名初三男生认为,男生的柔美也是美,中性是今后的发展趋势,是一种时尚。有一回他穿了一件表演服,有人觉得有些女孩子气,但他觉得很好、很时尚。新城初中男教师涂伟立感慨,有的男孩子身材高大,但在课堂上发言却听不到声音,非常羞涩。

女教师邵静也发现,在学校活动中,大方去承担任务的女孩多于男孩。"一些男孩阳刚气不足,站不直,说话声音很小。"

学校计划开发"男孩教育"课程,针对男孩在初中阶段身心发育和行为习惯的特点,研究并初步构建与之相适应的"男孩教育"模式,引导新城初中的男生逐步形成深邃的思想,拥有渊博的知识,修炼儒雅的气质,培养果敢的精神、合作的态度和勇于担当的意识。

> 【尝试5.2】存在"男孩危机"吗？
> 分析报道中学校、教师和学生对性别气质的理解。可以选择以下角度：
> 1. "男生的柔美也是美"的说法对吗？
> 2. 男生羞涩、说话声音小就不阳刚,不像男孩吗？
> 3. 该校"男孩教育"的目标是否恰当？

传统社会两性性别气质的稳固和对立,表现为性别气质的刻板化。男性气质是强壮、勇敢、独立、追求成就、富竞争性,表现为阳刚的行为；女性气质则是娇弱、顺从、依赖、温柔、整洁,表现为阴柔的行为。班昭在《女诫》中对两性气质做了明确的表述："阴阳殊性,男女异行。阳以刚为德,阴以柔为用。男以强为贵,女以弱为美。"

其实,每个人都同时拥有阳刚和阴柔的气质,只是程度不同。当代美国著名的性别心理学家贝姆（Sandra Lipsitz Bem）就提出了性别气质双向化理论,认为每个人身上都可能既有"男性气质"又有"女性气质",当"男性气质"明显高时,可称为男性化个体,"女性气质"高时,称为女性化个体,"男性气质"和"女性气质"均高时,称为双向化个体,"男性气质"和"女性气质"均低时,称为未分化个体。该理论及其实

[①] 南京一中学开发"男孩教育"课程激发阳刚气［N］. 现代快报, 2015–09–29.

验研究充分表明，性别气质绝非两极化的，而是多样化的。

像报道提到的那所中学，将男孩教育定位为：要男生"逐步形成深邃的思想，拥有渊博的知识，修炼儒雅的气质，培养果敢的精神、合作的态度和勇于担当的意识"。这样的阳刚气的确很好，但问题是，女生不需要培养这样的阳刚气吗？至于该校的某些教师将"腼腆内向""说话声音小"均视为不阳刚、不像男孩，可想而知会给具有这类气质的男孩造成多大的心理压力。阳刚气、男性气质未必都是坏东西，但将其刻板化，以为是男性的固定的专利，就不对了。这种刻板印象，不仅会造成个人的心理压力，抑制个人潜能的发展，对人与人之间的沟通和尊重也会有不良影响。严重的还会引发校园性别欺凌。

学校和教师应该做的不是强化社会普遍存在的刻板印象，而是让学生尊重两性各种各样的气质，进而理解性别气质多样化，打破性别气质刻板化的限制。

接纳认同自己的性别气质

性别认同（gender identity）是指一个人对自己性别上的认定。个人的性别气质不符合传统社会的期待，就可能面临性别认同的困扰和痛苦。男生认同自身的某些"女性气质"，女生认同自身的某些"男性气质"，都有可能出现麻烦。所谓"男人婆""女汉子"或"娘娘腔"，其实就是个体性别认同所遭遇的社会偏见在语言称谓上的表现。

还需要注意的是，由于"男尊女卑"传统文化的长期影响，女性对自身的性别认同相对男性而言更为困难。随机访谈中发现，男生都喜欢做男生，不愿意做女生。却有部分女生喜欢做男生，或不愿意做女生，觉得不用穿裙子，能在操场上尽情玩多好。有调查也显示，高中的女生性别认同程度比男生低。[①]

孩子的性别认同受多种社会因素的影响。社会文化过分宣扬勇猛、阳刚才是"真正男子汉"，男孩就会担心自己不够男人味，产生过分男性化的倾向，甚至会错误地将粗鲁、冒犯等不文明行为也当作阳刚。

学校教育也是影响性别认同的社会因素之一。如果教师认为男孩就是淘气些，女孩就是文静些，就自然会严厉批评说话小声的男生、爱接茬的女生，而对男生调皮捣蛋和攻击性行为，女生的胆怯、依赖和退缩性行为表现出宽容，这都会对正确的性别认同产生消极影响。因此，教师一定要理解性别气质不是非此即彼、泾渭分明，而是多样而丰富的，从而引导孩子们了解自己、悦纳自己、勇敢做自己。

认同不仅仅是认"同"，而是求同与存异两者的有机结合，缺一不可。绝大多数认同自己生理性别的人，同样需要接受相同性别者在身体意像、性别气质等方面的各不相同，才能实现良好的性别认同。

我国台湾的"玫瑰少年"叶永鋕，就用自己的鲜血和年轻的生命警醒世人，不能接纳相异的性别"认同"是多么可怕。生于1985年的叶永鋕，生前就读于屏东高树国

---

① 黄心洁，韩娟，吴汉荣，等. 湖北省高中生性别认同、异性交往及性相关心理行为情绪反应调查[J]. 医学与社会，2011，24（9）：84-86.

中三年二班。2000 年 4 月 20 日上午，他在下课前 5 分钟提早离开教室去上厕所，后被发现倒卧在血泊中，送医后不治，年仅 15 岁。叶永鋕长相清秀，个性也温柔。母亲陈君汝说他从小"很喜欢玩扮家家酒的游戏"，家人一度很担心，曾带叶永鋕去看心智科，医生说他"很正常，不正常的是那些看他的人"。周围的人却不这样看，班上的男同学嘲笑他，还被几位同学强行脱下裤子"验明正身"。他虽然向学校反映了，但情况并未改善。提早几分钟下课，急急忙忙去上厕所，只是叶永鋕躲避欺凌常用的一种办法。个人气质不符合人们对性别气质的刻板印象就被排斥、被侮辱、被欺凌，这才是叶永鋕最根本的死因。叶永鋕之死是校园性别欺凌造成的悲剧。

第三节　性别与生涯规划

【困惑】虽说性别气质是多样化的，但学理科还是男孩子多，学文科还是女孩子多呀。不少教育心理学的书上都说，男性更擅长数理逻辑，女性更擅长语言交际，这些都是错误的吗？

"男学理，女学文"有没有道理，这是一个长期困扰学校师生以及家长的现实问题，要解决这个问题，就必须在了解两性身心异同、理解性别气质多样化的基础上，进一步深入分析性别与生涯规划的关系。

【尝试 5.3】只能男性（女性）做的工作？
请列一列有什么工作只能男性做，或者只能女性做，然后与他人交流讨论您的看法。

两性的成就与贡献

"成就"是个人努力后取得的成果。"贡献"则是个人的行为结果对自己、他人和社会产生的正面影响。两性在各个领域都能够有所成就、有所贡献，并可以成为大家学习的典范。但是，女性的成就和贡献常会被社会有意无意地省略、歪曲，甚至会被刻意地贬低和抹杀。

从小就要让孩子发现并欣赏两性都有自己的创意表现，进而认识两性的成就和贡献，尤其是女性的成就和贡献，诸如杰出词人李清照、科学巨匠居里夫人、网坛明星李娜、德国总理默克尔、世卫组织总干事陈冯富珍等众多知名女性，以及孩子身边平凡而优秀的女性亲人、女教师、女市民，她们的成就和贡献都能赢得孩子的尊敬，并带给其激励。

特别还要通过探索女性追求成就的历程，理解其艰辛和成就的来之不易。要看到女性如何勇敢地争取自身发展的权利和机会，如何付出更大的努力赢得社会认可，如何克服更重的压力和焦虑，如何平衡家庭和事业的关系等等，这些崎岖的追求成就的道路必将开满鲜艳的性别平等之花。

"男学理,女学文"有道理吗

"男学理,女学文",是基于男女智力各有优势的说法,男性更擅长数理逻辑,女性更擅长语言交际,这种说法的传播很广,国内不少教育心理学的专家学者也持有这种观点。而这种说法又有所谓的脑科学研究支撑。都说科研成果推广难,但关于男女大脑的研究"成果"却与男女荷尔蒙一样被广为流传。1989年在美国出版的《脑内乾坤:大脑也有性别》一书就是其中的代表,中译本在我国也颇有影响。作者认为大脑是有性别的,男性空间处理能力强、女性语言能力强的原因是两性大脑结构功能不同。① 其实,该书的专业性自出版后一直受到批评。到目前为止,关于大脑性别差异的研究还非常有限,上述说法并未获得科学界主流观点的认同,但一些人还在打着"专业"的旗号传播"男孩和女孩大脑的差异部分解释了为什么女孩语言能力更佳,而男孩数学能力更强"②,这其实跟当前"转基因有害"的所谓专业观点家喻户晓而关于转基因真正的科学界主流观点却鲜为人知颇有些类似。

杰妮·海德(Janet Hyde)的研究发现,一般人群总体数学水平的性别差异并不显著,高层次人群中,差异扩大,偏向男性。③ 我国学者赵新蓉对某大学数学系的调查也发现,女学生的数学成绩和能力均领先。④ 这些研究说明了什么呢?如果是生理因素决定了数学的性别差异,那么应该是普通人体现得更明显,年龄越小体现得越明显。往高处走,数学的性别差异才变得明显,背后起作用的当然不可能是生理因素,性别刻板化的作用才是主要的。男性和女性学习数学时面对他人不同的期望,自我不同的信心,社会条件不同的支持,当然越走差距越大。可见,两性数学成绩上的差异更多是社会建构的结果,且随着性别平等的推进在逐步缩小。两性在科学方面的差异与此类似,屠呦呦作为中国首个荣获自然科学类诺贝尔奖的科学家,极大地鼓舞了女性投身科学研究的信心。

"女性比男性更适合学文科"的说法不能成立,道理是一样的。在女性未能平等地接受教育的年代,男性不是一样地学文科,而且学得很好吗?因此,用性别决定学业的选择,不仅阻碍了女生,也限制了男生。

职场上的"玻璃天花板"

其实,目前学术界的顶端,不分文理,女性都很少,这种现象在政界、商界乃至各行各业也是很普遍的。

1986年3月24日华尔街日报记者Hymowitz和Schellhardt首次用"玻璃天花板"(glass ceiling)描述了女性在职位晋升过程中遭受的某些"透明、不易察觉"的障碍,就像玻璃天花板一样。30多年来,"玻璃天花板"效应并未得到明显改观。调查显示,

---

① 安妮·莫伊尔,戴维·杰塞尔. 脑内乾坤:大脑也有性别[M]. 洪兰,译. 北京:机械工业出版社,2014.(另外还有上海译文出版社2003年出版的梁豪、邵正芳的译本)
② 孙云晓,李文道,赵霞. 拯救男孩[M]. 北京:作家出版社,2010.
③ Claire A. Etaugh, Judith S. Bridges. 女性心理学[M]. 苏彦捷,译. 北京:北京大学出版社,2003.
④ 郑新蓉. 男女大学生学术能力的性别差异研究[J]. 妇女研究论丛,2000(2).

2009年仅有40%的受访企业女性高管占公司高管的10%以上，2010年这一比例仅为35.5%。女性高管担任的职务以人力资源管理、财务管理、运营管理等工作居多，而能够参与公司整体决策的女性高管比例更低。53%的女性职业发展面临困境，长期处于基层职位而得不到合理晋升。[1] 2021年的数据显示，中国上市公司中女性高管仅占两成，重要职位更少，女性董事长的比例不足6%。[2] "玻璃天花板"在中国仍未出现裂缝，中国职业女性的发展仍面临较大困难。打破"玻璃天花板"，既需要公共政策、组织制度方面的突破，也需要女性自身的突破，尤其是引导女性突破性别限制，制定自己的生涯规划。

不受性别限制的生涯规划

青少年要努力学习，健康成长，引领自己实现自我、贡献社会，就需要制定生涯规划。然而自我认知，尤其是性别的自我认知会影响一个人的生涯规划。社会对两性升学就业的选择有不同的期望和机会，会对某些人的发展造成限制。

上面提到的"男学理，女学文"的说法，会造成学业选择的限制；职场中两性的工作困境，特别是"玻璃天花板"效应，也会造成职业选择的限制。

想一想世界上究竟有什么事情，只有男性能做而女性不能做，或者只有女性能做男性不能做。我们不难看到这样的事实，除了怀孕这样一些生理现象，几乎所有女性可以做的事情，男性都可以做。同样，几乎所有男性可以做的事情，女性也都可以做。

有些女性说自己就是喜欢做"小女人"，不愿争强好胜，只想照顾好小家，不行吗。女性的自主选择当然要得到尊重，但要注意"小女人"是传统文化长期塑造女性的模板：束腰、裹脚，将女性的身材塑造成娇小玲珑；三从四德、相夫教子、远离社会生活，将女性的人格塑造成守柔处卑，顺从服小。即使是性别平等取得巨大进步的今天，不做"小女人"依然受到众多限制和极大压力。"女汉子""女强人"的称呼褒中带贬，或似褒实贬。女性仍然很难说做"小女人"真的是"我喜欢"而不是"他喜欢"。推动女性发展和性别平等，更应该鼓励女性追求成就与贡献。这并不否定女性可以为家庭作贡献，只是不要忽视了为社会作贡献，或者简单理解为贡献家庭就是贡献社会。性别平等教育不是让女性像男性，也不是让男性像女性，而是让女性和男性都更人性，作为完整的人度过自己的一生。

男孩女孩是有不一样，但更多的是一样，最重要的是孩子们有一样的权利、一样的责任、一样的梦想。正确认识并积极应对好这些"一样""不一样"，男孩女孩就能一样地健康成长。

---

[1] 刘世敏，刘淼. 女性职业发展中的"玻璃天花板"效应 [J]. 东岳论丛，2015，36（4）：184-187.
[2] 王立峰. 中国上市公司高管性别调查报告 [J]. 证券市场红周刊，2021（6）：5.

本章小结

两性身心差异比较复杂，要用严谨的科学态度和社会性别工具来分析，不要被男女大脑、男女荷尔蒙等流行谬误蒙住眼睛。不同性别之间大同小异，性别内部的个体差异往往大于性别差异，性别差异主要是社会文化构建的结果。传统两性的性别气质是男阳刚女阴柔，稳固而对立。其实性别气质是多样化的，每个人都同时拥有阳刚和阴柔的气质，只是程度不同。正确认识性别差异和性别气质，才能做好青春期保健，破除"以瘦为美"等体像烦恼；才能破除"女汉子""娘娘腔"等偏见，接纳和认同自己的性别气质，防止校园性别欺凌；才能发现两性的成就与贡献，打破"男学理，女学文""玻璃天花板"等性别限制，制定适合自己的生涯规划，由正确的性别认知通向健康的性别发展。

深度探究

1. 阅读《脑内乾坤：大脑也有性别》一书，请运用社会性别的理论加以批判分析，撰写一篇书评。

2. "女汉子"和"娘娘腔"都是性别气质刻板化导致的性别偏见，不过"女汉子"比"娘娘腔"更容易被一般人接受，请分析背后的原因。

3. 与学生一起欣赏一部反映女性成就的文艺作品（如《夺冠》《居里夫人》等），指导学生发现其中表现的女性突破性别限制取得成就的经验。

4. 了解您所教班级学生对今后学业或职业的打算，找出其中可能存在的性别限制，准备一个小讲座，有针对性地答疑解惑，帮助学生在生涯规划上突破性别限制。

第六章

互相独立又彼此相依

⚥

——性别的人际关系

第一节 性别角色

【困惑】有书上说,"女性的主职就是育儿,男性更适合在外面闯荡,让女性放弃育儿的主职在外面找工作就是本末倒置",听起来好像也挺有道理的。而且,很多工作危险又辛苦,不让女性做是关心和照顾,怎么能说是性别歧视呢?

西方神话中,上帝创造的第一个人是男人亚当,再取下亚当的一根肋骨造了女人夏娃。后来,因为亚当和夏娃偷吃禁果,上帝就将其赶到尘世里,说从今往后,亚当必须累得满头冒汗才能活下去,夏娃必受分娩之苦,还得恋慕丈夫并接受丈夫的管辖。这神话折射出古代社会文化中两性不平等的关系。男性扮亚当、女性演夏娃,女性依附于男性的旧戏码不应该在现代社会的舞台上继续上演。

什么是性别角色

角色(role)是来自戏剧的概念,后被引入社会学。社会就像一个大舞台,每个人都在其中扮演某个角色。工人、农民、公务员、运动员、教师、商人、父亲、女儿等等,都是人的社会角色,具有某种社会地位,其行为模式也受到社会规范的制约。自古以来,男人或女人就是每个人都要承担的一种社会角色,这就是性别角色。

性别角色(gender role)是以性别为标准划分的社会角色,是指每种性别在所属的社会和群体中占有的位置,以及被该社会和群体所规定及希望的特定的行为模式。

性别角色与性别气质是两个容易混淆的概念,实际的运用也比较混乱。我们可以这样理解两个概念之间的区别和联系:对性别气质的认识增加了性别角色的合理性,性别角色的规范化又强化了性别气质的两极化。两者都与行为有关。性别气质是从心理学的角度,分析两性不同行为所体现的心理倾向,性别角色则从社会学的角度,考察两性不同行为的规范,以及相应的社会地位。两者都要破除刻板印象。破除性别气质刻板化(典型是"男阳刚,女阴柔"),是要理解性别气质多样化;破除性别角色刻板化(典型是"大丈夫,小媳妇""男主外,女主内"),更多是推进平等的性别地位和性别分工。

性别角色随着历史文化的变迁而呈现不同面貌。人类学家玛格丽特·米德对新几内亚三个原始部落进行观察发现,两性的性别角色随文化形态的不同而不同。在我国,居住在川滇边界的摩梭人，性别角色就与其他地区明显不同：女性把握社会的经济动脉，享有家庭继承权和子女监护权。

性别角色是个体在社会化过程中逐渐习得的。2～3岁的孩子使用"男孩"和"女孩"的词语时，只是用作简单的标记；4岁的孩子就开始把男孩的事情和女孩的事情对立起来；6～7岁的孩子明显倾向于参加性别分组的活动。到了小学高年级，一些女生变得不愿意承认她们曾经有过像男孩子一样的举止，男生也不愿意承认他们曾经喜欢过女孩子的行为。青春期又被称为性别强化期，与性别有关的行为和态度的分歧日益明显，到青春期的中后期才逐渐缓和。

性别角色还与其他角色相互交织。女性可能同时扮演女儿、妻子、母亲、媳妇、教师等角色，男性也可能扮演儿子、丈夫、父亲、女婿、教师等角色。性别与职业、阶层、民族、种族、年龄等角色身份紧密交织在一起。一般情况下，女校长的社会地位高于男教师；同样是家庭妇女，婆婆的地位又会高于儿媳妇。分析性别角色，要考虑到社会角色混合交织的特点，避免简单片面。例如，不能因为女教师和男教师的地位差异不大，就否认社会整体依然是男性地位明显高于女性。

传统的性别角色是有显著差异的。传统女性角色主要就是母亲、妻子。传统社会中，养育是女性生活的中心，人们也要求女人漂亮，但最重要的还是"母性"。社会鼓励女孩玩玩具娃娃，其实就是期待为女性将来抚养孩子提供帮助。妻子这个角色的主要任务是承担家务，"相夫教子"，服侍丈夫并照顾家人，也就是家庭主妇。传统男性角色虽然也有"养家糊口"的重担，却不会被束缚在家庭和婚姻中。为人父固然是生命中必须完成的重要责任，"不孝有三，无后为大"；但对男性成功的衡量标准要广泛得多，而且更多的是"金榜题名""精忠报国""光宗耀祖"等等。

传统的性别角色对个人能力与权利都有重大影响，也极大地限制了男生和女生的学习和发展。女性被要求承担"照顾者"的角色，能将家务打理得"井井有条"，终究是"笼中鸟"，想要飞却怎么也飞不高。男性被要求承担家庭和社会的"顶梁柱"的角色，在得到更多发展机会、拥有更强社会能力、赢得优势地位的同时，也承受着巨大的心理压力。两性的性别角色在地位和权力上也有天壤之别。男性是社会栋梁，一家之主；女性则被男性支配和控制，要讲"三从四德"，未出嫁"从父"，出嫁后"从夫"，丈夫死了还要"从子"。传统的性别角色的差异体现出明显的性别不平等。

随着时代的发展和进步，现代社会对传统的性别角色造成了强烈的冲击。《玩偶之家》中的娜拉出走了，女性逐步从家庭私人领域走向社会公共生活领域，开始在政治、经济、文化、教育等社会大舞台上扮演越来越重要的角色。"三从四德"等不平等观念也遭到批判。但是，娜拉出走之后依然面临着众多问题，性别角色的刻板化依然普遍存在，"男主外，女主内"就是其中一个主要方面。

"男主外，女主内"辨析

现在的确还有不少人认为，"男主外，女主内"很好，很合理。男女各有侧重，各展所长，各得其所，是性别平等的表现。比如，一些男性经常会在公开场合说，我们家里从来都是男女平等的，我在外虽是经理，但在家里我太太是董事长。

首先我们要注意,"男主外,女主内"的"主"并非"当家做主"的"主"。从拥有的权力看,传统男性角色在内外都是"主",男性是"当家的",女性只是持家的。可以说,在家里男人是董事长,女人只是总经理。"男主外,女主内"体现的内外之别,只是性别角色在劳动中的性别分工,即男性主要承担社会劳动,女性主要承担家务劳动。

性别分工,是指社会依据性别不同而分配劳动的方式。性别分工是性别角色在劳动方面的具体体现。"男主外,女主内"的性别分工既然是由社会决定的,自然也应该随着社会的发展而改变。人类在远古就出现了劳动的性别分工,比如男性主要负责狩猎和保卫家园,女性则进行采集并养育子女。两性生理差异是这种分工形式的基础,但不能忽视的是,劳动的性别分工又进一步造成了两性在气质、能力和人格上的差异,比如男性在长期对外活动中形成了独立和果敢的特点,女性在与子女和家人相处中则发展出亲和与精细的特点。随着社会各方面的发展进步,"男主外,女主内"的性别分工已逐渐失去了合理性。医疗及卫生保健水平的提高,家务劳动的社会化,让女性不再是生育机器,也可以走出家庭。而走向社会的女性一样可以形成独立和果敢的特点,更多参与养育子女和家务劳动的男性一样可以发展出亲和与精细的特点,更有利于人的全面发展。在现在一些"家庭煮夫""女强人"的身上,我们都不难发现这些积极的改变。

当然,"男主外,女主内"的性别分工刻板模式不是短期内能够改变的,其对两性的期望与规范依然制约着两性自身发展和相互关系。一方面是女性的双重负担。在这个社会仅凭男性成员的收入已不足以维持家庭开支,许多女性都努力工作,成为事业型的女性,但依然难以摆脱"家庭照顾者"的性别角色,在繁忙的工作之余还得操持绝大部分家务,不得不同时挑起家庭和事业两副重担。职场工作是第一轮班,家务劳动是第二轮班。很多职业女性都感到,"我也需要一个妻子"①。2008年国家统计局在北京、河北、黑龙江、浙江、安徽、河南、广东、四川、云南、甘肃10省市组织实施的我国第一次时间利用调查结果显示,女性仍是无酬家务劳动的主要承担者,男性每天用于此类劳动的时间为90分钟,女性则为234分钟,女性用于此类劳动的时间为男性的2.6倍。② 2018年的全国时间利用调查结果显示,男性的平均家务劳动时间为89分钟,女性为225分钟,女性的平均家务劳动时间为男性的2.53倍;而女性的平均工作时间为444分钟,男性为472分钟,女性的平均工作时间比男性只少了一点点。③ 另一方面是男性的两难境地。传统性别角色要求男性闯荡天下、建功立业,而不管他们是否愿意、能否胜任。如果说女性还可以回归家庭,男性则总是无路可退。娜拉出走后有问题还可以回家,堂吉诃德只能义无反顾地在旷野迎战巨大的风车。其中,处于社会底层的男性往往承受了更大的压力。现代社会要求男性也要关心孩子,"一个好父亲相当于100个好校长",还要求男性做体贴的好丈夫,"面包和玫瑰一样都不能少"。而在长期积淀形

---

① 霍克希尔德. 职场妈妈不下班:第二轮班与未完成的家庭革命 [M]. 肖索未,刘令堃,夏天,译. 北京:生活·读书·新知三联书店, 2021.
② 国家统计局. 2008年时间利用调查资料汇编 [EB/OL]. http://www.stats.gov.cn/ztjc/ztsj/2008sjly/.
③ 国家统计局. 2018年全国时间利用调查公报 [EB/OL]. http://www.gov.cn/xinwen/2019-01/25/content_5361065.htm.

成的性别角色的规范下，他们往往又不愿或不敢表现出温柔细腻的一面，担心被人嘲笑。甚至有些男性因对自己的男性气概不够自信，进而畏惧女性的力量和亲密的关系，表现出极端男性化或大男子主义的倾向。在网络上这些人常常被称为"直男癌"。

上述问题，并不能作为倒退的借口，将"男主外，女主内"合理化。相反，我们只有进一步破除性别角色与分工的刻板化，并提供强有力的支持机制，让"男女"与"内外"之间变成开放而自主的选择，才能更好地实现平等的性别分工，进而实现两性地位的平等、关系的和谐。

平等的性别分工

> 【尝试6.1】工资要求的性别比较
>
> 请一些高中以上的学生，最好是五男五女，向其提出以下问题：假设你打暑期工，整个夏天都为学校录入一些档案数据，你认为这项工作的工资应该是多少？
>
> 请收集所有数据，计算出男生和女生提议的平均工资，并加以分析。

如前所述，性别分工是人类最早的劳动分工形式之一，女性负责与人类自身的生产与再生产有关的劳动，男性负责与生存有关的劳动，这曾经体现了人类有效组织劳动的智慧。但是，现代社会依然存在的性别分工是父权制意识形态的产物，直接导致了性别分工的等级化。有学者做过与"尝试6.1"类似的研究，发现男生对工资的期望明显比女生高，这其实就反映出社会的性别分工等级化状况。

等级化的性别分工使人们相信，男性劳动是社会生产发展的主要推动者，女性劳动只是辅助性的，是维护文明的。男性的，以商品化劳动为主的工作是更有价值的；女性的，以关怀性劳动为主的工作是次要的。

家庭的性别分工等级化，表现为上面辨析过的"男主外，女主内"，女性家务劳动的价值被严重低估。据估计，家务劳动占工业化国家所创造财富的25%～40%。[1]

社会的性别分工等级化，表现为职业中的性别隔离（sex segregation）现象，包括水平隔离和垂直隔离。垂直隔离是指男性与女性在同一行业中，男性通常有着较高的职位与薪资，女性则处于较不需要技术的低职位，薪资低且不易升迁，遇到"玻璃天花板"（"性别与生涯规划"一节中已有介绍）。水平隔离则是指女性难以进入某些被视为是"男性的工作"，例如以体力劳动为代表的职业，如司机、搬运工，以及有较高的社会地位、强调专业的工作，例如医生、律师、大学教授。而有些工作则被认为是"女性的工作"，通常是类似于家务劳动的关怀性工作，如家政服务、护士、幼儿园老师以及大多数的服务业从业人员。

替代效应能很好地说明职业性别隔离的荒谬。第二次世界大战期间，大批美国妇女走进工厂，打造军舰和飞机，她们的代名词是"铆工露西"（Rosie the Riveter）。

---

[1] 安东尼·吉登斯. 社会学[M]. 4版. 赵旭东，译. 北京：北京大学出版社，2003.

图6-1是当时画家诺曼·洛克威尔为一份杂志绘制的一幅女工像。海南岛儋州白马井渔港是一个出了名的"女人码头"。2014年的统计数据显示，这里一天的鱼货交易量能达到一万多吨。如此庞大的交易背后，"掌舵"操持一切的，竟都是女人。这里的男人只有一样工作，就是打鱼。除此之外的其他辛苦活，包括分类、搬运、过秤、打包、交易等，全由女人操办。① 如果没有战争，大家会以为"露西"不适合做铆工；如果男人忙得过来，也会觉得女人不适合"掌舵"。很多传统观念认为不适合女人的工作，其实只是没有给女人机会、信任和支持。

图6-1 诺曼·洛克威尔绘制的女工像

我们要让孩子们了解两性在团体中都扮演重要角色，懂得家庭与学校中的分工不应受到性别限制。家庭中不一定要"男主外，女主内"；学校也可以有女校长、男舞蹈老师；做班务不一定非得男孩提水、女孩擦课桌；男孩、女孩都能够担任班长、竞选学生会主席、组织社团活动等。

平等的性别分工要消除性别分工的偏见和误解，打破职业中的性别隔离，保障妇女的劳动权益，还要尊重家务劳动的价值。要注意不能以关心照顾的名义，剥夺女性的就业权利。例如，有女性应聘快递员工作遭拒后提起诉讼，邮政速递公司认为，"不招女的"不是性别歧视而是保护女性。然而《中华人民共和国劳动法》和《中华人民共和国就业促进法》规定，用人用工单位，除国家规定的不适合妇女的工种或者岗位外，不得以性别为由拒绝录用妇女或者提高对妇女的录用标准。因此，法院认为邮政速递公司涉嫌性别歧视，应聘快递员的女性胜诉。②

平等的性别分工能促进两性特别是女性个人的发展，以及自我价值的充分实现，同时还能推动经济和社会的进步。国务院新闻办公室2015年9月22日发表的《中国性别

---

① 海南女人码头 男人只是配角 [N]. 羊城晚报，2015-01-10.
② 女子要当快递员 公司拒用输官司 [N]. 北京青年报，2015-11-03.

平等与妇女发展》白皮书中指出：2013年，全国女性就业人数为34 640万人，占就业总数的45%。各类负责人、专业技术人员、办事人员及有关人员所占比例较10年前提高了13个百分点。2013年女性中高级专业技术人员达到661万人，占中高级专业技术人员的44.1%，比2000年提高了9个百分点。第四期中国妇女社会地位调查主要数据显示，女性在业比例保持较高水平，18～64岁在业者中，女性占43.5%，男性占56.5%。主要数据还显示，近七成女性处于在业状态；女性就业结构进一步优化，女性在第一、二、三产业就业的比例分别为28.8%、17.1%和54.1%，其中在第一产业就业的比例比2010年降低16.5个百分点，在第二、三产业就业的比例分别比2010年提高2.6和13.9个百分点。① 阿里巴巴集团董事局时任主席马云在2015年5月20日举行的全球女性创业者大会上说，越来越多的女性正走上传统由男性主导的舞台。阿里巴巴有34%的高管是女性。淘宝平台的创业数据显示，淘宝女卖家不但以50.1%的比例在数量上胜出男卖家，女性卖家店铺好评率也高于男性。同时，相比男性，女性卖家因为资质更好、更加谨慎，更容易获得网络小额贷款，她们还款也更加及时——来自蚂蚁金服微贷平台的数据显示，女性客户的违约率比男性用户低四分之一。马云动情地说："我们往往关注了女性的外在，而忽略了女性的创造和贡献。世界因为女性而美好，世界因为女性而成其为世界。"②

第二节 性别互动

【困惑】俗话说"三个女人一台戏"，女人就是喜欢说话，而男人往往奉行"沉默是金"。生活中很多都是这种情况，连夫妻吵架都是如此。这也是性别角色刻板化吗？

说话言来语去，是一种互动。男人女人怎么说话的问题与性别角色有关系，但更需要从性别互动的角度加以考察。

男人来自火星，女人来自金星

《男人来自火星，女人来自金星》是一本全球畅销书，作者是约翰·格雷，在我国也风靡一时，读者众多。书中认为两性难以很好地沟通互动，是因为男性和女性"几乎来自不同的星球，说不同的语言"。不过，这本书是根据推测和非正式观察而写的，不是正式的研究。实际情况究竟如何呢？让我们先了解一下性别互动的相关研究。

社会互动是各种社会关系交互刺激与反应的过程。性别互动是社会互动的一种，是用性别的视角考察个人或团体相互作用和交往的过程。性别互动与其他社会互动一样，主要有言语和非言语两种方式。

---

① 第四期中国妇女社会地位调查主要数据情况［J］．妇女研究论丛，2022（1）：1；129．
② 马云．世界因为女性而美好［N］．中国青年报，2015－05－21．

> **【尝试6.2】微笑的性别差异**
> 请您从杂志（或网络、报纸）中搜集人物面部的照片，并找出其中带有微笑（嘴角稍微上翘的表情）的女性照片的数量，然后除以女性照片的总量，得出女性微笑照片的比例。用同样步骤算出男性微笑照片的比例，并比较两个值。注意这种比较要考虑到您研究媒体的类型。

俗话说"三个女人一台戏"，人们通常认为女性喜欢说个不停。可是事实上，很多研究表明，大学生与朋友谈话的长度没有性别差异；在谈话节目中接受采访，男性和女性同样健谈；在小学课堂、大学课堂的谈话中，男性比女性更为健谈。关于"插话"的研究还发现，地位高的男性与地位低的女性之间的谈话，与陌生人的谈话或者在竞争性场合中，男性比女性会更经常插话，而在其他场合差异很小。从语言风格的研究可以看出，"我不清楚"和"好像是"这类表示不确定的话女性比男性更经常使用，不过同性之间的谈话都很少使用，异性间谈话，女性比男性更可能这样说。

另外，非言语沟通互动的研究显示：两个女性谈话时，她们之间的距离比两个男性谈话时更近。女性通常保持更拘谨的姿势，并着腿，胳膊和手靠近躯干；男性双腿会分开，手和胳膊也会离躯干很远，看上去更放松。女性还比男性更多地注视谈话对象，人们注视女性的时间也比注视男性的时间长；两个女性说话时更有可能会经常进行眼神交流，相反，两个男性谈话时会避免长时间的互相注视，长时间的眼神交流在男性中是不多见的。面部表情女性比男性更多微笑。与陌生人交往时，比如人们在拍集体照或知道有人录像时，面部表情性别差异会相对较大；相反，在偷拍的照片中男性和女性有着更多相似的表情。

上述研究的基本结论是，性别互动中相似点更多，出现的差异有些是性别内部的个体差异，还有些是权力差异，例如地位高的男性在与地位低的女性交谈中插话更多，但性别互动中的确存在性别差异。这些性别差异，主要是文化构建和社会学习的结果，尤其受到性别气质和性别角色刻板化的影响。在某些情况下，男性选择"沉默是金"，其实也是沉稳、克制的性别刻板化在起作用。

破除性别互动的刻板模式

性别气质和性别角色的刻板化，以及由此引发的性别偏见和歧视，会导致性别互动也呈现出刻板模式。例如，女生要内敛、温和，男生要果断、豪爽。上述性别互动中的性别差异，就可框入这样的刻板模式。

女性在谈话中更少插话，更多使用表示不确定的话，与谈话者距离更近，姿势更拘谨，更多注视谈话对象，更多微笑的表情，都体现了女性在性别互动中内敛、温和的刻板模式。

男性在谈话中更多插话，更少使用表示不确定的话，与谈话者距离更远，姿势更放松，更少注视谈话对象，更少微笑的表情，都体现了男性在性别互动中果断、豪爽的刻板模式。

关于性别互动利他性的研究发现，在帮助他人方面总体的性别差异并不明显。男性在体现英雄主义的活动中更能帮助别人，他们会冒险，甚至会帮助陌生人；相反，在给家人和好友提供帮助和精神支持方面，女性做得更好。这同样是性别角色影响的结果：社会要求男性更强壮、勇敢，也意味着他们更倾向于展现这些特征的利他性互动，如拯救落水者，他们的英雄主义也更公开化。社会要求女性养育后代、照顾家人，她们的利他性互动更多出现在私人场合，如活体肾脏捐献，她们英雄主义更多地被隐藏起来。

关于性别互动支配性的研究发现，男性比女性更具有支配性，女性更容易从众，附和群体的决策。但如果支配性包括领导素质、控制行为、对抗控制的行为，那么性别差异并不显著。由于儿童倾向于和同性别的小孩玩，儿童中的支配行为研究主要在同性别群体内进行。男孩有更多希望控制的想法，包括打扰、命令、威胁或抵制他人的要求等，而女孩则更多地采取对话、更礼貌地提出要求、更多地征得他人的同意。这依然是性别角色影响的结果：男性在社会中占据了更高的地位，支配性也更强；两性社会地位的差异决定了互动支配性的性别差异。

破除性别互动的刻板模式，两性都能够有所作为。女性不必在不高兴时还要微笑，也不必总坐在会议室边边角角的地方，谈话时也可以很自然地要求应得的份额，适当的时候也要敢于坚持自己的观点。男性则应该多些微笑，坐着时占用少一些空间，更不要侵犯女性的个人空间，少插话，多些听取女性的意见和建议。

平等的性别互动

性别互动方式是社会学习的结果，平等的性别互动也要从娃娃抓起。要让孩子从小学习与不同性别者的平等互动，可以如上文所述那样，向不同性别者学习。不过，男性要向女性学习，但也依然可以保留自信、放松的一面；女性要向男性学习，但也不必追求男性化。因为追求男性化，反而是对男性主导的性别互动刻板模式的实际认同。

我们要引导学生尝试消除人际互动中的性别偏见与歧视。例如认为女性感情用事，不讲道理；男性独断专行，不听意见。要注意的是，在消除性别互动的偏见与歧视的过程中，女性常常会陷入"进退两难"的困境：如果她很自信地说话，很难说服男性；如果她说话不够果断，又很难打动女性。

因此，重要的还是学习在性别互动中展现自我特色，无论与性别角色的规范是否一致。无论是男是女，无论是豪爽还是温和，无论擅长的是言语还是非言语，展现出自我特色总是有效互动的最佳选择。

尊重他人同样是重要的。不论是同性之间的相处，还是异性之间的交往，尊重个人的主体性是共同的准则，尊重彼此差异，尊重对方的自由意志，尤其要尊重不同性别者做决定的自主权。

说到底，性别互动体现的是性别关系。男权社会崇尚男性统治女性的性别关系，连那些睿智的哲人也概莫能外。生于18世纪末的叔本华专门写了一篇论女人的文章，其结论就是：女人的天性就是服从，女人就是要求被主宰。生于19世纪中叶的尼采更是说：你到妇女那边去吗？别忘了带鞭子。① 今天，我们要努力推进统治型性别关系向伙伴型性别关系的转变。

看来，男人不是来自火星，女人也不是来自金星，男人女人都在地球上，从历史文化中一路走来，相似之处是更常见的；即使存在文化带来的性别差异，也不应该阻碍男人和女人平等互动、并肩同行。

第三节　性别与情感

【困惑】现在老师和家长最头疼的就是孩子谈恋爱的事。管吧，又怕伤害了孩子的感情，引起逆反心理；不管吧，又担心孩子影响学业，甚至发生越轨的行为。不知有什么对付孩子早恋的好办法呢？

人际吸引是人际互动的重要方面，人际吸引的最高形式就是爱情。所谓早恋，实际上是青少年随着身心发育自然产生的对亲密关系的需求，是其在感情方面学习和发展的重要过程。要处理好这一问题，就必须对性别与情感有更深透的理解。

性别与情感的表达沟通

人们常说：女人是水做的，男人是泥做的，女性比男性更为情绪化。女性是情感动物，总是多愁善感；男性在感情上则比较克制，所谓"男儿有泪不轻弹"嘛。男性和女性在情感表达沟通方面究竟有多大差异，而那些差异又在多大程度上源自先天的不同，这些都需要认真探究。

女性真的比男性更容易哭吗？一项对婴儿和学前儿童的观察发现，男孩更容易哭；自我报告和观察研究则表明，更大的女孩和社会生活中的妇女比同年龄的男性哭的频率更高；一些女性报告说她们在月经周期有时会更容易哭。综合这些研究可以看出：荷尔蒙的水平也许可以部分解释"哭"的性别差异，但更为重要的是，儿童社会化时期一般不鼓励男孩哭，对女孩哭则相对能够接受。以哭为代表的情感表达方面的性别差异同样是社会因素和生理因素共同作用的结果。

女性真的比男性更多愁善感吗？共情（empathy），又译为同感，就是了解他人的感受，并感受到同样的感受。正如歌中唱到的"悲伤着你的悲伤，幸福着你的幸福"。对共情的研究发现，研究方法不同，结果也不同。当采用生理测试（即测量心率、脉搏、皮肤传导力和血压等）的时候，没有发现性别差异；当采用非言语测试（测量表情、姿态和声音等）的时候，比如，看孩子听到婴儿哭泣时面部表情的变化，也没有性别差异；但采用自我报告的时候，比如，回答"是否会为朋友的烦恼而烦恼"之类的问卷，女性比男性报告更多的共情。还有许多研究指出，情感体验本身并没有明显的性别差异，差异主要表现在情感表达上。比如，两性都有合作和关心他人的情感体验，但男性较少表露出来；两性都有野心和骄傲等自我取向的情感体验，但女性较少表露出来。

---

① 叔本华. 叔本华论说文集［M］. 范进, 柯锦华, 秦典华, 等译. 北京：商务印书馆, 1999.

情感表达选择上的这些性别差异，无疑主要是受到性别角色社会规范的限制。

综上所述，在情感体验以及表达沟通上存在性别刻板印象，这对两性各自的发展和相互的情感关系都带来了诸多限制。

"男儿有泪不轻弹"的观念，就限制了男性消极情绪的释放，对男性身心健康是很不利的。我们应该突破这种刻板印象，接受"男人哭吧哭吧不是罪"的观念。这首流行歌曲就是突破情感表达性别刻板化的生动诠释："明明流泪的时候，却忘了眼睛怎样去流泪；明明后悔的时候，却忘了心里怎样去后悔。无形的压力压得我好累，开始觉得呼吸有一点难为；开始慢慢卸下防卫，慢慢后悔，慢慢流泪。男人哭吧哭吧哭吧不是罪，再强的人也有权利去疲惫。微笑背后若只剩心碎，做人何必撑得那么狼狈。男人哭吧哭吧哭吧不是罪，尝尝阔别已久眼泪的滋味，就算下雨也是一种美。男人哭吧哭吧不是罪，不如好好把握这个机会，痛哭一回。"

女人多愁善感的形象，在贬低女性的同时，也贬低了多愁善感，即宝贵的共情能力。共情能力不仅让艺术散发魅力，而且让爱情激发活力，男性和女性都能够拥有，也应该拥有。

因此，我们要让孩子们从小就能不受性别限制，自由地表达自己的感受和意见，男孩可以表达体贴，女孩能够宣示自豪。要让孩子们逐步认识到两性表达情感要采用适当的方式，进而学习运用到自身的情感表达和沟通中去。

性别与情感关系

情感关系主要有亲情、友情和爱情三种类型。亲情是基于血缘关系的情感，包括亲子之情、兄弟姐妹之情。而友情和爱情都是基于人际吸引的情感。

友情（友谊）的某些成分或许有性别差异，但性别相似点更突出。有研究表明，男性和女性都会对一个受到困扰的朋友表示同情或提出建议，只是对朋友的评论女性比男性更敏感些。另外，有研究指出，自我揭示（即把自己的事告诉别人）能增加友谊的亲密度，女性自我揭示的程度比男性要稍高些。一般来说，女孩之间的友情会比男孩之间的更为亲密，可是研究认为，两者没有显著的性别差异。

友谊影响儿童和青少年社会性发展，"两个社会技能好的个体的支持性关系对发展有利，而强制的、充斥着冲突的关系对发展不利，特别是对反社会儿童和青少年不利。拥有朋友和支持性友谊对儿童和青少年非常重要，学校和父母应该帮助儿童和青少年学习结交和维持高质量的友谊。"① 不论男孩女孩，都要将友谊建立在信任、分享、同情和团结的基础之上，在支持朋友的同时，也让友情支持自身的健康发展。

---

① 扶跃辉. 友谊对儿童和青少年社会性发展的影响［J］. 天津师范大学学报（基础教育版），2006，7（3）：36–39.

> 【尝试6.3】爱情的当年今日
> 请您的父母说说其婚恋年代两性的择偶标准,至少5点,并按重要程度排序。然后将您所处婚恋年代的择偶标准也同样列出。如果您的儿女已进入婚恋年纪,也可以请其列出择偶标准。将这些择偶标准比较一下,看看有什么发现。

关于爱情,无论是社会文化还是学术研究都众说纷纭、见仁见智。美国社会学家古德(Goode)将爱情界定为"两成年异性之间强烈的感情倾注,至少包括有性欲望与温柔体贴的成分在内",体现了社会大众普遍认同的爱情。作为最高级别的性别互动,爱情中的性别问题值得关注。

诗经里吟"窈窕淑女,君子好逑",民歌里唱"山中只见藤缠树,世上哪见树缠藤"。男主动,女被动,传统性别角色规范的差异也延伸到爱情中的两性关系。爱情对女性显得更重要,对男性来说则是其事业成功的奖赏。这就是人们常说的"男人通过征服世界来征服女人,女人通过征服男人来征服世界"。这种性别刻板化的爱情模式适应并加剧了男女不平等,是必须批判的。

人们还说"男爱貌,女爱财",理想伴侣真的存在性别差异吗?关于择偶标准的调查显示,男性比女性更看重伴侣的面貌,女性更重视对方的财务情况。不过男性和女性对理想伴侣都有具体要求,就是温和、浪漫、善良、敏感、有幽默感。进一步的研究发现,在女性受教育和赚钱机会都有限的国家,女性更有可能会选择高收入男士;而相对平等的国家,女性则不会那么看重经济实力,而是注重相貌等因素。看来选择理想伴侣也同样是个体差异比性别差异大得多,而性别差异主要也是由两性在社会角色和地位上存在的差异造成的。

还有这样的说法,"女人喜欢玫瑰,男人看重面包",意思是沐浴爱河的男女对爱情的要求不同,女性更注重浪漫,男性更注重实用。但研究发现,这方面性别的相似性又是很明显的,男性和女性都认为互相之间关系的基本特性是信任、关心、诚实和尊重。只是女性的感情体验似乎更丰富,在感情维系中担当的角色也更重要些。在友谊中,女性有时更容易自我揭示,而在爱情中,两性的自我揭示却是相似的。如果双方都擅长表达感情,双方都会对感情感到更满意。

友谊与爱情不同,但研究表明,如果男人和女人的爱情基于友谊,会对感情更满意。拥有以友谊为基础的爱情的人,也认为更能相互理解。此外,以友谊为基础的爱情也会更加持久。

爱情是人类精神的一种最深沉的冲动。费尔巴哈说过:"爱就是成为一个人。"[①] 性别平等的爱情更是让男女双方都成为完整的人。

---

① 瓦西列夫. 情爱论 [M]. 赵永穆,范国恩,陈行慧,译. 北京:三联书店,1984.

学习情感交往

情感交往需要学习，无论男生、女生，学习情感交往不仅是学习相处的方式方法，更重要的是学习尊重他人、发展自己。

青春期如何处理与异性的情感关系是一个敏感又复杂的话题，特别是所谓早恋，更是让家长老师如临大敌。早恋并不是一个正式和专业的词语，只在中国内地被广泛使用，相关研究也多是零散的经验和空洞的策略。比如，有人认为早恋往往是女生主动，因为女生发育得比男生早。听起来很有道理，但这种未经过实证的假说并不一定可靠，由此将教育管理好女生当作问题解决之道，更有明显的性别偏见。现在早恋也有"异性交往过密"的叫法，似乎既避免了"恋"的标签效应，教师也容易判定、管理，但恐怕也是弄巧成拙。有媒体报道，济南平阴一中制定的《男女生交往承诺书》规定：禁止接收或给予异性食品、礼物；禁止给异性拎书包、外套等。最令人无法理解的是，承诺书要求"男女交往距离至少保持44厘米"[①]。

其实这种青春期与异性的情感关系，英语往往表达为"puppy love"（小猫小狗的爱情），恰如其分。我们要认识到它是青少年正常的情感需求，是青春期身心发育的自然反应。它既有纯真美好的一面，如《同桌的你》唱的那样；又有短暂易逝的一面，常常是"悄悄地我走了，正如我悄悄地来"。研究表明，这种与异性的情感关系通常平均会持续4个月左右，但是到青少年后期会持续得更长一些。因此，"堵"和"防"的做法是绝对错误的，现在普遍接受的"疏导"其实依然将其视为问题，还是不妥当的。我们应该把青春期与异性的情感关系看作青少年学习内容、成长过程的一部分，认真做好相关的情感教育。不能因为个别学生学习和成长中的问题和偏差，就试图把情感关系本身都否定了。重要的是这种情感关系是人的天性，是谁也否定不了的，压抑只会适得其反。正如苏联著名教育家苏霍姆林斯基所说，"爱情的念头一旦在年轻人的思想和感情上撩拨和引起不安，教育者就应当给其讲爱情是什么""教师不需要训练学生怎样谈情说爱，而需要培养其在集体里（包括家庭里）建立高尚的精神心理关系，要教育其珍惜思想丰富的友谊"[②]。顺势而为的情感教育，教育的不仅是情感，更有人的精神成长，人的整体发展。

某高中校长这样劝诫学生，"早恋不仅会影响你的成绩，而且会让你失去一个更好的人生伴侣。下手太早，质量不好；大学再找，白头偕老。"这实质是功利化的爱情观，"影响成绩"是要害，无视情感关系与交往对学生情感发育、精神成长的重要价值，也无助于学生未来发展良好的亲密关系。

情感交往过程中，未必能一直保持甜蜜与和谐的关系，诸如拒绝、被拒绝、分离及发生冲突等，也同样是情感交往的一部分，了解这些，才能增进彼此的交流，才能提升自己的情感交往与心理调适能力。

当与异性的情感关系出现问题时，置之不理或不恰当的处理都可能带来更大的危机

---

① 44厘米 男女生交往的安全距离［N］. 重庆商报，2014－12－25.
② 苏霍姆林斯基. 爱情的教育［M］. 世敏，寒薇，译. 北京：教育科学出版社，1985.

和伤害，例如伤害对方或以死相逼等。因此，要学习以理性、适当的态度处理情感关系，学会应对难以避免的情感挫折。

青少年情感关系在某种程度上是对成年人情感关系的模仿，因此某些观念同样受到性别刻板化的影响。比如，男性要保护女性，女性要顺从男性等。帮助学生突破情感关系的刻板化模式，能够更好地避免性别间的冲突。

尊重是性别关系的核心，同样也是青少年情感关系的核心。不能因为自己是女生就不尊重自己的自主权，委曲求全；也不能因为自己是男生就不尊重女生的自主权，无理纠缠。尊重自己也尊重他人情感选择的自主权，是建立健康情感关系的重要基石，这或许是性别与情感教育中最重要的一课。

对于不同的性倾向同样不能歧视。在2020年7月8日联合国人权理事会第44届会议上，我国代表团的发言态度明确："中方反对一切形式的歧视和暴力，包括基于性取向和性别认同的歧视、暴力和不容忍现象。"①

第四节 性与权利责任

【困惑】其实说穿了，早恋让老师和家长最担心的还不是"恋"，而是"性"，关于性的问题更是不说怕不好，说了也怕不好；说少了怕不好，说多了也怕不好；这样说怕不好，那样说也怕不好。我们真是左右为难啊！

性教育的确是一个难题。性教育不应是纯粹的生理教育，我们主张基于社会性别的性教育。要让青少年正确理解性与权利责任的关系，形成关于性的主流价值观，以此为统领，掌握性知识、消除性困惑、认识性安全、预防性骚扰和性侵害。

性健康与幸福

性是人类生活的一项基本内容。人类的性由生物性、心理性和社会性三个因素综合而成。人的性活动是有序的生理过程，具有遗传特性，这是基础。人的性需求、性情绪、性经验以及人格气质都融入了性活动。家庭、人际关系、道德、法律等塑造、调整并影响着性活动。

性活动存在性别差异，但性别相似点更重要。男女性欲方面的性别差异比较明显。研究表明，一般来说，男性比女性更频繁地想到性，更频繁地需要性行为，更主动地挑起性行为；女性有了性体验之后与没有性体验之前比，性欲明显增强；女性比男性更能够从亲吻、抚摸和拥抱中得到性满足。当然这与两性外生殖器的构造、女性更关心会不会怀孕、社会角色的规范都有关系。而研究还表明，两性在性反应中经历了相似的阶段，都有兴奋期、持续期、高潮期和消退期，性高潮在生理上也是相似的。

---

① 中国代表团在人权理事会第44届会议与防止基于性取向和性别认同的暴力和歧视问题独立专家互动对话时的发言［EB/OL］．（2020-07-08）［2020-08-05］．https：//www.mfa.gov.cn/ce/cegv/chn/dbtyw/rql/hfs_1/t1798734.htm．

人们的性观念同样受到性别刻板化的影响,在性道德上表现出双重标准:男性主动表现自己的性欲是风流,女性主动表现自己的性欲则是风骚;要求女性做到"烈女不侍二夫",却允许男性拥有"三妻四妾"。双重标准最突出的表现是专门针对女性的贞操观,所谓饿死事小,失节事大。贞女节妇,被大肆旌表,对"失贞"女性则严加惩罚,轻则赶出族门,重则施以沉潭、火烧等酷刑。这种贞操观在我国当今社会依然有着强大的影响力。例如,西安某高校开设了一门"青春无悔课",要求女生填写承诺卡,并宣誓拒绝婚前性行为,婚后拒绝婚外性行为。① 其实这还是旧有的只针对女性的贞操观在作怪。

性与爱有着密切的关联,真正的爱与性使人类繁衍后代,得到幸福满足。对于夫妻来说,充满爱意的性,能让性生活更和谐;和谐的性生活,又会让爱情更美满。但同时要注意,夫妻可以通过一系列方式表达关爱和性吸引的感觉,即使是成年人,表达爱意也并不仅限于发生性行为。青少年更要明白性关系不仅要求生理意义的成熟,还要求情感与社会意义的成熟,不要通过发生性行为,来表达青春期与异性的情感关系。

性是人的一项基本权利,后面谈到的性骚扰和性侵害就是对这一基本人权的严重侵犯。每个人都有权保护自己的隐私和身体健康,不被强迫,不受侵害;同时,也要尊重他人的权利,不对他人造成困扰和伤害。第四届世界妇女大会通过的《行动纲领》明确指出,"妇女的人权包括她们对于自身的性问题有掌控和自由做决定的权利,其中包括性与生殖健康,免于性强迫、歧视与暴力。妇女和男人平等的关系……这包括充分尊重相互的人格完整,要求相互尊重并两情相悦,以及对性行为共同负责。"传统性观念男控制、女服从的刻板模式,造成大多数性骚扰和性侵害的受害者是女性。要努力加以破除,树立性别平等的性观念。儿童和青少年同样享有性与生殖健康的权利:儿童有权利对自己的身体和性征形成一种积极的认识,有不受虐待和不当触摸的权利;儿童的权利和义务随着其成长和能力的提高而发生变化;青少年还有权获得保护其性与生殖健康的信息。②

性同样伴随着责任。青少年特别要注意树立行使权利与承担责任相统一的性观念。在正确行使权利的同时,要对自己负责,承担起健康生活、全面发展的责任;对社会负责,承担起关爱他人、维护公德的责任。后面我们要谈到的"最好不发生性行为",既不是粗暴地以传统的贞操观去规范女生,也不是简单的"性不性由你"的放任,而是从对自己的身心负责、对他人的健康负责等方面指导青春期的女生和男生。

幸福生活是人们共同的向往与追求,性是我们生活的一部分,性健康和幸福是我们全面幸福生活的一个重要组成部分。青少年希望得到安全感和尊重,希望有成长和学习的机会,希望在这个世界上有所作为,希望能追求自己的梦想,希望能与人和谐相处。对性与爱、权利、责任关系的正确理解,就是要引导青少年走上这条幸福的道路。

---

① 西安一高校发"宣誓卡",要求女生拒绝婚前性行为[N]. 华商报,2015-11-06.
② 印度人权与男女平等组织,尼日利亚女孩权力倡导组织,国际计划生育联合会,等. 性、性别、艾滋病、人权教育统一行动指导手册. 中国计划生育协会引进翻译,2011:29.

性萌动与性困惑

> **【尝试6.4】孩子们的性困惑**
> 请先列出您处于所教学生这个年龄时的性困惑，以及根据您对学生的了解，列出其可能有的性困惑。再让学生在纸上列出其关于性的困惑，要注意保护学生的隐私，让其感到安全并愿意表达真实感受。将它们进行对比，看看有什么异同。

大部分儿童都会对自己的身体感到好奇，会探究自己身体的某些部位，包括隐私部位，进而与自己同性或异性的小伙伴一起探索性，这都是很自然的。到了青春期，随着性发育、性成熟，青少年会产生性困惑，感受到各种与性相关的烦恼和压力。常见的有以下一些：

性是不是很下流？不少青少年面对性感觉、性幻想和性欲会感到羞愧，甚至以为自己下流。男孩还会对自己不由自主的勃起感到难为情。性教育要让青少年明白，性感觉、性幻想和性欲都是自然现象。想象一段性行为很正常，不必感到羞愧，也不代表自己想做这种行为。要去宣泄自己的欲望，可以尝试参加户外活动，培养兴趣特长，转移注意力。勃起不一定与性欲有关，不去触碰可以自然消退。

自慰是不是有害？自慰（也称手淫）是人们了解自己身体以及性特征的重要方式，大多数人都曾通过自慰寻求快感，包括在有了性伴侣或者结婚后的这些阶段。自慰对身体和心理都不会造成伤害。多数儿童也会因为感觉舒适而去触碰生殖器官，一般并不是因为性。青春期女性自慰的比例比男性低，她们的自慰常常是在偶然事件中发生和尝试的，这种差异产生的原因既有女性的生理特点，也有传统文化对女性性欲的压抑。尽管自慰对身体无害，许多文化和宗教信仰并不允许这一行为，甚至视其为羞辱。受传统中医的影响，我国不少人还笃信"一滴精，十滴血，损失精液，大伤元气"的说法，也给青少年带来很大困扰。其实，男性的自慰，包括遗精都不会对人体有任何伤害，也不会"浪费"精子。睾丸会持续不断地制造新生的精子，可以说梦遗是男性身体清空库存精子、保持精子新鲜的一种方式。

还有一些不同性别特有的性困惑，比如男生担心阴茎会不会太小，女生忧虑拉手、接吻会不会怀孕等等。有些不同的性困惑是来自社会性别的双重标准。例如：男孩往往被允许或被迫在性行为方面积极主动，虽然他们并不愿意这样，甚至还会让他们通过攻击性的性行为来证明自己是男子汉；女孩则既被要求在性方面不要表现主动，又被期望能有女性魅力，并且能证明是具有生育能力的。

科学准确的性知识能够消除青少年的性困惑，我们要特别关注其性知识的来源。许多时候同伴传递的性知识是充满错误的，媒体的信息尤其是青少年经常获取的网络信息也是良莠不齐。青少年可能接触到的一些色情媒介表现的性更是带有很强的性别刻板化属性。因此，创造合适的条件，让青少年至少能向一名可信赖的成年人询问并与其讨论与性有关的问题非常关键。

消除青少年的性困惑需要传递科学准确的性知识，也需要性心理方面的疏导，同时，与其他问题一样，要突破性别角色的刻板化。

自我保护与安全性行为

青少年产生性好奇、性需求、性冲动是很自然的，但这不代表就一定要发生性行为，因为人的性欲与冲动是可以自主控制的。

在对方要求发生性行为的时候，必须坚决地表达自己的看法，清楚地让对方了解自己的决定并肯定地说"不"，且能有效拒绝，以维护自身的尊严和健康。对青少年而言，最安全、最好的自我保护当然是不要发生性行为，并学习延后满足性欲望。

最安全、最负责的是不发生性行为。在明确而坚定地告诉学生这一点的基础上，教师还有必要让学生了解安全性行为。安全性行为是指没有精液、阴道分泌物、血液、唾液与黏膜组织等体液交换的性行为。安全性行为能有效预防艾滋病、其他性传染病和未婚怀孕，保障人的身体健康。正确使用安全套属于安全性行为，考虑到避免可能存在的安全风险，应该让青春期的学生认识安全性行为，懂得如何使用安全套等保护措施。决定使用安全套或者其他避孕用具是男性和女性共同的责任，性别角色和同伴规范可能会影响这些决定，因此，相关的教育要同时面向男性和女性。

进行安全性行为教育，除了可应对艾滋病和性传染病的严重威胁，还能减少过早发生意外怀孕带给学生个人和社会的负面后果。未婚怀孕压力的承受者主要是女性，而且女性与男性相比，感染艾滋病和其他性传染病的风险更高，危害也更大（导致不孕不育）。

我们来看看一些触目惊心的数据吧。联合国艾滋病规划署和世界卫生组织的数据显示，全球超过550万青少年是艾滋病病毒感染者，45%的新感染病例发生在15～24岁这个群体，女性感染者占总感染者人数的50%。来自64个国家的调查数据显示，在15～24岁这个年龄段，仅有40%的男性和38%的女性掌握准确而全面的有关艾滋病病毒及其预防的知识（2008年）。这一数据大大低于"确保在2010年之前让95%的年轻人掌握全面的艾滋病病毒知识"的全球目标。到2019年，全球艾滋病毒新发感染人数与艾滋病相关死亡人数均有明显下降，但联合国艾滋病规划署《2020全球艾滋病防治进展报告》显示，抗艾工作的进展并不平衡，原定2020年实现的全球抗艾目标将无法实现。《2021全球艾滋病防治进展报告》显示，艾滋病病毒感染者面临着艾滋病和新冠肺炎的双重危机，重点人群和儿童在获得艾滋病服务方面持续落后。[1] 世界卫生组织估计，在发展中国家，总计达250万名年龄在15～19岁的女孩有堕胎经历，而且其中大部分堕胎都是不安全的（2007年）。全球11%的新生儿的母亲是未成年女性，相对于较大年龄的女性而言，这部分产妇的死亡率更高（2008年）。

再看我国的有关数据。据国家卫计委统计，我国2014年新报告艾滋病感染者和病

---

[1] 联合国艾滋病规划署驻华办事处. 2016—2021 联合国艾滋病重要政策文件汇编［EB/OL］. http：//hkb980dd.pic44.websiteonline.cn/upload/jm5j.pdf.

人10.4万例，2014年的艾滋病感染者比2013年增加了14.8%。北京市卫计委透露，2014年报告感染艾滋病的人口当中，经性传播的达到95.3%。① 河北省卫计委公布的数据显示，2014年青年学生感染艾滋病增幅高达51.4%。15～19岁的学生中新报告感染艾滋病人数每年都在上升。② 2009年一项全国性的调研表明，在15～24岁的女性青少年群体中，4.1%的人曾经未婚先孕，即有超过300万的女性青少年未婚先孕。③

有教师和家长会担心，教孩子安全性行为、正确使用安全套，会让孩子更早、更多地发生性行为。事实上，世界各地的研究都明确显示，在教育计划中强调非性交是最安全的选择，以及讨论安全套和避孕药具的使用，并不会导致性行为的增加。与此相反，超过三分之一的计划取得了推迟初次性交时间的效果，约三分之一的计划取得了降低性交频率的效果，而且超过三分之一的计划取得了减少性伴侣数量的效果。④

预防性骚扰和性侵害

2013年5月"海南校长带小学女生开房"事件引起了社会极大的关注。2013年6月20日，海南省第一中级人民法院以强奸罪判处被告人原万宁市第二小学校长陈在鹏有期徒刑13年6个月，剥夺政治权利3年。⑤ 此事让针对未成年人的性侵害、性骚扰成为舆论热点。据统计，2013年全年媒体曝光的儿童性侵害案件达125起，平均每2.92天曝光一起。世界卫生组织的数据也显示，未成年人受过性侵害的全球平均比例为12.7%。瑞银基金会2008—2011年对我国天津、深圳、上海、西安、武汉和香港6个城市的未成年人和家长进行调研，其中包括18 341名学生，平均年龄为15.86岁。结果显示，中国未成年人受过性侵害的比例为7%，其中男孩遭到性侵比例为8%，女孩为6.4%。校园性骚扰更为普遍，全国妇联一项针对北京、南京等城市15所高校大学生的调查发现，经历过不同形式性骚扰的女性比例达到57%。⑥ 还有调查显示，36.3%的中学生报告曾遭受过不同形式的性骚扰。⑦ 我国"性骚扰"立法起步很晚。2005年12月1日，全国人大常委会修改并施行的《中华人民共和国妇女权益保障法》，首次明确反对性骚扰，但有关的司法解释尚不明确。2015年11月1日起才废除现行刑法中备受争议的嫖宿幼女罪。性骚扰、性侵害未成年人问题严重而紧迫，必须高度重视，尽快采取有力的措施加以遏制。

性骚扰，是指违背他人意志而实施的与性或性别有关的行为，例如透过文字、图画、声音、影像、物品等方式，或以歧视、侮辱的言行，有性意味的触碰等，造成当事人尊严受损，或使人感到不舒服、焦虑、恐惧，正常生活受到影响，都属于性骚扰。性

---

① 中国艾滋病例新增14% 性传播是主要途径 [N]. 参考消息，2015-01-17.
② 15～19岁青年成艾滋病感染高发人群 [N]. 新京报，2014-11-30.
③ 郑晓瑛，陈功，韩优莉. 中国青少年生殖健康可及性调查基础数据报告 [J]. 人口与发展，2010（3）：2-16.
④ 国际性教育技术指导纲要（第1卷）：性教育的基本原理. 联合国教科文组织出版，2010.
⑤ "带女生开房"校长获刑13年半 [N]. 羊城晚报，2013-06-21.
⑥ 加强制度建设 预防和制止高校性骚扰——"高校预防和制止性骚扰机制"研讨会综述 [N]. 中国妇女报，2014-11-04.
⑦ 何春艳，涂晓雯，楼超华，等. 上海市中学新生遭受性骚扰状况调查 [J]. 中国学校卫生，2009，30（11）：1028-1030.

骚扰的类型包括：言语骚扰，例如用性方面的言语调戏、嘲讽当事人，或引诱当事人参与性或与性有关的活动，常见的讲、发或转发黄段子也属此类。视觉骚扰，例如展示色情刊物、图片、视频等。行动骚扰，例如不必要的身体接触或身体私密处的触摸、猥亵、偷窥等。权力骚扰，例如用权势威胁或以利益交换方式，要求当事人满足其性需求。

性侵害，是指任何违背个人意志，要求性行为或与性有关的活动，并在性方面造成对受害人伤害的行为。猥亵、乱伦、强暴、性交易、媒介卖淫等都属于性侵害。

性骚扰或性侵害可能发生在任何地方（家庭、学校、公共场所等），发生在任何人（亲人、熟人、陌生人等）身上，可能发生在同事、同学之间，也可能是领导对下属、老板对员工、老师对学生、长辈对晚辈。它侵犯个人权利，对身体、心理、精神甚至性别关系等方面都有不良影响。对于青少年和儿童来说，伤害就更重，影响也更深远，有些甚至会影响一生。

校园性骚扰、性侵害，让学生在应该受到教育的地方受到伤害，危害性更大。熟人作案多、侵害时间长，是一些校园性侵害案的特点。北京青少年法律援助与研究中心对2006—2008年媒体报道的340个性侵害未成年人案件进行了专项调查后发现：其中有50个案件属于校园性侵害，问题严重；而70%的校园性侵害的作案人为教师。教师性侵害未成年人，往往受害人数多，持续时间长，平均为2.3年。尤其要注意的是，由于贞操观、耻辱感等多种原因，每一起被报道的性侵害案件背后，往往会有多起未被曝光的隐性案件。① 调查还发现，中学生面对性骚扰，多数采取消极被动的应对方式，很少采取诸如警告、拒绝、报警等积极主动的应对方式，高中生更是如此，反映出随着年龄的增长，中学生更趋向于不敢声张、不愿声张的心理状态。面对性侵害也会有沉默或私了等情况。教师必须训练学生保护自己的身体，学习如何避免受到性骚扰和性侵害。例如，从小就要了解自己身体的隐私部位，并且知道要加以保护。平常要保持警觉，一旦有人不尊重自己的身体自主权，应敢于拒绝不合理要求，发现异常情况及时离开现场；一旦发生侵害事件，应冷静处理，记住歹徒的特征，保护现场，报告家长或老师，及时报警。

性骚扰、性侵害的加害人也可能是学生。调查显示，中学生遭受的性骚扰主要来自同学及高年级学生。中学生对小学生、对同学的性侵害事件也有曝光。因此，教育学生尊重他人的权利也是不可或缺的。中学生之间存在打打闹闹等现象，教师特别要引导学生懂得分寸，尊重别人身体的界限，把握开玩笑与性骚扰的区别。特别要提醒学生注意，判定性骚扰除了考虑骚扰行为等客观因素，更重要的是考虑被骚扰者的主观感受。

另外，调查显示，高中生遭受性骚扰的比例男生高于女生，遭受性侵害的未成年人中，男孩的比例高于女孩。尽管可能是因为女性未成年人担心信息被暴露影响自己声誉，较男性而言倾向于隐瞒自己曾被性骚扰、性侵害的事实，但这还是提示我们不要忽视对男性未成年人的性保护。性侵害的对象大部分是留守儿童、异地务工人员子女，以及其他属于弱势群体的未成年人，这提示我们在全面开展预防性骚扰、性侵害教育的同

---

① 校园性侵害频发 学校安全制度不健全是直接原因［N］. 中国教育报，2013－07－23.

时，还要特别关注重点人群。

教师在相关教育中要注意把握分寸，应严肃认真，而不是大肆渲染，想着"吓唬吓唬"学生。不要让学生感觉性都是可怕的、罪恶的，而要让学生认识到，预防性骚扰、性侵害就是通过维护自身权利来保护自身安全，拥有性健康和幸福。

第五节 家庭与婚姻

【困惑】中小学性别平等教育还讲"家庭与婚姻"？婚姻家庭与中小学生应该距离还比较远吧，讲这些有什么用呢？会不会反而让孩子过早、过多地关注异性呢？

婚姻与家庭是不容回避的重要的性别议题。而且，由于家庭暴力的主要伤害对象是妇女和儿童，特别需要让中小学生认识家庭暴力及其危害，掌握家庭暴力的防治办法。

家庭暴力不是家务事

2011年8月底，疯狂英语创始人李阳妻子李金（Kim）在微博上公开曝光李阳对她实施家庭暴力，并公布了数张照片为证，引发热议。2013年2月3日，历时一年多的"李阳家暴门"离婚案有了结果。法院认定李阳家庭暴力行为成立，准予李阳和妻子李金离婚，李阳向李金支付精神损害抚慰金5万元、财产折价款1200万元。虽然这一事件已告一段落，但还是让我们对家庭暴力及其危害有了更深的认识。当时李阳称打了老婆他也是个好老师，还否认殴打行为是家庭暴力："家庭暴力应该是持续地对女方进行言语和肉体上的暴力，但我们只是在2005年和今年有过大的冲突。"① 那么究竟什么是家庭暴力呢？

1995年第四次世界妇女大会将"家庭暴力"的概念引入中国，2001年通过修订的《中华人民共和国婚姻法》明确规定"禁止家庭暴力"。2001年12月24日通过的《最高人民法院关于适用〈中华人民共和国婚姻法〉若干问题的解释（一）》第一条对家庭暴力作了如下界定："家庭暴力是指行为人以殴打、捆绑、残害、强行限制人身自由或者其他手段，给其家庭成员的身体、精神等方面造成一定伤害后果的行为。持续性、经常性的家庭暴力，构成虐待。"依据此解释，李阳的行为属于家庭暴力是确定无疑的，只是尚未达到虐待这一家庭暴力的严重形式而已。

《中华人民共和国反家庭暴力法》明确指出："反家庭暴力是国家、社会和每个家庭的共同责任。国家禁止任何形式的家庭暴力。"还对家庭暴力作了明确的界定："是指家庭成员之间以殴打、捆绑、残害、限制人身自由以及经常性谩骂、恐吓等方式实施的身体、精神等侵害行为。"

家庭暴力具有普遍性、隐蔽性、习得性和代际传递三方面的特点。

普遍性。家庭暴力是广泛存在的社会问题，在世界范围内，不同国家、不同种族、不同民族、不同阶级、不同信仰、不同职业、不同文化程度的人群中，都存在家庭暴

---

① 李阳家暴离婚案件始末，网易女人行动第5期. http://lady.163.com/special/sense/nvrenxingdong05.html.

力。第三期中国妇女地位抽样调查结果显示,在整个婚姻生活中,曾遭受过配偶不同形式家庭暴力的女性占24.7%,其中,明确表示遭受过配偶殴打的女性约为5.5%,农村和城镇分别占7.8%和3.1%。妇联系统受理家庭暴力投诉的数量年均达4万~5万件,占婚姻家庭类投诉的25.0%。① 虽然农村比城镇要多些,文化程度低比文化程度高多些,但像李阳这样文化程度高的成功人士一样会实施家庭暴力。

隐蔽性。家庭暴力多发生于家庭内部或私密空间,受害者往往碍于面子,或由于个人隐私,不愿曝光,而公众的漠视和习以为常使人们对家庭暴力现象往往视而不见。传统观念把男人对女人的暴力行为看作"家务事",女性也受"家丑不可外扬"的观念影响,很难寻求救助。在李阳家暴事件中,不少网友就认为李金将事件曝光是不对的,是小题大做、惹是生非,并对她进行人身攻击。

习得性和代际传递。1977年班杜拉的社会学习理论最早涉及了家庭暴力的代际传递过程。美国有数据显示,曾经目睹父母间暴力的,施暴者是非施暴者的3倍,三分之二的儿童期虐待受害者会成为施暴者。国内的研究也验证了儿童期受虐待和成年后施暴的紧密关联。② 据了解,李阳本人就有过儿童期受虐待的经历。

家庭暴力的危害是全方位的,危害到个人、家庭和全社会。

家庭暴力最直接的危害当然是对受暴者的伤害。家庭暴力导致受暴者受伤、致残甚至死亡。家庭暴力还对受暴者心理造成极大伤害,因为暴力来自与自己有亲密关系的人,使受暴者陷入难堪和痛苦。长期遭受家庭暴力,受暴者会丧失对情况作出反应的能力,导致"习得性无助"。

施暴者自身同样受到家庭暴力的影响。施暴者的行为造成亲人的疏离和怨恨,其有可能失去家庭、伴侣和孩子,甚至自身的生存和生命也受到威胁。

除了对不同个体的影响,家庭暴力必然会危害家庭,导致夫妻感情破裂,家庭解体。1994年,国务院新闻办发布的《中国妇女的状况》白皮书的数据显示,四分之一的离婚起因于家庭暴力。

家庭暴力同样危害社会。家庭暴力的代价除了人力代价,还增加了各种社会成本。英国2006年的调查估计,家庭暴力导致司法、保障、社会服务、住房、生产损失、病痛和苦难等社会成本为每年230亿英镑,每人440英镑。更严重的是,家庭暴力会从一般的打骂发展成危害公民生命健康和社会秩序的恶性案件。陕西女子监狱中因家庭暴力而以暴制暴杀人犯罪的妇女仅2007年就有171人,占该监狱各类故意杀人犯罪总数的30.4%。

家庭暴力阴影下的妇女儿童

家庭暴力的施暴对象主要是妇女和儿童,其中占绝大多数的是妇女。截至2018年

---

① 蒋月娥. 全国妇联推动反家庭暴力国家立法的行动 [M] //谭琳. 2008—2012 中国性别平等与妇女发展报告. 北京:社会科学文献出版社,2013:332.

② 柳娜,张亚林. 家庭暴力施暴行为的代际传递 [J]. 中华行为医学与脑科学,2012,21(11):1044 - 1045.

的数据显示，有27%的15～49岁且有过伴侣的女性在一生中遭受过来自亲密伴侣的躯体暴力或性暴力，或者两种暴力均有，其中13%的女性在近期遭受过亲密伴侣暴力。①儿童受暴者中女童也更多，数据显示，女童遭受虐待的比例是男童的1.5倍至3倍。1998年英国犯罪调查表明，90%～97%的家庭暴力是男性施加于女性。广东省妇联的调查也发现，丈夫对妻子施暴的占家庭暴力总数的79.4%。②有学者将伴侣暴力形式进一步区分为，情境性伴侣暴力、亲密恐吓和暴力抵抗。发现虽然男女两性同样可能发生冲动的情境性伴侣暴力，但亲密恐吓则几乎都是男性发起的，而相应的暴力抵抗则多见于女性。这样的区分让我们进一步明确，伴侣暴力依然是基于性别权利的男女不平等。③家庭暴力真实地反映出家庭生活和社会文化中两性权利的不平等，对妇女的暴力行为是使妇女被迫处于从属男子地位的重要社会机制之一。所谓"三天不打，上房揭瓦"的俗语，折射出男性施暴的内因乃是对女性挑战其权威的担忧。可以说，家庭暴力主要就是针对妇女的暴力，本质上是基于性别的暴力，是对妇女人权的侵害。

家庭暴力阴影下的孩子同样不能忽视。对儿童的家庭暴力形式主要有肢体暴力、性暴力、心理暴力以及故意忽视四种。其中"忽视"是成年人对儿童实施家庭暴力的特有形式，它包括不能满足儿童的物质和精神要求，不能保护儿童免于危险，或必要时未能带儿童就医或接受其他服务，而这会增加幼儿死亡率和发病率。2005年，对陕西、广东、浙江、湖北、黑龙江、北京6省市3577名大中专学生16周岁前的受虐待经历进行调查的结果显示，25.2%报告童年期没有受虐待经历，36.5%报告只有1项或2项不愉快或受虐待经历，22.6%的学生报告曾有3～4项受虐待经历，11.3%报告有过5～6项受虐待经历，4.4%的学生报告在童年期曾有过7项或7项以上的受虐待经历。这些受虐待经历涉及身体虐待、精神虐待、性骚扰和性侵犯。④俗语说"不打不成才""棍棒底下出孝子"，不少人认为家长打孩子是合理的教育方式，狼爸虎妈还成为一些人推崇的家教典范，这都让对儿童的家庭暴力被有意无意地遮蔽了起来。绝不能像南京饿死3岁女童⑤、虐打9岁男童⑥那样，总要家庭暴力对孩子造成严重危害才引起关注。我们要坚决落实《中国儿童发展纲要（2021—2030年）》提出的"预防和制止针对儿童一切形式的暴力"。

另外，世界各地每年有1.33亿～2.75亿儿童目睹家庭暴力。⑦从上面讲到的家庭暴力代际传递的特点就可以看出，长期目睹家庭暴力，是一个人终生行为不良模式和使用暴力处理人际关系的一个开端。因此，美国心理学会将目睹家庭暴力作为虐待儿童的一种形式，认为目睹家庭暴力不仅会对儿童的心理、躯体、社会情感以及行为问题造成直

---

① 联合国. 针对妇女的暴力行为的2018年估计值［EB/OL］. https：//www.who.int/publications-detail-redirect/9789240022256.
② 家庭暴力应该成为离婚的法定理由［N］. 中国妇女报，2000-06-06.
③ 米勒. 亲密关系［M］. 6版. 王伟平，译. 北京：人民邮电出版社，2015：392.
④ 陈晶琦. 暴力侵害儿童状况分析［EB/OL］. http：//theory.people.com.cn/GB/40557/47890/47892/3393181.html.
⑤ 南京饿死女童调查［N］. 南方周末，2013-06-27.
⑥ 网曝南京夫妇虐待9岁养子 警方已展开调查［N］. 南方都市报，2015-04-04.
⑦ 保罗·塞尔吉奥·皮涅罗. 联合国研究暴力侵害儿童行为问题独立专家的报告. 2006：11-12.

接而即刻的影响，也会产生长期深远的影响，并认为目睹家庭暴力的男性儿童成年后容易出现暴力行为。2020年7月通过的《广东省实施〈中华人民共和国反家庭暴力法〉办法》明确指出，目睹家暴的未成年人是家庭暴力受害人。虽然少见，但青少年也可能成为家庭暴力的加害人。在广东省东莞市就曾经发生过14岁姐姐杀死9岁妹妹的家庭暴力恶性事件。①

应该不会有人再质疑，孩子都还没有成家，为什么要对孩子讲家庭暴力了吧？儿童的成长特别需要家人的关爱与呵护，家庭暴力对儿童伤害的严重性和持续性都是最高级别的。应对儿童采取优先和特殊的保护措施，以实现反家庭暴力中儿童利益的最大化。

创造没有暴力的幸福家园

不论个体的性别、年龄，没有任何人有权力或理由对家庭的另一个人使用暴力。创造没有暴力的幸福家园需要家庭和社会，包括我们每个人的共同努力。2015年通过的我国首部反家庭暴力法，标志着防治家庭暴力提升到了一个新的水平。

家庭暴力防治（又称为干预），包括观念倡导，舆论关注，法律、政策的制定实施，对当事人的救助或处理等方面的具体行动。

家庭暴力防治必须基于人权的立场，坚持人人平等。针对妇女的暴力体现的是性别不平等，针对儿童的暴力是对儿童人权的漠视。因此在任何情况下都要谴责使用暴力的一方，要反对责备受害人的立场，尤其要警惕所谓"客观""中立"的立场，比如"一个巴掌拍不响""女方也有错""孩子不懂事"等。

家庭暴力防治应遵循这样一些基本原则：性别平等，儿童优先；预防为主，防治结合；多方协作，以人为本。

家庭暴力的防治有以下具体方法：刑事司法，自上而下地加强公安司法系统的相关制度，通过提高拘禁、判罪比例和采取更加严厉的惩罚来防治和控制暴力；公共卫生，把暴力作为心理问题或疾病进行心理治疗和辅导，如对施暴者进行心理矫治，通过减少个体的危险因素来减少暴力；冲突调解，由第三方通过谈判或调解使冲突得到和平解决；社会体制，在家庭、社区、传媒、学校构建广泛参与的机制，提升全民的反暴力意识。《中国妇女发展纲要（2011—2020年）》就要求"完善预防和制止家庭暴力多部门合作机制，以及预防、制止、救助一体化工作机制"。《中国妇女发展纲要（2021—2030年）》同样要求"健全完善预防和制止家庭暴力多部门合作机制"。

一些反对家庭暴力的社会行动也起到了很好的效果，积累了成功的经验。比如白丝带运动，1991年由以迈克·科夫曼博士为代表的加拿大男士发起，以佩戴白丝带作为男性反对向妇女施加暴力的象征，承诺不施暴，不对暴力沉默。21世纪初，国内一些参与反家暴的男士也加入到白丝带运动中。再如妇女庇护所运动，第一个妇女庇护所于1978年在挪威奥斯陆建立，为逃脱虐待环境的妇女儿童提供保护和护理。20世纪90年代中后期，国内建立了第一批妇女庇护所，一些地方法院也开始对受暴妇女签发保护令。零忍耐运动，始于1992年，源于一项针对英国爱丁堡中学少年对妇女受暴力伤害

---

① 14岁姐姐杀死9岁妹妹[N]. 广州日报, 2014-07-03.

问题认识和态度的调查，由英国爱丁堡地方议会妇女委员会发起，其口号是"永远没有借口"，注重持久的宣传教育，旨在根除社会成见、挑战习俗和传统观念。国内一些地方通过创建"零家庭暴力社区"，体现了干预家庭暴力没有盲区的理念。

家庭暴力强制报告制度，中小学教师一定要了解。《中华人民共和国反家庭暴力法》第十四条要求："学校、幼儿园、医疗机构、居民委员会、村民委员会、社会工作服务机构、救助管理机构、福利机构及其工作人员在工作中发现无民事行为能力人、限制民事行为能力人遭受或者疑似遭受家庭暴力的，应当及时向公安机关报案。"第三十五条进一步指出："未依照本法第十四条规定向公安机关报案，造成严重后果的，由上级主管部门或者本单位对直接负责的主管人员和其他直接责任人员依法给予处分。"修订后于2021年6月1日起施行的《中华人民共和国未成年人保护法》也有相关规定。第十一条第二款要求："国家机关、居民委员会、村民委员会、密切接触未成年人的单位及其工作人员，在工作中发现未成年人身心健康受到侵害、疑似受到侵害或者面临其他危险情形的，应当立即向公安、民政、教育等有关部门报告。"第一百一十七条进一步指出："违反本法第十一条第二款规定，未履行报告义务造成严重后果的，由上级主管部门或者所在单位对直接负责的主管人员和其他直接责任人员依法给予处分。"

2020年，山西省晋中市榆次区某小学班主任发现一学生脸部有青紫，经了解，是其父亲和祖母殴打造成，但学校没有向公安机关报告。2020年年底，该学生在家中被其父亲和祖母殴打致死。2021年，两名被告人因犯故意杀人罪一审分别被判处死刑立即执行、死刑缓期二年执行。案件办理中，榆次区检察院未成年人检察办公室发现涉案学校相关负责人未按规定履行强制报告义务，移送监察委员会问责。榆次区监察委员会决定给予该校副校长政务警告处分、给予安保主任政务记过处分。①

中小学生作为未成年人，除了了解上述家庭暴力的防治之道，更重要的是懂得如何自我保护并求助。要教育学生，特别是小学生，如果遭受家庭暴力，例如被殴打时，应保护头、脸、颈、胸、腹等部位，不说刺激性话语以免进一步激怒对方，大声呼救、逃离现场或报警，以寻求帮助。

婚姻中的男女

防治家庭暴力的根本之道当然是构建性别平等的婚姻和家庭关系，即如《中国妇女发展纲要（2011—2020年）》中要求的那样——"建立平等、文明、和谐、稳定的家庭关系"。《中国妇女发展纲要（2021—2030年）》增加了"妇女与家庭建设"领域，也要求"倡导构建男女平等、和睦、文明的婚姻家庭关系，降低婚姻家庭纠纷对妇女发展的不利影响"。

---

① 辛戈. 学生遭家暴"视而不见"，山西一学校两相关负责人被追责［N］. 山西晚报，2021-09-07.

> 【尝试6.5】夫妻换位思考
> 　　如果您已婚，请您夫妻二人分别列出希望配偶"多做一些"和"少做一些"的清单（各5条左右），互相交换并交流。记下这一过程中您对性别平等的夫妻关系新的感悟。
> 　　如果您还未步入婚姻殿堂，也可以列出对未来另一半的期望清单，试着与人分享这一清单。说不定在理解性别平等的夫妻关系的同时，还有幸福的缘分光临。

　　家庭是指由一对男女经由合法的婚姻关系组成的共同生活单位。婚姻家庭是个人幸福的纽带，是社会和谐的基石。婚姻家庭也是性别问题的汇聚点，性别气质的"男阳刚，女阴柔"，性别关系的"男主导，女顺从"，性别角色的"大丈夫，小媳妇"，性别分工的"男主外，女主内"等等，都是性别刻板化留给婚姻中的男女急需破解的难题。

　　一是突破"郎才女貌"的刻板模式，树立性别平等的择偶观念。国内热播的相亲类电视节目，只要看上几集，就不难发现我国当今社会的婚恋观虽然有些变化，比如政治条件基本不提了，户口也没那么看重了，但"郎才女貌"的刻板模式并未有大的松动。只是如今的"才"更多与"财"挂钩，自购住房还得分一次付清和分期付款；如今的"貌"还要看素颜照，考虑是否经过整容添加了材料。"宁愿坐在宝马车里哭，也不愿坐在自行车后笑"的拜金女虽然是极端的个案，但女性仍然对终身伴侣的社会经济地位寄予了很高的期望，而男性依然强调女性的温柔体贴和漂亮外貌。

　　性别平等的择偶观则突破这些性别限制，让两性都能够以更平等、多元、开放的心态选择自己的终身伴侣。比如，不一定男大女小，姐弟恋也挺好啊，"女大三，抱金砖"嘛；谁挣得多有什么关系呢，男性女性可以共同努力去赚钱养家；女性、男性都不能保证一辈子貌美如花，等等。应该将更多的注意力放在价值取向、兴趣爱好等方面，志趣相投、两情相悦方是一生相伴的关键。

　　二是突破"夫唱妇随"的刻板模式，建立性别平等的夫妻关系。应该承认随着社会的进步，互助型的夫妻关系已经成为社会的主流，这跟我国的社会经济政策和人们的生存状态有着密切的关系。20世纪70年代末80年代初，城市的已婚夫妻，近99%是双职工，夫妻职业相同的占38.7%。但是，我们还是要看到存在的问题：在夫妻共同参加有酬劳动的同时，妻子依然是家务劳动的主要承担者；夫妻之间丈夫利益优先的原则未变，"舍妻保夫"依然是资源紧缺情况下家庭普遍的行动策略。

　　性别平等的夫妻关系表现为权利平等、责任共担、彼此协作、互相关爱。权利平等，就是权利地位上没有谁主谁从，家庭事务应彼此商量。责任共担，就是分担家庭经济和其他各种责任，维持家庭经济的责任不能只落在男性身上，家务、育儿也不仅仅是女性的责任。彼此协作，是考虑个体差异而不是简单按性别进行家庭分工，同时彼此支持、协调和配合。互相关爱，是互相理解、欣赏、尊重，给予对方关心和爱护，不要将男性限定为不善表达感情，也不要认为女性就是天生的照顾者。

　　青春期的孩子，尤其是高中生，正逐步形成婚恋观和家庭观，也开始关注婚姻家庭的问题。适当地让其了解婚姻中的男女，探讨如何突破婚姻中的性别刻板模式，将引导其走向未来美满的婚姻家庭生活。

第六节 性别与政策法律

【困惑】 过去男教师60岁退休，女教师55岁退休；现在有副高职称的女教师也可以60岁退休了，听说以后的改革方向是男女教师同年龄退休。这男女教师退休年龄到底应该一样还是不一样呢？到底哪样才是性别平等呢？

男女教师退休年龄是一个富有争议性的问题，确实也是一个事关性别平等的问题。要说清楚这个问题，就得认真学习与性别有关的政策法律。

性别平等的法律精神

> 【尝试6.6】这是男女同工同酬吗？
> 网球的四大满贯比赛（澳网、法网、温网和美网）中男子和女子单打冠军的奖金是一样的，有人说这是男女同工同酬。
> 但是也有人说男子比赛是五盘三胜，女子比赛才三盘两胜，这是男女不同工却同酬，何况两者精彩程度不同，对观众的吸引力也不一样。
> 您怎么看，由此对性别平等的法律精神有何进一步理解？

"平等是一项神圣的法律，一种先于所有法律的法律，一种派生出各种法律的法律。"[①] 有关性别的法律，其精神内涵就是保障性别平等。性别平等从本质上说就是基于人权的平等。人权是每个人应得到的基本保护和享有的权利。国务院颁布的《国家人权行动计划（2012—2015年）》从三个方面介绍了人权：一是经济、社会和文化权利，包括工作权利、基本生活水准权利、社会保障权利、健康权利、受教育权利、文化权利和环境权利；二是公民权利和政治权利，包括人身权利、被羁押人的权利、获得公正审判的权利、宗教信仰自由、知情权、参与权、表达权和监督权；三是少数民族、妇女、儿童、老年人和残疾人的权利。基本人权不因性别不同而不同，就是性别平等。

法律要保护并促进形式平等和实质平等这两种形式的性别平等。形式平等，是指不同性别者在法律面前一律平等。实质平等，是指法律要对妇女的合法权益做出某些特殊保护规定，以确保不同性别者在真正意义上的平等。男女平等基本国策的核心要义之一，"在承认男女现实差异的前提下倡导男女两性权利、机会和结果的平等，依法保障妇女合法权益"，说的就是实质平等。法律正义要求"对同等者同等待之""对不同者不同等待之"。基于女性不同于男性的生理状况，法律应规定特殊的保护制度；基于历史文化和社会制度等因素造成的社会性别不平等，法律应规定矫正性保护制度。总之，形式平等与实质平等应相辅相成，因地制宜，不可偏废。例如，同工同酬立法，法律在

[①] 勒鲁. 论平等 [M]. 王允道, 译. 北京：商务印书馆, 1991：20.

两性同岗位、同资历、同贡献时，给予同等的劳动报酬；而在女性孕期、产期和哺乳期，制定雇佣保护制度，给予差异性对待。

关于男女教师退休年龄的问题虽然比较复杂，但如果仅从性别平等的法律精神来看，过去女教师比男教师提前5年退休，是考虑到女性生儿育女、照顾家庭的负担重，对身心健康有一定影响，属于"对不同者不同等待之"。但随着社会的发展，医疗保健事业的进步，女性身心健康不低于甚至优于男性，男女共同承担家务的社会风气正逐步形成，改为男女教师相同年龄退休则属于"对同等者同等待之"。

法律保障的性别权利

《中华人民共和国宪法》第四十八条第一款就男女平等问题明确指出："中华人民共和国妇女在政治的、经济的、文化的、社会的和家庭的生活等各方面享有同男子平等的权利。"

《中华人民共和国妇女权益保障法》是为了保障妇女的合法权利，促进性别平等，充分发挥妇女在社会主义现代化建设中的作用而制定的。1992年4月3日由第七届全国人民代表大会第五次会议通过，自1992年10月1日起施行，第十届全国人民代表大会常务委员会第十七次会议于2005年8月28日通过决议，对该法进行了重要修改，自2005年12月1日起施行。2021年12月20日妇女权益保障法修订草案首次提请全国人大常委会会议审议，迎来又一次"大修"。

《中华人民共和国民法典》是新中国第一部以法典命名的法律，被称为"社会生活的百科全书"，2020年5月28日通过，自2021年1月1日起施行。民法典是落实男女平等宪法原则的典范。民法典作为调整平等主体之间的人身关系和财产关系的法律，在落实男女平等宪法原则方面发挥着不可替代的极为重要的作用。一方面，民法典反复强调了妇女享有的平等民事法律地位；另一方面又有针对性地加强了对妇女民事权利的特殊保护。

法律保障的性别权利包括以下五个方面。

（1）政治权利。根据我国法律规定，妇女享有与男子平等的选举权和被选举权，有权通过各种途径和形式，参与管理国家事务、经济和文化事务以及社会事务。法律规定各级人大代表中女代表要达到适当数量，并逐步提高妇女代表的比例。在任用领导人员时，要坚持男女平等，注重培养、选拔妇女干部。《中华人民共和国村民委员会组织法》对农村妇女政治权利的规定则更为具体。

（2）文化教育权利。妇女享有平等的文化教育权利，包括妇女在入学、升学、毕业分配、授予学位、派出留学等各个方面，以及在从事科学、技术和文学、艺术创作等文化活动中享有与男子平等的权利。政府、社会、学校和家庭要保证女童接受义务教育的权利。

（3）劳动和社会保障权利。国家保障妇女平等享有劳动和社会保障权利，禁止在录用、报酬、福利待遇、晋升和退休方面歧视妇女。从妇女的生理特点出发，强调对妇女的劳动安全卫生保护。

（4）财产权利。国家保障妇女享有与男子平等的财产权利，在婚姻家庭共有财产中，要依法保护妇女享有的权益。还特别提到妇女与男子享有平等的财产继承权，在同一顺序法定继承中，不得歧视妇女。对农村妇女土地权利保障也有具体的规定。

（5）人身权利。在我国，男女公民人身权利的享有是完全平等的，凡宪法和法律赋予公民享有的人身权益，妇女就同样具有。同时法律针对当前中国妇女人身权利保护过程中存在的多发性、普遍性问题，做出了一系列禁止性规定。

维护性别权利的政策法律

我国以宪法为指导和依据，以妇女权益保障法为主体，以包括民法典、劳动法、母婴保健法和《女职工劳动保护规定》等法律法规在内的法律体系来维护性别权利、保障性别平等。

这些维护性别权利的法律法规可以分为6个层次。

（1）根本法。现行宪法确立了"中华人民共和国妇女在政治的、经济的、文化的、社会的和家庭的生活等各方面享有同男子平等的权利"和"保护妇女的权利和利益"的基本原则，还规定了"国家尊重和保障人权"。

（2）专门法。妇女权益保障法是一部根据宪法和中国实际情况制定的、全面保障妇女人权的专门法。

（3）各部门法。民法典、劳动法、刑法和诉讼法等是对妇女各项权利予以具体保障的部门法。例如，民法典就有专条强调"妇女享有同男子平等的民事权利"。

（4）行政法规。包括《女职工劳动保护规定》《国务院工伤保险条例》《劳动保障监察条例》《女职工禁忌劳动范围的规定》《企业职工生育保险试行办法》等。

（5）地方性法规。各省立法机构颁布本地执行的妇女权益保护法办法和各省市女职工劳动保护暂行规定等。《深圳经济特区性别平等促进条例》就是中国首个促进性别平等的地方性法规。

（6）中国政府批准生效的国际公约和文件。经中国政府批准的有关妇女人权保障的国际公约和建议书在中国具有法律效力，也是中国促进性别平等、保障妇女人权法律体系的组成部分。其中最重要的是联合国《消除对妇女一切形式歧视公约》（*The Convention on the Elimination of All Forms of Discrimination Against Women*，CEDAW），它是联合国为消除对妇女的歧视、争取性别平等而制定的一份重要国际人权文书。联合国在1979年12月18日的大会上通过该有关议案，并于1981年9月起生效。1981年9月3日，该公约对中国生效，中国成为最早的缔约国之一。该公约确立规则，保障妇女在政治、法律、工作、教育、医疗服务、商业活动和家庭关系等各方面的权利。另外还有国际劳工组织制定的《男女工人同工同酬公约》《经济、社会和文化权利国家公约》《关于就业及职业歧视的公约》等。

《中国妇女发展纲要（2021—2030）》是依照宪法和民法典、妇女权益保障法等有关法律法规，按照国家经济社会发展的总体目标要求以及男女平等和妇女发展实际，参照联合国《消除对妇女一切形式歧视公约》和2030年可持续发展议程等国际公约与文件宗旨制定的，于2021年9月8日由中华人民共和国国务院印发。作为国务院颁布实施的政策性文件，该纲要包括健康、教育、经济、参与决策和管理、社会保障、家庭建设、环境、法律8个领域，共设置75项主要目标，提出93项策略措施。这是新时代落实男女平等基本国策、促进妇女全面发展、推动妇女走在时代前列的中长期规划，是我国人权保障政策体系的重要组成部分。

本章小结

性别角色（gender role）是以性别为标准划分的社会角色，包含性别社会地位和性别劳动分工等，性别的人际关系即建立在性别角色的基础上。性别互动体现的就是性别关系，性别吸引是性别互动的重要方面，性别吸引的最高形式是爱情，随之而来的就可能有婚姻和家庭。这一切性别关系的关键还是权利，"大丈夫，小媳妇"的性别地位，"男主外，女主内"的性别分工，"郎才女貌"的爱情，"夫唱妇随"的婚姻家庭，这些性别刻板化的背后都是对女性权利的漠视和不尊重，而性骚扰、性侵害、家庭暴力，主要也是对女性权利的严重侵害。与性别相关的法律赋予了女性与男性平等享有的各项权利，其精神内涵就是保障人的基本权利。各种性别平等的人际关系，都是既独立自主又互相尊重的，对人权的保障一以贯之。这样的关系不仅有助于男性和女性各自的充分发展，也有助于两性共同的和谐与幸福。

深 度 探 究

1. 传统文化非常重视"孝"，所谓百善孝为先，请分析"孝"对男性和女性要求的异同，并从中窥探传统性别角色的一些特点。

2. 您认为"女士优先""男士买单"的社交礼仪或习俗是否体现了平等的性别互动？请说明理由。

3. "性与责任、权利"的有关内容是男生、女生一起授课好呢，还是分开授课好呢，或者有分有合好呢？请结合实践，说说分开授课和一起授课在时间、内容、形式的设置上有什么诀窍。

4. 性别平等的家庭分工要肯定家务劳动的价值，对此您有什么好办法？

5. 反家庭暴力法在实施过程中产生了良好效果，但也面临不少问题，与司法、妇儿与社会工作者交流，就家庭暴力强制报告制度的具体操作，谈谈自己的意见和建议。

第七章

男孩女孩向前冲
——性别的共同发展

第一节 性别与资源运用

【困惑】我是教信息技术的,我赞同性别平等、共同发展。可是,大部分女生就是没有男生那么喜欢信息技术;兴趣小组我也想招女生,没人报名啊,这能怪得了我吗?

性别问题大都是社会文化造成的,很多事都不能只怪某一个人,可以说每个人都有责任。信息技术上的性别差异,实际上是资源运用上的性别限制。或许,我们教师还真能做点事情,让情况有所改变。

运用校园资源突破性别限制

> 【尝试7.1】校园资源与性别
> 凭经验我们就知道校园资源的运用存在性别限制,但具体情况如何?严重程度怎样?原因是什么?请自己或指导学生进行一次"校园资源运用性别差异状况与原因"的调查。现在试着对调查做个初步设计,想想除了运用信息技术,使用体育设施,还需要采集哪些方面的数据呢?

中山市实验小学黄艳冰、黄权标、姜克旺老师设计实施的小学实践课——"性别视角看校园"——组织学生进行了一次"校园资源的运用与分配的性别差异调查",分别采集了运动空间、绿色休闲空间、公共厕所、功能场室、社团活动、课堂教学、用餐情况等方面性别差异的数据。这些方面您也想到了吧。

小学阶段,我们引导学生调查"发现校园资源运用与分配的性别差异"。到了中学阶段,就要进一步帮助学生"运用校园各种资源,突破性别限制",而这就要求不仅要调查状况,回答是什么,还要分析原因,回答为什么。

一些人会说:没有人限制啊,是女孩子自己不来打篮球的。所以,在调查统计使用篮球场的男生和女生的人数、比例之后,还要进一步调查女生不去篮球场打球的原因是什么。女生是不喜欢打篮球，还是虽然想打，但都是男孩子，感觉怪怪的，或是球场都被男孩子抢先占了，等等。

说到"就是不喜欢"，也还可以进一步调查，不喜欢打篮球的原因是什么。是从小就不喜欢运动，还是喜欢其他运动，不喜欢篮球这种对抗激烈的运动；是受家长的影响，受小伙伴的影响，还是受体育老师的影响。

有了上面对原因的深入调查和分析，运用校园资源，突破性别限制，才能拿出有针对性的改进方案：教育学生突破自我认识的性别刻板化，或是提醒教师、家长摒弃对孩子期望要求的性别刻板化，或是采取性别比例配额等教学管理手段，等等。

大家可能注意到，这一章我们一直在说调查分析，并没有像前几章那样较多地界定概念、阐明观点。这是因为本章实际上是运用社会性别的工具和方法，分析、反思并参与有关性别的社会实践。教师要学会社会性别分析的方法，也要帮助学生初步掌握这种方法。

社会性别分析法是审查社会中现存性别关系的有效方法，可以广泛应用于与性别问题相关的各种分析领域。卡罗琳·摩塞（Caroline Moser）于1993年发表的《性别计划与发展——理论、实践与培训》，是社会性别分析理论的奠基之作。社会性别分析不只是分析女性的生存发展状况，而且分析两性的社会属性及其相互关系；社会性别分析不是将性别问题看成偶然的、简单的态度问题，而是与社会文化相关的问题。

因此，社会性别分析是把社会性别概念转化为实践的工具，是一种崭新的社会实践。

别忘了继续"尝试7.1"的调查分析哦，社会性别分析法就在其中。

运用科技和媒体资源突破性别限制

2015年10月5日，诺贝尔奖评审委员会宣布，中国女药学家屠呦呦与另外两位科学家一起获得2015年诺贝尔生理学或医学奖，成为第一位获得科学类诺贝尔奖的中国人。屠呦呦首先发现中药青蒿的提取物中含有高效抑制疟原虫的成分，从而研制出抗疟疾新药青蒿素，这一发现在全球范围内挽救了数以百万人的生命。屠呦呦的获奖被视为"全体中华儿女的光荣，更是全体中国女性的骄傲"。

不过，就在这之前的十多天，即9月19日，中国科学技术协会发布了第九次中国公民科学素质调查结果，男性公民的科学素质水平达到9.04%，明显高于女性公民的3.38%。妇女的科学素质水平与同期男性公民相比差距进一步拉大。[①]

---

① 中国科协发布第九次中国公民科学素质调查结果［EB/OL］.（2015-09-19）［2015-10-30］. http://education.news.cn/2015-09/19/c_128247007.htm.

【尝试 7.2】在科学面前不同性别是平等的吗？

组织学生阅读有关上面内容的新闻报道，并搜集相关资料，举办一次以此为主题的性别论坛。

可以引导学生从以下方面展开论题：男生比女生更适合学理科吗？男性和女性在科学素养上的差距是由生理差异决定的吗？怎样突破运用科技方面存在的性别限制？怎样缩小在科学素养上存在的性别差距？女性科学工作者面临哪些阻碍？如何消除？

以上事例首先提示我们要去分析思考：屠呦呦的获奖是否意味着女科学工作者总体工作状况的改变？科学界的性别歧视状况如何？

有研究表明，物理学、化学和生物学的学者都更倾向于选择男性科学家，而不是女性科学家，虽然有同等资历。面对着成就相同的假想申请者的简历材料，六大研究机构的教授明显更愿意为男性申请者提供工作。即便愿意招收女性申请者，提供的年薪也平均比提供给男性的低 4000 美元。更有意思的是，女性学者与其男性同行的偏见一致。

我们还要注意，越接近学术顶级，性别分化越趋严重。造成这种分化的主要原因有哪些？

一份女性从事科研工作现状的研究报告显示，高中时期，女生和男生在科学领域的表现难分伯仲。但从本科划分专业开始，到成为顶级的学术科研人员，女性的比例呈现阶段性的下降，从本科阶段的 32%，下降到顶级学术科研的 11%。

成见和偏见，成了年轻女性选择科学事业的最大障碍。报告称，年轻女性以及她们的父母、老师甚至整个社会似乎都有一些阻碍女性进入科学领域的先入之见——"科学很枯燥""男生对喜欢科学的女生没兴趣""理工科专业不好找工作""我不想被当作一个不懂社交、孤僻、孤独的'科学怪人'"。然而，最令人担忧的成见是"男性比女性更擅长科学研究"，即便事实上没有任何证据可以证明这一观点。

报告的结论是：实现性别平等将使女性理工科博士毕业生的人数每年增加 30 万，这意味着，10 年之内可能增加 300 多万名女性研究人员。①

与女科学家相比，男科学家遇到的相关问题少得多，且更严重的问题是，女性的科学素养水平比男性低很多，其中一个重要原因，就是女性运用科技资源解决问题的机会少。家里电视调不出频道来，叫爸爸；学校的电脑坏了，找男老师；连换灯泡这样很低技术含量的事，也往往非男性莫属。如何改变这种现象，值得研究探讨。第十一次中国公民科学素质抽样调查结果显示，2020 年男性公民具备科学素养的比例为 13.12%，女性公民具备科学素养的比例为 8.82%，男女性别差距为 4.3%，虽然比 2015 年缩小了 1.36 个百分点，但差距依然不小。②

运用媒体资源突破性别限制，同样有很多研究课题，比如媒体资源内容是否存在性

---

① 顶级科学家中女性仅占一成 [N]. 中国青年报，2015-01-17.
② 第十一次中国公民科学素质抽样调查结果 公民具备科学素质的比例达到 10.56% [EB/OL]. (2021-01-27) [2022-01-30]. http://www.xinhuanet.com/science/2021-01/27/c_139701108.htm.

别差异。全球媒介监测项目显示，2005年2月16日，全球76个国家和地区的广播、电视、报纸的12 893条新闻、39 944个新闻人物中，女性占比为21%，而中国的监测数据显示女性只占19%，比全球平均数还低两个百分点。

有人说，现在上网都没什么性别差异了，刷微博、微信，特别是网上购物女同胞们比男的还要积极啊。在第四次世界妇女大会NGO论坛上，苹果公司副总裁罗宾·亚勃拉姆斯提出"信息就是力量"，号召妇女通过计算机等传播新技术进入社会主流，积极接受和传播有利于妇女发展的信息，以消除现实生活中的信息南北鸿沟和性别鸿沟，促进社会性别平等。一项2002年的研究表明，使用互联网后，女性用户与非用户比增加了信息交流，但与男性群体比，女性在使用、传播新技术方面仍处于不利地位。①

2018年，亚马逊的招聘软件在招聘员工时被发现，读取到带有"女"的词汇时，会降低简历的权重。一张"端着水果篮的男性"图片被AI人脸识别平台检测为"女性"，单独截出头像却能够被检测为"男性"。众多类似情况表明，算法并不公平，反而会放大性别歧视。人工智能是人的意识的延伸，算法的性别歧视还是人的问题。据统计，谷歌技术部门中女性仅占21%，人工智能部门只有10%的女性。联合国妇女署资助支持的、玛娜数据基金会发布的《促进人工智能算法性别平等研究报告（2021）》中的数据也显示，有72%的从业者参与的人工智能算法项目中女性开发者比例低于30%，66%参与的团队中女性决策者比例低于30%；58%的人工智能算法从业者不知道算法当中存在的性别偏见问题，73%的从业者不知道存在专门针对女性的恶意算法。② 需要鼓励女性进入人工智能技术领域，改变男性垄断的局面；也要从技术、伦理、法律等多个现实角度来消除和预防在算法和人工智能领域的歧视，让算法服务而非阻挠性别平等。③

运用法律资源维护性别权益

第六章第六节"性别与政策法律"介绍的反对家庭暴力、反对性骚扰与性侵害的法律知识，都引导学生在学校和社会加以运用，参与维护性别权益的实践活动。

参与打击拐卖妇女儿童的法律行动，宣传惩治拐卖妇女儿童的相关法律，传播性别平等的观念，也是运用法律维护性别弱势者权益很好的社会实践。

2014年10月，一部讲述寻找被拐卖儿童的电影《亲爱的》热映。该片改编自真实故事，催人泪下，再次唤起社会对拐卖儿童现象的关注。

2022年3月11日上午十三届全国人大第五次会议闭幕后，国务院总理李克强出席记者会并回答中外记者提问时表示："最近，有的地方发生了严重侵害妇女权益的事件，我们不仅为受害者痛心，也对此事十分气愤。对漠视群众权益的，要坚决追责问责，对那些拐卖妇女儿童的犯罪行为要严厉打击，严惩不贷。"

---

① 卜卫. 社会性别视角中的传播新技术与女性［J］. 妇女研究论丛，2002（3）：37－42.
② 袁婧. 提高性别敏感意识，减少算法中的性别偏见，《促进人工智能算法性别平等》报告在沪发布［N］. 文汇报，2021－10－01.
③ 范红霞，孙金波. 看不见的"大象"：算法中的性别歧视［J］. 新闻爱好者，2021（10）：29－32.

拐卖妇女儿童犯罪严重侵犯了被拐卖妇女、儿童的人身权利，致使许多家庭骨肉分离，甚至家破人亡，严重危害社会和谐稳定。由于买方市场的存在和暴利驱使，以及在立法和执法方面的惩罚力度相对较轻，拐卖犯罪屡禁不止，并出现了暴力化、团伙化的新趋势。究其原因，农村地区群众受普遍存在的"传宗接代""多子多福"等传统性别观念的影响是一个重要方面。虽一再依法严厉打击，但在部分地区有所上升的势头仍未得到有效遏制。

为加大对妇女、儿童合法权益的司法保护，依法惩治拐卖妇女、儿童犯罪，2010年3月15日最高人民法院、最高人民检察院、公安部、司法部出台了《关于依法惩治拐卖妇女儿童犯罪的意见》。

2015年8月29日第十二届全国人民代表大会常务委员会第十六次会议通过的《中华人民共和国刑法修正案（九）》，将刑法第二百四十一条第六款修改为："收买被拐卖的妇女、儿童，对被买儿童没有虐待行为，不阻碍对其进行解救的，可以从轻处罚；按照被买妇女的意愿，不阻碍其返回原居住地的，可以从轻或者减轻处罚。"前述情形由原来的"可以不追究刑事责任"，修改为"可以从轻或者减轻处罚"。

近年兴起的微博等网络社交平台也发挥了"打拐"的巨大作用。2011年初，一条寻找被拐儿童的微博，经热心网友不断转发，引起广泛关注。"微博打拐"行动从此兴起。"微博打拐"除了收集拐卖犯罪线索，另一个重要功能就是进行法制宣传教育，增强群众反拐和防拐意识。这其实就是善于运用各种资源，维护性别弱势者权益的成功案例。

另外，女性在自然灾害面前更脆弱，也与资源运用的性别不平等有密切关系。1991年一场破坏力极强的飓风席卷南亚，造成约14.3万人死亡，其中女性占90%。此后，自然灾害情境下的性别问题引起关注。对1981—2002年141个国家灾害性事件中两性平均寿命的样本调查发现，灾害死亡率女性高于男性。原因主要不是女性跑得慢，而是她们拥有的技能和信息少，性别角色与道德规范的限制多。2004年印度洋大海啸，80%的遇难者为女性，两性获取救济、医疗卫生资源、生活资源、住房、政府补贴方面都存在明显不平等。[①] 新冠肺炎疫情期间的停工停业也严重影响了女性获得安全保障、经济资源和医疗卫生服务。联合国妇女署的调查显示，新冠肺炎疫情让全球妇女地位倒退了25年。必须赋能女性，帮助她们摆脱疫情影响。

第二节　性别与社会参与

【困惑】我在家里听老婆的，在学校归女校长管，我教的班上班长也是女生。感觉现在社会上女性都挺强势的啦，好像没那么不平等？

应该看到，随着社会的进步，女性的确已经逐步走出家庭，广泛参与社会公共事务，但是在社会参与的问题上真的实现性别平等了吗？女性真的强势吗？我们还是从妇

---

① 于圣洁，张纯刚，齐顾波. 自然灾害情境下的性别研究：回顾与前瞻[J]. 妇女研究论丛，2014（6）：109-115.

女参政的问题说起。

妇女参政

妇女参政,是指妇女作为一个群体参与国家政治生活、管理社会公共事务。由于社会地位和性别角色的影响,妇女参政比例远低于男子,因此社会参与的性别平等问题,就转化成了妇女参政的问题。

有研究者从党政部门、立法机构、政治协商和基础管理四个方面,对2005—2010年全国和各地区政治领域性别平等与妇女发展状况进行了评估,结果表明,女性参政情况有所改善,但不同决策领域的女性参与和发展不平衡,参政质量有待提高。①

2015年9月公布的《中国性别平等与妇女发展》白皮书指出:"中国制定和实施相关法律法规和政策规划,保障妇女享有与男性平等的政治权利,妇女参政比例进一步提高,在国家和社会事务决策和管理中的作用增强。"其中的数据显示,"2013年十二届全国人民代表大会第一次会议女代表比例为23.4%,比20年前提高了2.4个百分点""2013年,村委会成员中的女性比例为22.7%,比2000年提高了7个百分点"。两个比例都有提高,但是,前一个比例,与第四次世界妇女大会《行动纲领》提出的"议会(国会)中的女性议员至少达到30%"的目标有较大差距;后一个比例,与《中国妇女发展纲要(2011—2020年)》提出的"到2020年村委会成员中女性比例达到30%以上"的目标也尚有较大距离。2020年村委会成员中女性比例为24.2%,距"达到30%以上"的目标仍有一定的差距。②

妇女参政问题的直接原因是促进妇女参政的政策和机制有待进一步完善。国际上通行的做法是采取妇女参政最低比例制等积极措施。所谓积极措施(positive action),又称肯定行动,是指为了加快实现男女的实质平等而实行的对女性倾斜的政策措施。积极措施的实质是补偿的公平,并不构成对男性的歧视。所以,认为确保女性从政者的最低比例就是不公平,是对公平的理解简单化,以为形式公平才是唯一的公平。

妇女参政问题的深层原因是社会文化环境中还存在对妇女参政不利的因素。"头发长见识短""女性不适合从政"的看法还很普遍。有人总结说:"女人干好了是男人的,因为你像男人;干砸了是自己的,因为你是女人。"同时,妇女自身的参政意识和从政经验也不足。有关资料显示,90%的女干部说早年的理想是从事专业技术,如当医生、教师等,只有10%的人有管理社会公共事务的志向。说到底,也还是社会文化对妇女自身的影响。

要克服社会文化对妇女参政的不利影响,开展性别平等教育就显得尤为重要。传播社会参与性别平等的理念,鼓励孩子从小关心公共事务;到了初中,能够参与公共事务,不受性别限制;到了高中更要参与讨论社会性别问题,并尝试通过多种渠道提出自

---

① 杨慧. 2005—2010年政治与决策领域性别平等与妇女发展评估报告[M]//谭琳. 2008—2012年中国性别平等与妇女发展报告. 北京:社会科学文献出版社,2013.
② 国家统计局.《中国妇女发展纲要(2011—2020年)》终期统计监测报告[EB/OL]. http://www.stats.gov.cn/xxgk/sjfb/zxfb2020/202112/t20211221_1825526.html.

己的意见和建议。

中国未来优秀的女性政治家和管理者,甚至女国家主席、女总理,就可能会在这样的教育影响下诞生。

关于性别问题的建议或提案

每年全国或地方各级"两会"期间,就各种社会问题人大代表会提出建议和议案,政协委员会提出提案和建议案。人大代表提出的建议与议案,政协委员提出的提案和建议案,虽然有区别,但都是人大代表和政协委员行使权力、履行职责的方式,各级人民政府必须认真办理并给予答复。

【尝试7.3】性别平等教育的建议(提案)
   本书读到此,您认同开展性别平等教育的必要性和可行性了吧?通过您认识的人大代表或者政协委员(也许您本人就是人大代表或政协委员),试着提出在当地中小学校开展性别平等教育的建议或提案。

十一届、十二届全国人大代表,中华女子学院女性学系教授孙晓梅,对十一届全国人大2008—2012年5年来有关妇女议案和建议进行了梳理和分析。结果发现,有关妇女的议案有25件,有关妇女的建议有381件。建议数量逐年增加,涉及妇女的建议占总建议比例从4.6‰提升到14.42‰。其中不乏修改婚姻法、妇女权益保护法和制定反家庭暴力法、家庭教育法等维护女性权益的议案,也有呼吁建立中华母亲节、提高城市公共厕所女厕所蹲位比例等更显人性化的建议。孙晓梅认为,人大代表对妇女问题的建言献策,正不断推动国家层面更好地维护女性权益,增强女性民生保障。当然,也有"注重性别差异化教育"之类的提案和建议,缺乏社会性别意识,带有明显的性别刻板印象。

《关于完善传媒领域性别平等监管机制的提案》是一项有关性别平等的提案。该提案依据妇女发展纲要中妇女与环境领域的一项主要目标提出,包括现状、建议两大部分。现状部分,在调查分析的基础上指出,传媒中侵害妇女权益的现象时有发生,推动性别平等的传媒监管机制欠缺,传媒相关工作人员的性别意识较为薄弱。然后提出了三点有针对性的建议:建立完善国家一级的传媒监管机制,宣传、文化、新闻和广电等部门要制定并落实推进性别平等的文化和传媒政策,通过培训提高媒体决策、管理者及从业人员的社会性别意识①。

请认真读一读,您不仅能从中学到如何用社会性别分析法解剖传媒,而且能学会如何写提案(建议)。如果您尝试开发性别平等教育实践课程,组织高中学生提出性别领域的建议(提案),此文是不错的范文。

---

① 关于完善传媒领域性别平等监管机制的提案[J]. 中国妇运,2012(4):44-45.

参与制定性别平等的村规民约

推动妇女参政，实现社会参与的性别平等，不能仅仅是高高在上，坐而论道，还要深入基层，坐言起行。

行政村是我国最基层的群众性自治单位，依据《中华人民共和国村民委员会组织法》，设立村民委员会进行村民自治。村规民约是村民委员会在农村推行村民自治，实现自我管理、自我教育、自我服务而制定的行为规范。在大多数村规民约中，保留着对于男女村民身份的不同认定，男性村民被视为永久性村民，女性村民被视为临时性村民，婚姻往往是区别男女村民身份的重要标志。制定村规民约是最基层的社会公共事务，不受性别限制地参与制定性别平等的村规民约，从内容到形式都是最接地气的性别平等实践教育。不仅教师应该参与，也可以让教师将其作为性别平等教育实践课程，组织中学生参与，尤其是农村学校，更应"近水楼台先得月"。

2009年3月10日至15日，中央党校妇女研究中心"性别平等政策倡导"课题组在河南登封市周山村与村组干部一起推动《村规民约》的修订，新的村规民约草案在村民代表大会上获得通过，成为我国产生的第一部具有性别平等意识的村规民约（见图7-1）。这种修订将对治理出生性别比失调、对社会主义新农村建设、对农村公共治理与社会的协调发展产生深远的影响。这一成功案例也是性别平等教育实践课程最好的教材，值得我们认真学习借鉴。①②③

图7-1 河南省登封市大冶镇周山村新修订的体现性别平等的村规民约

村规民约普遍存在性别歧视，比如，周山村旧《村规民约》第4条规定：婚后姑娘户口未迁出者不论时间长短一律不给粮款。村规民约中歧视性的规定固化了妇女"从夫居"的婚姻制度，完整保留了封建社会父权制的文化传统，与我国的现行法律政策相冲突。当时的婚姻法规定：已婚男女根据双方约定选择婚姻居住地，既可以成为男方家庭成员，也可以成为女方家庭成员。2001年中共中央办公厅、国务院办公厅颁布的《关于切实维护农村妇女土地承包权益的通知》规定：农村妇女无论是否婚嫁，都应与相同条件的男性村民享有同等权利，任何组织和个人不得以任何形式剥夺其合法的土地承包权、宅基地使用权、集体经济组织收益分配权和其他有关经济权益。

---

① 李慧英. 社会主义新农村建设：性别平等与村规民约的调整[J]. 中华女子学院学报，2009，21（3）：5-7.
② 李慧英，杜芳琴，梁军. 将性别平等纳入村规民约之中——怎样修订村规民约[J]. 山西师大学报：社会科学版，2010，37（5）：134-139.
③ 南储鑫. 将性别平等纳入村规民约之中——"'加强村民自治，推进性别平等'高层论坛"综述[J]. 妇女研究论丛，2011（1）：99-102.

在村规民约的修订中，村支书和村主任是核心人物，村组干部和村民代表是主体力量，只有其产生发自内心的行动愿望，形成共识与合力，才能真正推动村规民约的调整，进而影响整个村庄的规则和观念的改变。在周山村村规民约的修订过程中，所有有关性别平等的内容，全部由村组干部讨论产生。然后，将新的村规民约草案提交村民代表大会，由大学生村官读村规民约草案，逐条阅读、逐条讨论、逐条表决。讨论非常热烈，特别是对于与集体资源分配和户籍管理相关的条款，村民代表都会不断提出疑问和看法，村干部和专家组一一进行说明解释。最后，在全村五个地点公示新村规民约草案三天。

第三节　性别的文化反思

【困惑】了解越多，越觉得开展中小学性别平等教育很有必要。不过，我们老师教学生性别平等，学生回家打开电视，打开网络，上面充斥着性别刻板化、性别歧视的内容，我们又有什么办法呢？

性别平等教育主要不是知识的更新，而是看人和世界眼光的改变，是思想观念的改变，更是文化习俗的改变。因此，性别平等教育必然有一个漫长的过程，在这个过程中新旧的冲突是无法避免的，这就需要我们进行性别的文化反思，通过反思进一步强化性别平等的观念。下面，就从纷繁的文化现象中选择三个方面进行性别的文化反思。

> 【尝试7.4】文化中的性别
> 1. 观察广告中的男性形象和女性形象，对突出头像或突出躯体的性别情况分别作一个简单统计，看您发现了什么。
> 2. 回顾一次清明期间您回乡扫墓（拜山）的经历，想想其中男性和女性受到的不同待遇。
> 3. 选择一首比较流行的情歌，看看其中表达的性别关系是怎样的。

广告

如今的消费社会，广告无孔不入。从性别视角我们可以发现，绝大部分广告中的人物和事件都与性别有着千丝万缕的联系，反映出性别化消费的特点，使人们在消费产品的过程中潜移默化地接受了刻板化的性别形象。

"尝试7.4"的任务1您统计的结果如何？从符号学的角度看，以面部为主的头像反映的是一个人的精神面貌和社会角色，是主体式的；身体的象征意义则是被看的，是客体化的。研究者对11个国家的多种出版物进行研究发现，男性主要突出头像，女性则主要突出躯体。在广告中，女模特的臀部、腿、腹部、肩膀和后背出现的频率是男模特的4倍。人们称这种强调男性面孔和女性躯体的倾向为"感官主义"，其背后的文化逻辑就是，男性以能力、女性以身材来吸引他人。①

广告一遍又一遍地向人们传播着这样的两性形象：男性是独立的、自信的、强健的，而女性是依赖的、美丽的、性感的。还有研究指出，广告多反映四类女性的刻板形象：一是居家女人，二是无所事事的女人，三是依靠男人的女人，四是作为性对象的女人。②

当然，人们的性别观念在变化，一些广告也体现出了积极的变化。例如，某洗发水品牌推出的四部微电影广告——Shine Strong 2014，以不同职场女性的角度道出女性"勇敢生活，就是强大"的真谛。

2020年12月，深圳市妇联等七个部门，依据《中华人民共和国广告法》和《深圳经济特区性别平等促进条例》联合出台了《深圳市广告性别平等审视指南》。这是我国内地首部广告性别平等审视指南，是建立和完善传媒领域性别平等监管机制的一次重要探索，是性别平等评估的又一项成果。《深圳市广告性别平等审视指南》首次明确了涉嫌广告性别歧视的情形，如广告中含有性暗示，对人的身体存在贬低、侮辱、暴力或伤害等情况，物化人的形象、身体，贬低人的能力和作用，刻意突出女性的从属角色和部位等等。我们可以引导学生借鉴该指南，对身边的广告进行性别反思。

流行歌曲

消费社会是建立在大众文化基础上的，文化也成为消费品。流行歌曲作为一种大众文化，其中的爱情歌曲（情歌）在反映两性情感关系的社会观念的同时，也建构着这些观念。

有研究者对20世纪90年代的大陆流行歌曲做了研究，发现情歌占了65.6%。还对其中的情感做了分类和样本的研究。比如32.8%的歌曲属于"倾诉相思之情，追忆往昔爱情关系的瓦解"，在此类歌曲中，女性多以被动等待、深情守候的形象出现，还以《小芳》作为样本进行了分析。③ 认为从知青哥哥听说"小芳"的李春波创作的这首歌，缺乏深刻反思与性别平等意识，其实反映了男性"占有却又害怕责任"的自私心态。

我们不妨也来分析20世纪80年代海峡两岸都非常流行的一首校园民谣《阿美阿美》。

歌手： 刘文正（男）

歌词： 阿美阿美几时办嫁妆，我急得快发狂。今天今天你要老实讲，我是否有希望。虽然我是个穷光蛋，人又长得不怎么样。但是你要想一想，看看自己的长相。阿美阿美不要再彷徨，少女的青春短。今天今天你不要倔强，快做我的新娘。虽然我没汽车洋房，吃的粗茶又淡饭。只要你陪我作伴，包你白白又胖胖。

---

① 泰勒，约翰. 社会心理学［M］. 10版. 谢晓非，谢冬梅，张怡玲，等译. 北京：北京大学出版社，2004.
② 艾晓明. 广告故事和性别——中外广告中的女性形象［M］∥谭琳，姜秀花. 性别平等与文化构建. 北京：社会科学文献出版社，2012.
③ 黄东英，吕波. 中国流行歌曲中的女性形象研究——以大陆上世纪90年代为例［J］. 新闻界，2008（4）.

分析：这首歌曲调轻快活泼，朗朗上口。演唱者刘文正在当时也是"小鲜肉"，红得发紫。歌词直白，仿佛道出了男性的心声。"穷光蛋"与"穷学生"的身份十分契合，"急得快发狂"符合青春期荷尔蒙的飙涨。似乎是抒发男孩对纯真爱情美好婚姻的向往，带上点诙谐的自嘲。但有了社会性别视角，就能发现问题。

"虽然我是个穷光蛋，人又长得不怎么样"，为什么却能对阿美说"但是你要想一想，看看自己的长相"呢？传统的性别文化中，女性的容貌至关重要，"女为悦己者容"；男性的容貌则相对次要，"男儿无丑相"。因此，一个"长得不怎么样"的男孩，相对于一个长相一般的女孩，绝对处于婚恋歧视链的上端。"我急得快发狂"，催促阿美"办嫁妆""快做我的新娘"的理由是，"少女的青春短"。年纪越大，就越难嫁出去，正是很多女性被催婚的主要原因。因为传统的婚恋市场上，依然将年轻视为女性的核心竞争力。女性如果不急慌慌地嫁人，那就是不必要的"彷徨"和"倔强"。"虽然我没汽车洋房，吃的粗茶又淡饭"，为什么却要求阿美"陪我作伴"呢？"有情饮水饱"毕竟只是一种浪漫，爱情，特别是婚姻都不可能与经济状况脱钩。只重金不重情不可取，但因此就指责女性对婚恋对象经济水平的要求，同样无理。"穷光蛋"不做创造更好物质条件的规划，连口头承诺都没有，怎么可以傲气十足地向阿美求婚，不，是逼婚呢？歌中的阿美不是被尊重被珍爱的阿美，而是被侮辱被损害的阿美。只有模糊背影的阿美，如果转过身来，我们或许会清晰地看到了她脸上满是泪水。

流行歌曲一个重要特点就是灵敏地反映时代变化带来的观念变化。青少年是流行歌曲消费的主力军，让学生用上述方式研究最新的流行歌曲，符合其兴趣，也能使其发现其中性别观念的演化。教师可以尝试引导学生用这种方式进行性别的文化反思，一定有意义又有意思。

祭祀

清明期间回乡扫墓（拜山），尤其是参加宗族祭祀的人们，一般都会感受到其中有许多女性禁忌。不过，如果进行深入的历史文化考察，就会发现祭祀的女性禁忌并非古已有之。

有研究者发现，在《诗经》透示的周朝民族宗教祭典中似乎并没有性别歧视，女子可以参祭或主祭。在后世民间俗信中，女子参祭或主祭的情况仍有沿续，但已非普遍。后来女子不得参与祭祀渐成主流，少数民族原始信仰中表现尤多。比如，昆明西山区的白族人祭祖，出嫁妇女一律不得入祠堂；其认为出嫁的人就不是祖宗的人了。与女子不得参与祭祀相联系，祭神的场所（社林、神坛）、神位、法器、神的用品都不准女子接触、靠近，甚至窥看。南方的布朗人把火塘神位视为神圣，妇女不能跨越火塘，否则亵了火塘神，会得"红崩"病，流血不止。有研究称，《诗经》中的女子参祭带有上古时代的原始宗教色彩，后世民间俗信意识发生较大变异，人们的风俗观念中滋长了祭祀净洁的观念以及关于女子参祭的禁忌。女子参祭受限是民间信仰及祭祀禁忌进一步发展的产物。[①]

还有学者通过对一个客家家族的个案分析，发现家族祭祀体系中女性祖先的地位与男性祖先没有本质上的区别，是传统的社会性别制度决定了血缘女性宗亲不可能获得与男性同等的地位。传统时期，女性在家族制度仪式中的地位随着她的血缘关系不同而有所区别，家族仪式对她们的开放程度也不同，但不可能获得与男性同等的地位。社会变迁过程中，男性把持的家族祭祀等仪式对家族女性的开放和接纳，也与两性平等的国家意志和政策有密切关系；同时，接纳具有一定经济实力和社会地位的家族女性，也是男性在新的社会环境下，为传承和发扬家族文化做出的调适行为。[②]

其实，以历史的维度考察性别文化，还可以从很多方面展开，如贞节、服饰、制度、语言、文艺作品等。除了古今变迁，还有中西交融的反思维度。不论什么反思内容，何种反思方法，我们都会发现，许多所谓的性别传统绝不是天经地义的，它们不是铁板一块，也非一成不变。

文化反思、社会参与、资源运用，性别的共同发展有广阔的空间；文献解读、案例分析、田野调查（field research），性别的共同发展有多样的方法，这正是课程教学改革倡导的研究学习和社会实践。男孩女孩向前冲吧，到广阔的天地去，提高创新意识和实践能力，同时也鼓起突破性别刻板模式、追求性别平等的勇气吧！

本 章 小 结

性别问题不仅是性别自我认识、性别人际关系的问题，更是社会文化的问题。妇女对科技和媒体的运用落后于男子，信息的性别鸿沟就是这种差距的缩影。妇女参政，是指妇女作为一个群体参与国家政治生活、管理社会公共事务，由于妇女参政比例远低于男子，这也成为社会参与性别平等的关键问题。妇女参政问题的直接原因是政策机制有待进一步完善，深层原因是社会文化环境。社会文化包罗万象，古今中外的各种文化现象有众多性别问题供我们反思。社会性别分析法可以广泛运用于与性别问题相关的各种领域，文化反思、社会参与、资源运用，让青少年初步运用社会性别分析法，通过研究学习与社会实践，实现两性的共同发展。

深 度 探 究

1. 微博、微信、支付宝、淘宝，各种新的网络技术应用层出不穷，这些新应用是否存在性别差异？试着就此问题做一个调查研究。

---

① 王政.《诗经》女子参祭与民间俗信中的女性祭祀禁忌［J］. 民间文学研究，2010（4）：156-163.
② 项萌. 家族祭祀制度中的女性——对桂东南客家家族某村落的考察［M］// 谭琳，姜秀花. 性别平等与文化构建. 北京：社会科学文献出版社，2012.

2. 选择一位女性的中小学校长、主任进行访谈,并以她作为一个案例,剖析女性教育管理者在工作、专业成长和职务晋升等方面的性别难题。

3. 我们使用的语言有哪些是充满性别歧视的?我们用这样的语言倡导性别平等、批判性别歧视会遇到什么困境?请以具体事例加以说明。

4. 中国近代重要的启蒙思想家郑观应在《盛世危言》中大力倡导女子教育,请以20世纪初中国女校为切入点,探讨性别平等的中西文化碰撞。

第三部分

迈开性别平等的步伐
——中小学性别平等教育的行动

2015年11月10日,中山市妇联的会议室里,111份中小学性别平等教育的教学案例摆在我们面前。这些都是参加中山市纪念男女平等基本国策颁布20周年"中小学性别平等教育优秀教案征集评选活动"的。案例的类型有专题课、融合课、实践课。融合课融入了语文、英语、政治、历史、生物、音乐、美术、体育与健康、品德与生活(社会)等众多学科,涵盖了小学、初中、高中(职高),参与的学校有城区学校和乡镇学校,也有试点学校和非试点学校。一个完整的教学案例包括教学设计、教学实录、教学反思和教学资源(如教学用的PPT、视频、音频,及教学用具的图片等)四个部分。

如此丰富的材料,让应邀担任评委的原广州市委党校葛彬教授感到目不暇接。在评审完毕后她表示,由衷地钦佩广大中小学教师对性别平等教育所做的积极而全面的实践探索。"那些鲜活的教学视频让我都看入迷了,"葛教授饶有兴致地说,"昨天晚上还看了一节体育融合课,男孩和女孩都那么快乐地踢足球,没有什么性别隔离,真好!后来我睡觉都梦到踢足球了。"葛教授是一位性别平等事业的热心人,做过很多卓有成效的研究和培训工作,她不仅为中山的教师、家长做讲座,还与老师们一起研究如何上好性别平等教育课,也就特别能体会到这些教学案例凝聚的老师们的心血。

中山市西区翠景东方小学的体育老师林仲意就像个阳光大男孩,他上的"快乐的角力"的融合课也参加了这次教学案例征集评选。课堂上他充满激情,还来了个吉他弹唱,将正步入或接近青春期的小学高年级的男生、女生充分地调动了起来,全情投入角力、斗牛等运动游戏之中,完全忘了固有的"男阳刚,女阴柔"的性别刻板印象。研究这节课的时候,林老师又是特别细致认真,还专门请来市里的体育名师把脉指导。他想的是,融合性别平等教育的体育课一定要遵循教学规律,首先得是一节好的体育课。

中山市实验小学的心理教师刘秀银特别喜欢色彩鲜艳的服饰,她上的"我们是多样的"专题课也充满了色彩。课堂上男孩子、女孩子拼七巧板、折纸、跳绳、颠球,展现出性别气质的多样化。在"自我透视窗"这个教学环节,刘老师分享了自己每天坚持慢跑的体会,让我们看到她坚定执着的另一面。这节课也是反复磨砺出来的,借鉴了龙贻君老师上的中山市性别平等教育第一课,从学生、教师和学校的实际出发,不断改进,不断完善。

这两位老师与其他老师的几节公开课得到了相关部门领导和专家的好评。原国务院妇儿工委办公室常务副主任苏凤杰女士有敦厚的长者之风，她在听课的过程中脸上始终洋溢着温暖的笑容，也给予上课老师热情的鼓励，认为理念准、教学活，路子走得对，也走得快。国务院妇儿工委办公室副主任张立细腻而干练，对教学的评价细致入微，切中肯綮。中央党校教授、博士生导师李慧英是性别研究领域的资深专家，她的评课理性、精准又充满深情。"老师们的探索圆了我一个多年的梦，"李教授说，"我长期做社会性别的培训，但对象大都是各级官员。我一直梦想孩子们也能接受性别平等的教育，在中山，这个梦正成为现实，你们的探索很珍贵。"

比探索更珍贵的是孩子们的收获和家长们的支持。记者采访了中山市实验小学的学生和家长，纪延同学说："以前男生都不让女生参加踢足球，现在都是男女生一起踢了。我发现很多女生平时显得很温柔文静，但运动场上却表现得坚强勇敢，让男生很佩服。"纪延的妈妈梁女士说："我为老师们的人性化教育叫好，从内心希望我们的下一代能更强大。"①

经专家评审，这次中小学性别平等教育优秀教案征集评选活动最终评选出一等奖教学案例10个，二等奖教学案例16个，三等奖教学案例30个，还有若干教学案例获优秀奖。

奖励只是动力，探索大有潜力。不过，最重要的是，广大中小学教师已经迈开了性别平等教育的步伐，探索不止，步履不停。

---

① 大力弘扬男女平等 依法维护妇女权益［N］．中山日报，2015-03-06．

第八章

课堂上采摘阳光
——上好性别平等教育课

第一节　动起来上专题课

【困惑】中小学性别平等教育的指导大纲设计很到位，我们也学习了社会性别的一些理论和观念，但怎么把课上好感觉还是挺难把握的。好比上专题课，真不知道从哪里讲起啊！

我们习惯说讲课讲课，其实，性别平等教育的专题课不应该是"讲"出来的课，好像某某专题讲座一样。专题课应该是学生"做"出来的，是通过教师精心设计和组织的课堂活动体验出来的。简言之，要动起来上专题课。

准确定位的课堂活动

性别平等教育专题课的课堂活动不是盲动、乱动，或者只是热闹、好玩，而应该是准确定位后，有目的、有方向地动。因此，教师要依据《大纲》所规定的"学习任务"对一节课的教学目标进行准确定位。否则课堂活动就难以聚焦，活动时间也不够，每个活动只能蜻蜓点水，难以深入。

教师在制定教学目标时出现的问题有下面一些表现。一是贪多求全。这些教师往往混淆了不同主题和模块的"学习任务"。比如一位老师为"快乐的我们"一课制定了这样的教学目标："1. 初步认识性别特点的刻板化，学会尊重、欣赏自己的性别；2. 认识自己的身体，了解不同性别身心的异同，学会尊重、欣赏伙伴的性别；3. 在活动中体验性别带给我们的快乐，做快乐的自己，从而学会感恩父母。"其中目标1属"性别与身心健康"模块，目标2提到的性别特点刻板化问题在很多模块都有涉及，尊重、欣赏自己的性别似乎又属于"性别认同"模块，目标3更是空泛，感恩父母与性别平等的关系过于牵强。贪多求全的极致就是想一节课"包打天下"，这些课的课题也大而空泛，比如"平等让世界更美好""男女平等携手同行""享受阳光健康成长"等，几乎是想一节课将性别平等的教育内容一网打尽，"毕其功于一课"，结果当然只能是泛泛而谈，草草收兵。二是随心所欲。这些教师设计的课堂活动往往涉及不同学段的学习任务，或是让小学生"高攀"中学阶段的学习任务，或者让高中生"低就"小学阶段的学习任务。

【尝试8.1】制定一节专题课的教学目标

试着按以下的步骤操作：

1. 阅读《大纲》的"五、教育内容"部分，找到自己所属的学段，选择一项"学习任务"，根据该学习任务拟定课题名称。

2. 对照本书第二章第一节中的"中小学性别平等教育内容结构表"，了解该学习任务在不同学段的进展和水平，初步构想本课教学目标。

3. 基于男女平等基本国策和社会性别理论，结合自己的理解，考虑学生和学校的实际，制定出本课的教学目标。

一些专题课的课堂活动效果不好，并不是活动本身的问题，而是由于对这节课的教学目标定位不准。

我们重点分析一下小学高年级专题课"我们是多样的"。一开始，教师的教学目标也有很多，如"打破性别气质的刻板化""理解性别气质是多样的""懂得职业选择可以不受性别的限制""接纳自己和他人的性别气质"，几乎将《大纲》中"性别认同"模块的主要学习任务都收入了囊中。因此，课堂活动也天女散花似的散开了，除了"男孩女孩猜猜猜"的活动，还有"你喜欢的职业选一选""怎样接纳男生脆弱的时候""给王小志同学写封信，帮助他解决性别认同的困惑"等。这些活动不仅对于一节课来说太多了，很多内容对于小学高年级的学生而言也太深奥了。

经过反复修改后教师确定了本节课要完成的学习任务就是一项，即《大纲》中的学习任务"3.2 理解性别气质的多样化"，其他如"职业选择不受性别的限制""接纳自己和他人的性别气质"等学习任务，应该按照《大纲》的设计，安排在其他学段去完成。

学习任务明确了，课题名称也基本定好了（开始龙老师称为"男生女生——多样的我们"，后来刘老师称为"我们是多样的"，名称不同，学习任务是一致的）。可是具体的教学目标如何制定呢？教师按照"尝试8.1"的步骤操作，最终确定了以下的教学目标："1. 回顾对性别特点刻板化的了解情况；2. 感受和体验性别特点是丰富多样的；3. 理解性别特点的多样化是正常和正面的。"（性别气质的概念小学生不容易理解，教学中改用生活化的"性别特点"。）其中的目标1是对小学中年级"了解性别气质的刻板化"学习任务的复习和巩固。目标2和目标3属于新的学习任务，两者对"理解性别特点的多样化"作进一步分解，分成感受体验性别特点多样化，以及在此基础上理解性别特点多样化是正常和正面的。这样的目标如果达成，也将为更高学段完成"接纳和认同性别特点"等学习任务打下良好的基础。

基于准确定位的教学目标，设计的课堂活动就有了针对性。"我们是多样的"一课教师设计了6个课堂活动。两个热身活动"猜一猜：男生还是女生""选一选：男生女生特点"，旨在复习并进一步了解性别特点的刻板化，引出课题。三个主题活动：一是"看一看：名人面对面"，通过分析李娜和付昭翔两位不同性别、不同年龄的公众人物的特点，让学生发现性别特点的多样化，以及其积极和正面的意义。二是"秀一秀：

同学展风采"，通过身边男女同学的现场展示和生活观察，让学生更生动、更强烈地感受和体验性别特点的多样化，性别多样化是自然的、正常的。三是"亮一亮：自我透视窗"，通过自我分析、互相借鉴，更好地理解性别特点的多样化，并发现性别特点多样化对自己的成长是有积极影响的。最后的结束活动"跳一跳：我们是七彩阳光"，让孩子们充分展示并体验性别特点的多样化，及其给自己和整个世界带来的美好和快乐。

准确定位的课堂活动带来了良好的课堂效果。"猜一猜""选一选"的热身活动，学生选出的关于男女性别特点的词语各据一端，泾渭分明。通过"名人面对面"，走近著名女子网球运动员李娜和 11 岁孝心少年付昭翔，学生发现很多优秀女性既有阴柔的一面也有阳刚的一面，很多优秀男性既勇于担当又细心周到。"同学展风采"，男生女生一起进行跆拳道、花样跳绳、折纸或击剑、翻花绳等活动，发现男孩女孩虽有差异，但都具有多样化的性别特点。"自我透视窗"则进一步让学生认识到自己的性别特点也是多样化的，而且这些多样化的特点帮助了自己健康成长。三项主题活动由远及近、由人及己，学生在丰富生动的体验中理解到性别特点多样化是普遍的、正常的、正面的。黑板上原来各据一端的"勇敢""温柔"等词语也自然地融会在一起。结束活动时男生女生在《采摘阳光》的音乐中自由歌舞，性别特点的多样化也再一次鲜活起来，美好起来。

贴近实际的课堂活动

课堂活动还应基于中小学生实际的生活经验，反映社会上的真实状况和问题。还是看看"我们是多样的"这个教学案例。同样的学习任务，同样的学习目标，在两所学校不同的班级上的时候，课堂活动就必须根据实际进行调整。最明显的是"同学展风采"的活动，一个班展示击剑、翻花绳，另一个班则展示跆拳道、花样跳绳、折纸，每个班级都要有所变化。

一些老师在性别平等教育专题课上喜欢采用"拿来主义"。借鉴他人的好经验、好点子并无不妥，但照抄、照搬就不合适了。在性别平等教育专题课上，我们发现一些老师把"身体红绿灯"之类的性教育成熟教学案例照搬了过来，一些心理健康教育、青春期教育的课例也被简单移植到了性别平等教育的专题课中。由于并没有根据性别平等教育的目标以及学生和学校的实际情况加以调整，许多课堂活动都是原封不动地搬过来的，教学效果自然也不太好。

【尝试 8.2】设计课堂活动

　　为小学中年级的一个班设计一节专题课的课堂活动。

　　课堂学习任务：2.3 欣赏不同性别者的创意表现。

　　班级实际情况：全班孩子都特别喜欢玩七巧板，班级还因为在七巧板方面的突出表现，被评选为"特色班"。

　　也可以根据您自己所教班级的实际情况，或设想某个班级的某种情况，来设计这节专题课的课堂活动。

小学中年级专题课"七巧多精彩",就是从班级学生的特色出发,设计专题课课堂活动的成功教学案例。

开始的时候,老师不知如何将七巧板与性别平等结合起来,确定了学习任务是"2.3 欣赏不同性别者的创意表现"之后,又困惑于怎样将孩子们玩得很开心的游戏,变成有教育意义的课堂活动。

经过分析学生情况,考虑教学目标,设计出了"三摆七巧板"的课堂活动。

第一回合叫"特色拼摆"。要求:在3分钟内拼摆出一个自己最拿手、最喜欢、最满意的图案。学生展现摆七巧板的个性特长,性别差异也会呈现出来。这一回合可以帮助学生很快发现不同性别者的创意表现,并表现出欣赏的态度。还可以自然地点出性别刻板化的问题,如认为男生喜欢拼摆机械类的图案,女生则喜欢摆生物类的图案。

第二回合叫"换位拼摆"。要求:在5分钟内尽量挑战自己不擅长的类型。例如,男生拼摆生物类的图案,女生拼摆机械类的图案。学生在不擅长的领域,能表现出探索和尝试,也可能别有创意。突破刻板印象,换了一个角度,学生对不同性别者的创意表现能有更新的发现、理解和欣赏。

第三回合叫"合作拼摆"。要求:两男两女自由组合成为一个团队,在15分钟内选择主题(公园一角、校园一角、街道一角、书吧一角),发挥想象,共同用多副七巧板把心中喜欢的主题组合拼摆在一张彩纸上。完成了拼摆后,可以在彩纸上涂上颜色,写上设计作品的标题,丰富作品的内容和画面。不同性别者的合作能产生火花,从创作意图、过程到成果,都需要双方的真诚欣赏和善意指正。男女生在合作中进一步加深对不同性别者创意表现的理解、欣赏、尊重。

三个回合的拼摆暗含哲学观念的"正、反、合",学生在不同形式、难度逐增的七巧板拼摆中,对不同性别者创意表现的发现、理解、欣赏和尊重,也通过多维体验,不断深化。

孩子们的七巧板拼摆出了创意,教师从学生实际出发,性别平等教育的课堂活动也设计出了创意。生活中处处有性别,只要关注生活、关注孩子,设计贴近实际的课堂活动,就不会是"水底捞月亮"了。

小学低年级怎么教性别平等,怎么完成学习任务"辨别性别角色的刻板化"?小学低年级专题课"性别平等过家家",考虑学生年龄特点,把全班分成了若干个"家庭"(组),连续玩了四次过家家游戏,从最初的性别角色刻板化的过家家,到读绘本说职业发现性别角色刻板化问题,最后的"家庭"聚会成了性别平等的过家家。中学阶段还能组织活动吗?同样能。初中专题课"悦纳性别气质",教师设计了三项课堂活动:测试分析、案例研讨和自我设计。测试分析是学生自测贝姆性别角色量表,然后分析结果,帮助他们发现每个人身上都兼具了传统意义的"男性气质"和"女性气质",只是程度不同而已。案例研讨中的案例就来自学生的真实生活,学生颇有共鸣。自我设计是引导学生设计刚柔相济的"我",在悦纳自我气质的同时不断发展完善自我。

学生自主的课堂活动

性别平等教育的专题课要让学生充分展开活动,通过活动体验来形成观念、丰富情感、锻炼能力。切忌单向灌输性别平等的概念,而且活动也要以学生为主体,教师不能过度控制,将学生活动变成活动学生。

一些教师,尤其是中学教师,习惯了给学生讲道理、讲授知识、讲解习题、讲评作文,想要学生动起来,却一方面放不开手,另一方面放不下心。一些中学的专题课,将理念阐述变成了名词解释,如社会性别、刻板化、人际互动。试图把书本上学术性的界定代替学生生活中体验性的理解,是很不恰当的。

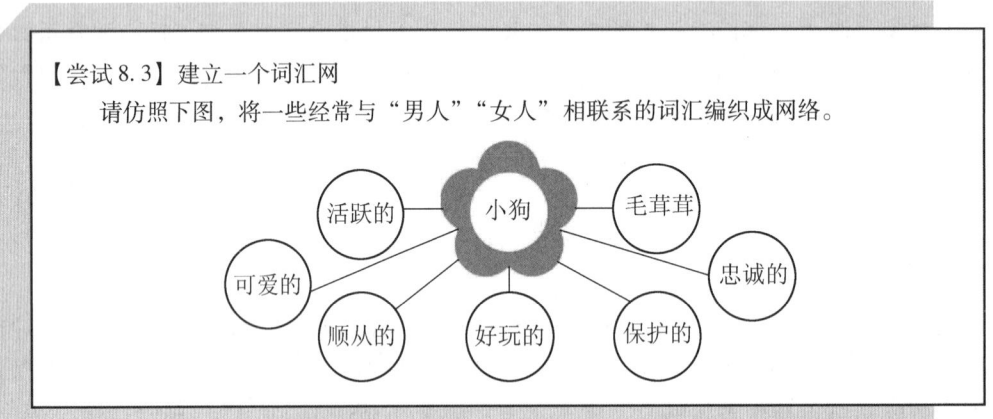

【尝试8.3】建立一个词汇网

请仿照下图,将一些经常与"男人""女人"相联系的词汇编织成网络。

上面的"尝试8.3",其实就可以设计成一个小组活动,让学生在活动中理解社会性别的概念。①

学生自主的课堂活动还要考虑年龄特点,小学生特别是低年级小学生,如果设计过多的读一读、写一写、讨论、辩论类的活动,是难以自主的,很多时候都是被老师"牵"着甚至"抱"着在活动。

比如:在上小学低年级专题课"男生女生,一样不一样"时,在课堂快结束的时候,老师设计了一个简单而生动的游戏活动,"是你你就跳一跳"。伴随着欢快的音乐,孩子们边听老师的指示边做自主选择,觉得说的是自己的孩子就可以跳起来。"有小鸡鸡的跳一跳,有小妞妞的跳一跳。长得可爱的跳一跳,头脑聪明的跳一跳。活泼开朗的跳一跳,内向害羞的跳一跳……某某班的孩子跳一跳。"这个活动适合低年级小学生的特点,孩子在跳跃、在观察、在思考,虽然没说话,但我们看到:当说到"内向害羞的跳一跳",有个小男孩虽然有些犹豫,但还是轻轻地跳了起来;当说到"勇敢坚强的跳一跳",不少女孩都高高地跳起来,仿佛要跟男孩子们比比谁跳得更高。男生女生的一样、不一样,就这样欢快地跳了出来。

有位老师上小学高年级专题课"男生女生都美好"时,课堂活动中持续鼓励、倾听并回应学生的发言。课虽显得不够"完美",却常常出现令人惊喜的"彩虹"。当教师问"突破性别刻板印象,你们身边有没有这样的人呢",有学生说:"某同学就是特

---

① 印度人权与男女平等组织,尼日利亚女孩权力倡导组织,国际计划生育联合会,等. 青春健康教育指南[M]. 中国计划生育协会,译. 北京:中国人口出版社,2014:38-39.

别安静的男孩,背古诗记得又快又牢。""他还爱帮助人,讲题总是特别耐心。"一位女生补充道。过了一会,又有学生站起来,"我还是要说说某同学,他折纸手工也做得很好,很细心。有些人嘲笑他不像男孩,我觉得他特别棒。"老师请那位男生站起来接受大家的掌声,是挺文静的样子,略瘦,很端正,语速不快,清晰明了,远远望去,就像一株挺拔的小树苗。接近下课时间,老师还让一位女生说说感受,"我小时候在农村,有次听到奶奶说我是个'赔钱货'。当时还不懂什么意思,长大才明白,是认为女孩不能传宗接代,将来嫁出去,白给别人养了。我特别气愤!"愤愤不平的情绪让她顿了一会,"从此我就告诉自己,女孩不比男孩差,一定要好好读书,要争气。"自主的课堂活动中,学生的性别平等观念和能力正在生机勃勃地成长。

辩论活动特别能激发学生的自主性和积极性,课堂氛围也很活跃。不过要注意,如果性别平等观念的前置性学习不充分,学生缺乏社会性别意识,凭感觉和经验辩论,很可能变成性别刻板印象的集中展示和纠缠不休,并不能实现性别平等观念和能力的自主发展。

男女协同的课堂活动

【尝试8.4】性别平等教育课堂观察

听一节性别平等教育专题课,选择男生和女生的课堂表现作为观察视角。可以考虑选择以下观察点:

1. 男生女生的发言情况比较。还可细分为被动答问、主动回答、主动阐述、质疑等不同发言类型,可统计发言次数或发言时间。
2. 男生女生的操作性活动情况。比如,表演、示范、游戏、实验等。
3. 教师对男生女生课堂表现的引导和评价情况。

其实,所有的课堂活动都应该给男生女生平等的参与机会,性别平等专题课的课堂活动就更要注意男女生共同参与。教师要增强性别敏感度,防止课堂上出现男生或者女生太过强势的现象。结合"尝试8.4"课堂观察的结果,开展评课以及其他教研活动,有针对性地解决男生女生参与课堂活动不均衡的问题。一般来说,小学阶段要避免女生发言的人次显著偏多的现象,应该给男生更多的鼓励和表达机会;中学要避免动手的活动往往由男生主导的现象,应该引导女生摆脱旁观或从属的角色。

比如"我们是多样的"这节专题课。最早上课的龙老师在教学反思中就这样写道:"教学过程的提问环节,我选取女生回答问题明显多于男生,没有考虑到小学高年级女生往往得到更多表现机会的实际,说明自己的社会性别意识还不够强。"其实,这样的反思本身就意味着性别敏感意识的增长,只要认真做好观察和反思,男生女生参与课堂活动不平衡的问题并不难解决。

课堂活动设计要有不同的性别视角,这倒是一个容易被忽略的问题。比如,一节职业高中的专题课"知性之旅",学习任务是"5.13 理解性健康与幸福的真谛,5.14 懂得采用安全性行为的保护措施"。该课创设了七个情景,每个情景都有一道选择题,通过讨论、讲解、视频分析、参与体验等课堂活动，学生从对每一次选择所导致的后果中，学习合理处理情感问题，思考与异性交往的尺度，学会保护自我，激发学生的责任心。这样看来，活动设计都是生动而合理的。但是，加入性别视角，问题就出来了，该课创设的活动情境，是一位中专女生在面临情感问题时所做出的选择以及该选择可能会导致的后果。每一次选择都是女生的选择，没男生什么事，男生角色的行为已有固定的脚本。所以，这节课只是女生的"知性之旅"，男生成了"路人甲"。

另外一节初中的专题课"悦纳性别气质"选用案例的主人公有男有女，参与案例讨论也是男女皆宜，这确保了男生女生共同参与课堂活动的基本条件。

除了男生个体与女生个体、男生群体与女生群体参与活动的机会要平等之外，还要打破性别隔离，尽可能多安排男女生合作完成某项活动，增加男生女生互动的机会。这不仅可以促进两性的人际关系、共同发展，其实对男生或女生的自我认知也是非常重要的。像小学中年级专题课"七巧多精彩"的"组合拼摆"，教师就要求分组时组内要既有男生也有女生。男生女生在合作拼摆的创作过程中频繁互动，使"欣赏不同性别者的创意表现"的学习任务能够更好地完成。

第二节　一体化上融合课

【困惑】专题课可能还不是最难上的，毕竟其他教育内容也有相应的专题课。感觉融合课要更难些，首先选择学科教学的哪些内容来融合就很费思量，更何况还要融到一起去呢！

我们首先要注意，上一节提到的专题课课堂活动的要求，同样适用于融合课。

比如，职业高中融合课（政治）"就业，你准备好了吗"，教师从某招聘网站选取本市26则招聘启事，让学生分析讨论："①你找到你喜欢的工作了吗？它需要什么技能与条件？②在招聘广告中找到适合你的工作。③男同学和女同学相比，谁的工作机会多些？"这样的课堂讨论活动，从真实的社会生活选取素材，是贴近实际的课堂活动。同时，讨论既涉及政治课中职业生涯规划的教学内容，又融入"5.5 分析职场中不同性别者的工作困境"的学习任务，在课堂活动中两者融为了一体。

小学高年级融合课（科学）"常用的工具"，一开始学生回答爸爸妈妈适合使用什么工具，就用了"性别平等"这个词。不过，学生理解的性别平等是，男性适合要求力气的工具，女性适合要求细心的工具。授课教师没有直接回应，而是设计开展了三项男女生分组比赛的课堂活动。其中一项比赛使用螺丝刀组装小板凳，男生组与女生组均在规定时间内完成任务，经听课老师检验都属合格产品，且女生组用时略少些。活动中，我问几位女生过去是否使用过螺丝刀，都说没有；但她们在动手组装的过程中，很快就初步掌握了使用方法，而且言语和神情中洋溢着兴奋和自信。打破了所谓男性更善于动手和使用机械类工具的性别刻板印象。只要给予同等学习实践机会，女生完全能做得与男生一样好。学生在活动中一举两得，不仅达到了科学课的教学要求，了解并学会使用常用的工具，还懂得劳动分工不应受到性别限制，也完成了性别平等教育的任务。

选择适当的融合点

关于性别平等教育融合课程的必要性和可行性在第三章的第二节已经做过阐述。但教师在选择适当的融合点开展融合课的教学时还是感到有一定困难。我们可以先试着做一下"尝试8.5"寻找融合点。

【尝试8.5】寻找融合点

下表左列是初中生物的学科教学内容，请在右列填入合适的可以与左列相融合的初中性别平等教育的学习任务。

学科课程教学内容	性别平等学习任务
7.1 人的生殖与发育：概述男性和女性生殖系统的结构和功能；描述受精与胚胎发育过程	
7.4 生物的遗传和变异：解释人的性别决定	
10.1 健康地度过青春期：描述青春期的发育特点，包括身体变化和生理变化；关注自己和同学的身心变化	
10.2 传染病和免疫：列举常见的寄生虫病、细菌性传染病（包括淋病）、病毒性传染病（包括艾滋病）	

融合不能是仅仅停留于形式的融合。比如有的音乐融合课，学唱一首歌，有几句男女声的配合，就认为融合了性别平等；还有的认为课堂教学中采用了小组合作学习，小组中有男生有女生就是融合。这种形式上的融合与教学内容关系不密切，如果这也算融合课，恐怕就没有什么不融合的课了。

因此，一定要善于选择适当的融合点。小学体育课中的"多人多足走"，融合"3.10 了解人人享有平等的权利，不因性别而受到限制"，因为后者属于"性别与政策法律"模块，平等权利与"多人多足"，总有点牛头不对马嘴的感觉。就不如小学高年级融合课"快乐的角力"那样，将体育中有竞争有合作的角力、斗牛，与"3.5 学习在性别互动中展现自我特色"融合在一起。职业高中政治课"求职的基本方法"，融合"5.6 制定生涯规划不受性别限制"，因为后者是规划选择，前者是求职应聘，有关系，但也有明显的先后之分，前言不搭后语。就不如职业高中融合课"就业，你准备好了吗"那样，使政治课既包含个人能力又包含与性别分工有关的"正确认识就业"，与"5.5 分析职场中不同性别者的工作困境"融合在一起。

初中融合课（生物）"人的性别遗传"，教材开头是这样的，"听说别人家添了个小宝宝，人们不禁要问'是男孩还是女孩'，可见新生儿的性别是人们普遍关注的问题。过去，受重男轻女思想的影响，不少人为生男孩到处烧香拜佛，求医问药；有的妇女因为生了女孩而备受责难。那么,生男生女到底是怎么回事呢?"教材练习最后一题则是关于非医学需要鉴定胎儿性别的问题。选择这节课融合性别平等教育,恰如其分,顺理成章。小学中年级融合课(美术)"我的劳动小围裙"中,教师敏锐地发现美术教材中的性别刻板印象,将其转化为设计劳动小围裙,并融合"了解家庭与学校中的分工不应受到性别限制"的性别平等学习任务。职业高中融合课(语文)"致橡树",将这首知名爱情诗的文本解读与"探讨如何突破婚姻中性别刻板模式"的学习任务融合在一起,都是选择适当融合点的成功范例。

关于"尝试8.5"选择哪些学习任务,有生物老师的意见如表8-1所示。

表8-1 生物学科教学内容的融合

学科课程教学内容	性别平等学习任务
7.1 人的生殖与发育:概述男性和女性生殖系统的结构和功能;描述受精与胚胎发育过程	4.4 接纳自己的性别气质 4.12 认识安全性行为并保护自己
7.4. 生物的遗传和变异:解释人的性别决定	4.3 辨析性别气质的刻板化对个人的影响 4.4 接纳自己的性别气质
10.1 健康地度过青春期:描述青春期的发育特点,包括身体变化和生理变化;关注自己和同学的身心变化	4.1 尊重两性青春期身心发展与差异 4.2 分析媒体对身体意像的表现
10.2 传染病和免疫:列举常见的寄生虫病、细菌性传染病(包括淋病)、病毒性传染病(包括艾滋病)	4.12 认识安全性行为并保护自己

选择适当的融合点需要不断校准,如同飞船与空间站的精密对接。高中融合课(语文)"玩偶之家",教师引导学生由性格冲突到性别冲突研读文本,既全面理解了《玩偶之家》的戏剧冲突,又深入反思了家庭社会存在的性别角色差异,实现了语文教育与性别平等教育的有机融合。

如果局限于个体分析事件和人物,性格冲突就可能简化为品格冲突,《玩偶之家》就可能被视为"渣男伤害淑女"的肥皂剧。引入社会性别的视角,关注到海尔茂和娜拉身上由社会文化构建出来的性别特征和差异,不难发现此剧还存在着强烈的"性别冲突"。海尔茂自认为是"爱妻子的好男人",在他看来,好男人就是应该将老婆看作自己的私有财产,看作自己的孩子。娜拉也突然发现,结婚八年,夫妻之间"从来没在正经事件上谈过一句正经话",自己得到的好只是被哄着玩,过去是父亲的"泥娃娃女儿",现在是海尔茂的"泥娃娃老婆"。突发事件让平静的家庭风波骤起,还因为事件引发了家庭性别角色差异的冲突。当海尔茂义正词严地说"你最神圣的责任是你对丈夫和儿女的责任",娜拉坚定地回应"我还有别的同样神圣的责任""我说的是我对自己的责任""首先我是一个人,跟你一样的一个人——至少我要学做一个人"。当然,性别冲突与性格冲突不是分离和对立的，海尔茂和娜拉的性格实质上是两个人不同的气质、成长背景和社会性别角色要求共同作用的结果。将性别冲突与性格冲突结合起来把握《玩偶之家》的戏剧冲突，可以让学生比较充分且自然地接受剧中传递的性别平等观念，也更深入而贴切地赏析了易卜生"社会问题剧"的艺术特色和价值。

教学目标合二为一

小学低年级融合课（音乐）"洋娃娃和小熊跳舞"，在音乐教材中属于"跳起舞来"这个单元，音乐教育的重点目标是：动唱结合，根据歌曲编创表演舞蹈。融入的性别平等学习任务是："1.4 学习与不同性别者平等互动"。融合之后的教学目标是："1. 用听唱法学唱歌曲，在互相聆听和模唱互动中熟悉旋律。2. 听、动、唱结合，用不同的动作学习并表现×× ×〇的节奏。3. 互相借鉴配合，学习用领唱、齐唱、独唱等多种形式演唱歌曲。4. 编创表演舞蹈，学会互相帮助、互相欣赏、互相协作。"自然地将两性平等互动与动唱结合、舞蹈创编有机地融合为一体，如同盐融入了水中，或是奶和茶融合成了奶茶。

小学高年级融合课"快乐的角力"的教学目标是："1. 进一步掌握与运用对抗、角力的方法与技巧。2. 发展学生的力量、协调、灵敏等身体素质。3. 培养学生敢于竞争、善于合作、顽强拼搏、尊重对手等优良品质。4. 鼓励男生女生积极参与，在性别互动中展现运动技能、身体素质的特色和个性品质。"快乐的角力中，有的体能好，有的技巧高；有的灵活，有的顽强；有的敢于竞争，有的善于合作，其中的个体差异远远大于性别差异。因此，本节体育课要提高的运动技能、身体素质、意志品质，都成为性别平等互动中要充分展现的自我特色，运动育人与性别平等真正融入"快乐的角力"中。

小学中年级融合课（美术）"我的劳动小围裙"的教学目标是："学习恰当地运用冷暖色，打破男性冷色、女性暖色的性别刻板印象；学会在设计中运用儿童劳动生活人物画，懂得学生在学校的劳动分工不应该受到性别限制；能够把握作品整体设计的和谐，了解劳动分工不受性别限制能让家庭更和美。"三组目标均是前半为美术教育目标，后半为性别平等教育目标，两者结合在一起，天衣无缝。

初中融合课（历史）"性别平等始于'足'下"，教师当初讨论时普遍感到难以把握融合课中历史教学与性别平等教育的分量。其实，把两者分开考量本身就是不对的。性别平等教育的学科融合课本来就是一枚硬币的两个面。这节课必须完成教材八年级上册第25课"经济和社会生活的变化"的教学目标，只不过选择劝禁缠足这个点来切入而已。了解中国近代劝禁缠足的历史，就是"认识历史进程中的性别文化变迁"，从文化反思层面进行性别平等教育。不同侧面有所侧重，但教育目标你中有我我中有你，完全可以融为一体。

教学环节一举两得

【尝试8.6】融合课的教学环节

下图是小学高年级融合课（美术）"我的劳动小围裙"（中山市实验小学蓝波湾学校杨君绮、王晓晶）的教学环节"做一做"，该课融合的性别平等学习任务是"3.4 了解家庭与学校中的分工不应受到性别限制"。请您评一评，这个教学环节能否实现一举两得呢？

我们再来看小学低年级融合课（音乐）"洋娃娃和小熊跳舞"的几个主要教学环节。一开始"谁当小熊的舞伴"的课前谈话，不仅打破了孩子心中洋娃娃一定是女性的性别刻板印象，而且结合展示著名男舞蹈家黄豆豆的雄健舞姿、学校获全国电视舞蹈大赛金奖作品《流动娃》中男生的精彩表现，激发了男生学习舞蹈的兴趣和信心。"边听边唱"环节，同座男女生互相倾听、提醒，初步学唱歌曲；也由倾听开始，初步尝试平等互动。"边动边唱"环节，同座男女生互相观察交流、帮助配合，掌握×× ×○的节奏，基本熟唱歌曲，配合简单动作；也通过肢体交流，进一步学习平等互动。"边唱边舞"环节，学生组成若干4～6人小组，男女生互相学习、互相欣赏、互相协作，创编排练舞蹈，巩固歌曲；使学生在表演任务的驱动下，全面深入地体验并学习平等互动。课堂上我们欣喜地看到：女孩主动帮男孩系上表演服装——披风上的长带子；男孩积极参与到集体舞蹈中去，并提出自己独特的舞蹈创意。每一个教学环节既有快乐的歌唱舞蹈，又有性别的平等互动，都是一举两得。

初中融合课（生物）"人的性别遗传"将生物教育与性别平等教育融为一体，最好的媒介就是"生命伦理"。生命伦理基于生命科学，规范生物技术的运用；生命伦理也引申出平等的生命权是性别平等的前提和基础。于是，生男生女由性染色体决定、我国的人口出生性别比为何偏高、这与生物技术有何关系、会带来什么社会问题等教学环节都达到一举两得的效果。

小学低年级融合课（语文）"大象的耳朵"，由动物耳朵可以竖起来也可以耷拉着，联系到要尊重不同性别者的个人特质，男孩可以刚也可以柔，女孩能插花也能打球。课后练习有一道题：结合生活实际，说说怎么理解"人家是人家，我是我"这句话。教师可以让孩子发现这句话说的是动物，更是人。说的是人的各个方面，这节课重点谈性别方面。单就一节课，难以听说读写字词句篇各项训练全都融合性别平等教育。"耷拉"这个词，与突破性别刻板印象关系密切，可以重点理解。有感情朗读，也可融入悦纳自己、尊重他人的情感。

初中融合课（历史）"性别平等始于'足'下"的教学环节"我是天足劝导员"也一举两得。教师创设情境帮助学生进入历史，他们在寻找劝导理由的过程中全面了解近代中国经济社会和思想观念的变化，对解放双足就是追求性别平等的认识也更加深切。女校学生和缠足少女两张图片年代先后的比较，看似闲笔，却扣住中国近代经济和社会变化存在不平衡的重要特点。这一历史教育的重要内容，对于性别平等教育同样关键。现在很多人认为性别已经很平等了，往往只是管中窥豹，忽略了区域、城乡、行业、阶层等多个方面的不平衡。

再回到"尝试8.6"中提到的"我的劳动小围裙"这节融合课。让学生突破性别分工的刻板模式——家务活是女性的专利，性别颜色的刻板模式——暖色一般也是女性的颜色。"做一做"的环节既进行了冷暖色区分的美术教育，又开展了家务活共同承担的性别平等教育，确实是一举两得。

第三节　走出去上实践课

【困惑】最难上的应该是实践课。虽然次数不多（每学年有一次即可），但要在学校、家庭和社会组织性别平等教育的实践活动非常不容易。学生有能力实践吗？家长支持吗？社会认同吗？太多不确定的因素了。

专题课与融合课，我们努力把性别生活引进课堂；实践课，我们要把性别生活本身就当作课堂。没错，与所有的综合实践活动一样，性别平等教育的实践课也充满了不确定性。不确定性是其难处，也是其魅力所在，因为难才好玩嘛。去跑跑越野赛，您会发现与绕圈赛相比，走出去的天地真宽广。看看小学实践课"性别视角看校园"，您会发现性别平等教育的天地真宽广。

放开眼光，放开手脚

从融合到综合，从课堂活动到课外实践，师生都放开眼光看、放开手脚干，性别平等教育的实践课呈现出更加生动和开放的面貌。

小学实践课"性别视角看校园"，针对的是"性别的共同发展"模块的学习任务"2.9发现校园中资源运用与分配的性别差异"。设计者希望学生通过调查、采访和报告，发现校园中资源运用与分配存在的性别差异，并提出意见和建议，加深对性别共同发展的理解，强化性别平等观念，培养行动能力。

学生分成7个小组，分别负责运动空间、绿色休闲空间、公共厕所、功能场室、社团培训、课堂教学、用餐情况的调查和报告。每一小组内部自荐落实每一项工作，从组长到组员，分工明确，在不同时段记录学生的活动情况，收集原始数据，然后在老师指导下，学习数据的处理与分析，撰写调查报告并在听证会上做现场汇报。有的小组运用柱形图呈现男女生在课堂上发言的差异，有的利用数字比例表达男女生参加社团活动的差异。有调查、有数据、有统计、有分析、有意见、有建议，学生在自主、合作、探究的实践活动中学习着性别平等。我们看看其中一个组的部分成果。

足球场。数据：9月25日下午4:30—5:30，男生30人，女生13人。分析：这是我们意料之中的结果。值得关注的是，13个女生几乎全部来自足球队，30个男生有一大半是高年级自己组织踢足球的。建议：学校可以多提倡女生参与到足球这项运动当中去，让踢足球不再是男生的"专利"。

篮球场。数据：9月22日下午4:30—5:30，男生22人，女生3人。分析：篮球场上女生非常少，有时甚至见不到，且高年级男生居多。建议：学校的篮球社团可以像足球队一样多招募些女生，同时向想打篮球的同学借出篮球。

调查结果表现出学生的观察细致，不仅统计男生、女生人数，还注意到人员本身的一些特点："高年级的""足球队的""自己组织的"，掌握的信息越多，分析就越深入，建议也就更到位了。

中山市西区初级中学雷静婷老师上的一节初中实践课"性别角色分工对个人的影响"，课前也让学生开展调查，下面是该实践课的课堂实录片段：

生4：经我组调查，男性27人，女性35人，共62人。男性31～40岁中所占比例最大，约占40%，已婚占80%，其中70%有孩子。在家庭职责中，大部分会修理电器，其次是"接送孩子上学"，无照顾老人，40%会辅导孩子的功课，做饭等其他职责占少部分，其中工人、商人、教师、公司职员占50%，大多数的个人收入在家庭总收入比重为40%～59%。女性的调查结果显示，18～40岁占80%，85%已婚有孩子。主要职责为"买菜、做饭、洗衣服、洗碗"的占90%，大多数为商人，个人收入在家庭总收入比重为40%～59%的占77%。对比显示，女性一般料理家务，男性则多接送、辅导教育孩子，整体分布不均匀。女性承担的家庭职责比较多，男性多是赚钱养家，这是出于人们的刻板印象。

师：第二组的报告非常详细。你们的数据显示传统型的较多还是性别平等型的较多呢？

生4：传统型的较多。

师：谢谢第二小组，现在请第三小组。

生5：我们组的数据与之前两组有一些不一样，女性承担的家务特别多，男性几乎不做；个人收入在家庭收入的占比中，还是女性高于男性，男性大多数是商人。

师：那你们分析认为这是传统型还是性别平等型？

生5：……

师：同学们感觉很模糊，分辨不清，那我们把问题留到稍后一起探讨。

> 【尝试8.7】实践课的"收"与"放"
> 　　结合上面提供的初中实践课"性别角色分工对个人的影响"课堂实录的小片段，请您分析一下这节实践课教师处理"收"与"放"的问题，有哪些可供借鉴之处。

　　教师指导实践课如何收放自如是个难题，但就目前教育的整体状况来看，我们教师普遍还是放得不够。小学实践课"性别视角看校园"展示实践活动成果，用听证会而不是汇报会的方式就是难得的"放"。听证会双方是基于事实平等对话，汇报会双方则有明显的地位高低之别。因此，我们看到听证会上学生毫不留情地指出问题，以主人翁的态度提出建议；教师的回应中有耐心的解释、虚心的接受、诚恳的希望，以及更多热情的鼓励。

　　"尝试8.7"中提到的初中实践课"性别角色分工对个人的影响"，调查的范围走出校门，进入家庭和社区，教师在这一点上是大胆敢放的。从两个小组的汇报来看，放的效果也是很明显的。不过，当第三组发现自己的数据与其他组不一样时，学生困惑了。产生困惑的直接原因似乎是调查问卷的设计，在"个人收入在家庭总收入的比重"一问中设计了"40%～59%"的选项，让调查的数据难以反映男性、女性谁赚钱多。其实，最关键的原因还是教师在内容上不太敢放。教师可能担心学生的调查统计走"偏"，在调查前就划定了性别分工的两种类型：传统型和性别平等型。展示课开始又再次强调，传统型是男主外，赚钱，女主内，持家；性别平等型是同质化，协商分工，互换、兼备。学生的调查有了固定的框框，不是细致地调查取样，客观地分析数据，谨慎地得出结论，而是先入为主，用数据去证明老师提出的观点而已。当数据与教师的框框不那么吻合时，学生便困惑了。教师不敢放手，学生也就放不开眼光和手脚，不敢独立思考判断，实践反而有些偏离学生自主、合作、探究的轨道，也影响了性别平等教育的效果。

　　性别平等教育既是价值观，也有方法论；男女平等，不仅天经地义，而且有理有据。学生在实践课中要用实证与逻辑理解性别平等。中山纪念中学张均华老师上的高中性别平等教育实践课"高中生学科性别刻板印象调查与发现"中，学生在教师的引导下，通过调查获得性别问题的发言权，基于科学分析打破男学理女学文的性别刻板印象，别具一格。讲事实，会分析，性别平等教育实践课使学生三观端正，思维明晰。

　　教师还要放开眼光，这样才能发现丰富的实践资源，寻找创新的实践形式。

　　中山市南朗镇，浓缩了香山文化的精髓，历史名人众多，有世纪伟人孙中山，有为共和革命捐躯第一人陆皓东，有工人运动领袖杨殷，有一代艺人阮玲玉，等等。南朗小学的陈敏华老师敏锐地注意到，了解这些本地男性和女性名人的人生轨迹和性别观念，正好可以完成"3.3 认识不同性别者的成就与贡献"的学习任务。于是他开发了"追寻南朗名人足迹 追求两性平等发展"的小学实践课。

中山市华侨中学德育处的徐璇主任负责学校学生社团的组织管理，对培养中学生的领导力颇有心得，她想到以学生社团为载体开发性别平等教育实践课程，并培养性别平等方面的学生领袖，以此来影响身边的同学，并且将学生组织起来参与性别平等的社会实践。徐主任发动高中学生成立了"性别平等协会"学生社团，支持帮助学生举办性别平等学生论坛。

在遵义追寻女红军的足迹，在武汉学习向警予的精神，在云南比较少数民族的性别习俗，在天津求索近代性别文化的变迁……各地中小学都可以从实际出发开发实践课程，呈现性别平等教育的丰富多彩。

做一个有用的项目

性别平等教育实践课程可以包括成果展示课，但又不只是一节课。就像修塔建桥一样，实践课是一个工程，一个项目。这个项目要有用，不成为花架子，首先就要有实践活动方案，组织学生充分展开实践。至于实践课，可以有活动前的指导课、活动中的讨论课、活动后的展示课等多种形式。

小学实践课"性别视角看校园"的实践活动方案就是具体的、可操作的。实践活动持续的时间将近三周，相关的培训也提前到位。

把实践课做成有用的项目，能够用以促学。用以促学，会有些意想不到的收获。实践课具有综合性，有些看起来偏离了性别平等教育，比如，在调查厕所的过程中，教师向学生介绍了学校的残疾人厕位；在"性别平等协会"的活动中，一位患口吃的男孩认真地说，大家都耐心地听着。这些虽然看似偏离了性别议题，却紧扣了平等的主题，可谓意料之外，情理之中。

把实践课做成有用的项目，更要学以致用。中山市实验小学在这次实践课结束后，不是鸣金收兵，而是乘胜追击，将实践的成果用到了实处。比如，参与调查的学生到不同年级、班级报告调查情况及向学校反馈，向学生播放听证会的视频，收集整理调查和听证会的素材，精心出版一期有关"性别平等实践活动"的板报，让更多学生受到影响。学校组织行政人员研究学生的调查情况，制定性别平等的校园资源优化措施，并知照全校教师，真正建设性别平等乐融融的校园生活。

在活动结束后，同学们纷纷表示收获很大，希望多开展这类活动。煜旻同学将参与这次活动看作"莫大的荣幸"，他写道："一开始我就在4:30—5:30这个时间段里调查，都只是在附近走走，并不会离得太远，就是要能及时调查男女同学的人数。还先思考再仔细协商对足球场和田径场的建议，总是把'建议'一栏写得满满的。"榆希同学这样总结自己的收获："一是我们发现了学校性别平等方面的不足之处，这是我们之前从未留意到的；二是培养了我们的团队合作、观察思考等能力。"她还写道，"看到自己的意见得到了校领导的肯定，我们都十分自豪！"

通过不断实践探索，初步形成了性别平等教育课程教学模式：针对性别问题，展开活动体验，依据课型特点，较好地解决了类似教育进课堂脱离学生生活实际、一味灌输等低效难题。① 特别是问题导向教学，针对并解决学生真实的性别问题，才不会"课上喊口号，课后都忘掉"。

一要针对学生的性别问题选择课题。小学中年级专题课"情绪我做主"，课题来自学生的性别问题，授课教师也负责学校心理健康教育，常常碰到小男生哭了被嘲笑为"娘娘腔"，小女生发脾气则被投诉是"暴力女"。这节课告诉孩子们男生可以哭，女生可以怒，适宜表达情绪，男女无不同。课结束的时候，男生女生都边唱边舞，放飞心情，听课者也放下了起初矛盾呈现时的担心，像孩子们一样轻松愉悦起来。

二要揭示现实的性别问题引发思考。课文《美丽的颜色》讲述居里夫妇发现镭的过程，学生读懂文章中科学家艰辛探索的精神并不难。初中融合课（语文）"美丽的颜色"中，教师提出这样的问题：在取得成就的过程中玛丽·居里付出的努力和她丈夫比是一样的吗？引导学生关注到由于性别不平等，女性追求成就的历程更为艰辛，要付出更大努力。这个问题不是外加的，就来自细读课文。比如，"我常常就在那里做我们的饭食，以便某种特别重要的工序不至于中断。有时候我整天用和我差不多一般高的铁条，搅动一大堆沸腾着的东西。到了晚上，简直是筋疲力尽。"自述的生动细节让我们看到，作为一位女性科学家，玛丽·居里不仅要承担传统的女性角色"家庭煮妇"，还要做"壮汉的工作"，"她独自一个人就是一个工厂"。虽然镭的发现是居里夫妇的共同成就，但很显然玛丽·居里付出的努力要远远大过她的丈夫，这也有大量史料充分证明。随之而来的问题是，如今的女性科学家追求成就还会面临玛丽·居里一样的遭遇吗？延伸拓展，引导学生了解性别平等的进步与局限，懂得当今女性科学家追求成就依然需要付出更大努力。最后一个问题，课题中"美丽的颜色"仅仅是指镭的颜色吗？理解从性别平等的意义上说，"美丽的颜色"是男女共同奋斗的颜色。引导学生于无疑处生疑，进而深读文本，深思性别平等，这节课让性别平等教育呈现出"美丽的颜色"。

三要紧扣疑难的性别问题深入讨论。高中生将先后面临考试科目、大学专业、未来职业的选择，现实生活中这些选择都受到性别的限制。高中专题课"当职业遇上性别"引导学生思考这个问题。职业选择与发展的性别限制是怎样造成的呢？教师通过"不同选择"的职业故事巧妙引入性别刻板印象的概念，帮助学生展开分析。在职业性别归类中引入一个"共享区"，学生将之前认为男性或女性擅长的职业一个个移到"共享区"并说明理由，有认同，有争辩，分析由此不断深入。两位男生分别将科研人员和律师这两种职业，从男性专属区移到了共享区，却这样说道："女性科研人员的细心，可能会让她们在化学这样的学科取得更好的成就。""律师这个职业既需要男性的武（决）断，也需要女性的细心和耐心，因为要查阅很多的资料和案卷。"学生的问题正是教育的良机，教师不断追问，将矛盾揭示出来，引发思考讨论。学生在辨析过程中逐步理解，不存在所谓男性优势女性优势，也没有所谓"专属"于某个性别的职业。如果从事某一项职业不擅长，只是个体差异，并非性别本身的不足。最后，几乎所有职业都进入共享区，男生擅长的职业唯独留下了搬运工，一位学生说"这是基于生理性

---

① 冯继有. 性别平等教育"中山模式"的构建［J］. 广东教育（综合版），2022（3）：61-62.

别"，另一位学生却说"也有女性搬运工的存在"，两种意见虽争持不下，但思考与成长还在继续。

不少人总以为中小学性别平等教育是没事找事，高中更是升学重地，闲事免生。这节课让人们看到，借助性别视角，会发现被忽略的成长问题；开展性别平等教育，能克服难解决的教育问题。山东师范大学心理学院杜秀芳教授认为这节课不仅对学生的未来成长意义重大，也为生涯规划教育开拓了思路。

扎实推进性别平等教育的三类课程，的确培养了中小学生性别平等观念和行动能力，同时我们更希望通过"举一反三""教学相长"，让教师的性别平等观念和行动能力也得到提高，让所有的课堂教学都能体现性别平等，让课堂上采摘的阳光，孕育出满园春色。

本 章 小 结

中小学性别平等教育三类课程的设计与教学，关键点就是动起来上专题课，一体化上融合课，走出去上实践课。专题课不能上成专题讲座，而应该开展准确定位、贴近实际、学生自主、男女协同的课堂活动，让学生通过体验来理解性别平等观念。融合课也得动起来，同时还要注意选择适当的融合点，努力实现教学目标合二为一，教学环节一举两得。专题课与融合课，我们努力把性别生活引进课堂；实践课，我们要把性别生活本身就当作课堂。要放开眼光放开手脚，把实践课做成一个项目，一个用以促学、学以致用的性别平等推进项目。所有性别平等教育课，都应针对并解决学生真实的性别问题。

深 度 探 究

1. 请结合自己的教学实践，说说如何根据学习任务，分解并制定一节性别平等教育课的教学目标。

2. 与几位志趣相投的老师一起，互相听课研究，探讨在性别平等教育课中促进男女生互动交流的方式方法。

3. 参考《大纲》又跳出《大纲》，敢于尝试，上一节有独特创意的性别平等教育课。

4. 在性别平等教育课后，组织学生反馈收获和困惑，然后整理成一本电子书。

第九章

种成桃李一园花
——建成性别平等的学校

第一节　性别平等教育纳入学校规划

【困惑】中小学性别平等教育的三类课程各有特色，可是承担相应课程的人员也各不相同。那如何保证三类课程之间的协调呢？比如，会不会某些学习任务三类课程都在做，某些学习任务没有课程做呢？

上面的担忧是很有道理的。有生活，就有性别；有教育，就有性别。性别平等教育不是教育系统某个独立运作的部分，而是像血液一样在整个教育中流淌的。"关于性别平等的教育"，不是几个老师的事；"体现性别平等的教育"，更是一个都不能少。《中国妇女发展纲要（2021—2030年）》要求"促进性别平等教育融入学校教学内容、校园文化、社团活动和社会实践活动"，不仅要上好性别平等教育课，还要建成性别平等的学校。这就需要将性别平等教育纳入学校教育的整体规划。下面以部分性别平等教育试点学校为例，介绍如何制定并实施性别平等教育的学期规划。

学期规划的主要内容

课程统筹、学校文化、支持系统、家庭社会，是一所学校学期规划的主要内容。

1. 课程统筹

课程统筹就是统筹安排好专题课程、融合课程和实践课程这三类课程。要统筹学习任务，使三类课程指向的学习任务与学期目标吻合。避免有些学习任务没有课去落实，而有些学习任务又有好几个课同时做。还要统筹好课程时间、相关人员和资源，保证三类课程时间分布均衡，人员分工适当，资源使用合理，比如保证场地使用不发生冲突等。

2. 学校文化

文化是一个大家都知道但谁也说不清的概念。学校文化的内涵同样十分丰富。要建设性别平等的学校文化，既不能无所作为，也不能眉毛胡子一把抓，这同样应该在学期规划中做出安排。本章第二节将具体探讨。

3. 支持系统

学校开展性别平等教育需要强有力的支持系统，要重点规划以下内容：教师培训，人力支持；教育资源，物力支持；教育科研，智力支持。这主要是学校内部的支持系统，本章第三节将具体探讨。

4. 家庭社会

中小学性别平等教育，说到底还是学校、家庭和社会三位一体的教育。本书主要介绍的是学校教育部分，从学校的视角看，家庭和社会其实就属于学校外部的支持系统。这方面十分重要，第十章将具体探讨。

学期规划不仅要做好课程统筹、学校文化、支持系统和家庭社会四个方面内部的协同，四个方面相互之间也要做好协调。比如：学校安排了某项性别平等教育的教师培训，是不是可以考虑将此次培训的资源也用于家长培训呢？这样不仅使培训资源得到充分利用，也能更好地促进性别平等教育中教师和家长的协调和沟通，减少系统冲突。

学期规划示例与分析

我们先看表 9-1 和表 9-2 所示的两所学校做的学期规划。

表 9-1　中山市华侨中学性别平等教育学期规划

学期：2014—2015 学年上学期　　　　　年级：高一

项目	内容	设计者	实施者	评价
学期目标	学校成立性别平等教育工作小组；完成学习任务 5.5、5.7、5.10、5.15、5.18、5.19	徐璇	德育处	
专题课程	突破性别限制，规划精彩人生	陈晓新	陈晓新	
	性健康、性安全幸福路	刘雪华	刘雪华	
	情感表达与沟通小技巧	张环	张环	
融合课程	由性别决定的遗传基因看自己的性别特点（生物）	李聪	李聪	
	辨析男女性别在社会文化中的角色差异（历史）	廖蓉	廖蓉	
	法律赋予我们的性别权益（政治）	黄建瑜	黄建瑜	
	婚姻家庭中性别角色的文学形象分析（语文）	徐艳波	徐艳波	
实践课程	举办"性别平等文化展示月"活动，包括主题漫画大赛和读书征文比赛，组建"社会性别"探究学习社团	杨健	德育处 团委	
教师培训	组织全级班主任参加"社会性别与性别平等"讲座培训，组织学科教师开展性别平等教育融合课程的研讨	德育处	徐璇	
教育资源	购买性别平等教育的书籍资料，收集以学生视角探究学习的课题资源，争取市妇联、市教研室及有关专家的支持与指导	德育处 总务处	德育处	
学校文化	构建学校性别平等教育的文化标识，组织性别平等教育标志设计比赛；制作一期性别平等教育的宣传板报；调研师资队伍中性别不平等的状况	德育处	总务处 办公室	

续表

项 目	内 容	设计者	实施者	评价
家庭社会协同	面向全级家长开展一次性别平等教育专题讲座，派发有关宣传资料；成立家长工作坊，宣传性别平等教育有关知识和理念；开展一次以"性别平等教育"为主题的社区活动	德育处	东明社区 德育处 团委	
科研引领	做好省德育重点课题"普通高中男生发展困境研究"第一阶段的研究工作，探索编写性别平等教育教材	陈建春	陈建春	

表9-2 中山市实验小学性别平等教育学期规划

学期：2014—2015学年上学期　　　　年级：低年段

项 目	内 容	设计者	实施者	评价
学期目标	学校成立性别平等教育工作小组；完成学习任务1.1，1.2，1.3，1.4，1.5，1.6	黄艳冰	德育处	
专题课程	我是男生 我是女生1.1	黄艳冰	黄艳冰	
	爱好万花筒1.3	黄艳冰	黄艳冰	
	身体小秘密1.6	黄艳冰	黄艳冰	
融合课程	美术：小泥人和泥面具1.1	李衍	李衍	
	美术：我的玩具伙伴1.3	李靖	李靖	
	音乐：洋娃娃和小熊跳舞1.4	梁妮莎	梁妮莎	
	音乐：过新年1.5	梁妮莎	梁妮莎	
	体育：跳绳1.2	刘小宏	刘小宏	
	体育：跑步1.6	赵颖红	赵颖红	
实践课程	"男孩女孩才艺秀"社团嘉年华，"男生女生多姿彩"团康辅导	刘秀银	德育处心理科组社工	
教师培训	组织性别平等教育骨干教师到其他学校考察，学习性别平等教育实践课程开发的有关知识	德育处	陈淑群	
教育资源	建立性别平等教育课程资源库，收集适合低年级小学生阅读的性别平等教育的绘本以及视频资料	德育处 总务处	德育处	
学校文化	利用学校LED屏幕播放性别平等教育宣传语；利用周五午读课收看性别平等教育宣传片；各班设计性别平等教育宣传板报等，关注大课间游戏的性别融合	德育处	总务处 办公室 德育处	

续表

项　目	内　容	设计者	实施者	评价
家庭社会协同	面向家长开展一次"性别平等教育家庭总动员"专题讲座，开展现代（或和美）家庭公约征集	德育处	德育处个案跟进小组	
科研引领	以开展性别平等教育为切入点，调整、充实市心理健康教育重点课题"学校学生幸福感课题研究"，讨论编写性别平等学生阅读绘本的方案	何利	心理健康科组	

高中的学期规划以年级为单位，小学则以年段为单位，从学校规模和学习任务等方面考虑，以这样的单位制定学期规划是比较合适的。当然，教师培训、支持系统和家庭社会等方面最好有学校层面的整体规划，年级和年段再根据自身实际加以规划。

以上两个学期规划都有明确的学期目标，学习任务的数量安排也是合理的。小学的融合课程分别有音、体、美三个学科，可能考虑到是起步阶段，所以分学科推进。如果正常开展性别平等教育，不应忽略了语文、数学、英语等学科。

整体来看，两个规划的安排还是有点偏多、偏满，或许是由于两校均为性别平等教育工作的试点学校，且处于推进初期，牵涉的事情比较多。一般情况下，性别平等教育也要张弛有度，毕竟细水方能长流。

长远来看，性别平等教育应逐步常态化，那时就无须单独制定性别平等教育的学期规划，而是在学校的学期工作计划中纳入性别平等教育。比如，学校的德育处安排性别平等教育的社团活动和社会实践活动，教务处要关注性别平等教育融入学校教学的内容，总务处要考虑学校资源配置是否体现了性别平等。学校制定实施中长期发展规划，也应该增加性别平等教育的视角。

第二节　建设性别平等的学校文化

【困惑】文化是个筐，什么都往里装。校园就只有这么大，搞这个文化、那个文化，现在又来搞性别平等文化，哪有那么多时间、精力，地方也不够啊！

学校文化的概念见仁见智，其特征主要有以下几点：属于亚文化，既反映大社会的文化，又有其独特性；是一种组织文化，冲突与整合并存，积极与消极兼备；可塑性强，能够有意识地引导其发展方向。① 张民选先生认为，"学校文化是一种内隐的、深层的但又是弥漫在整个学校全部生活时空中的一种无形的力量，这种力量决定着学校教育改革发展的成败"②。从某种意义上说，中小学性别平等教育的直接目标，就是中小学真正建立起性别平等的学校文化。当然，学校文化的概念复杂、内涵丰富，要避免将

---

① 杨全印，孙稼麟. 学校文化研究——对一所中学的学校文化透视［M］. 北京：教育科学出版社，2005.
② 张民选. 学校文化的使命和任务［J］. 教育参考，2005（4）：6-9.

性别平等学校文化的建设简单化、庸俗化。

学校文化的核心部分——精神文化，是无法直接建设的，而只能有赖于各种文化载体的建设，并最终体现于学校师生的言谈举止、气质风度上。下面，我们从操作性出发，分环境文化、制度文化、课程文化和活动文化四个方面，探讨性别平等学校文化的建设。

> 【尝试9.1】身边的性别平等
>
> 下面提到的五个方面，您注意到了吗？发现问题了吗？
> 1. 注意办公室、走廊、布告栏等处所张贴的图案或资料有没有偏颇的性别观念。
> 2. 注意操场、球场等学生使用频繁的场合，是否为男生独占，是否需要重新制定规则。
> 3. 老师所使用的语言、态度及对学生的期待，有没有性别刻板印象？
> 4. 老师对于作业的批阅以及评价方式的选择有没有性别平等意识？
> 5. 学校人员安排不涉及生理性别时，是否符合性别平等的要求？

性别平等的学校环境文化

宣传性别平等的主题文化是必要的，尤其在当今性别平等观念还不够普及且存在很多误区的情况下。但这些主题文化的理念一定要正确、鲜明，形式要新颖、美观。误导学生，强化性别刻板印象，或形式呆板，让人望而生厌，只会适得其反。还要注意考虑学生的年龄特点，特别对于低年级的小学生，应该以图片为主；即使是面向中学生，也要言简意赅、生动形象，可以多运用与其生活密切相关的实例以及社会热点，引起兴趣。除了张贴相关部门印制的宣传海报，还可以组织学生自己制作性别平等教育的海报、班级墙报、板报、手抄报等。

中山市沙溪镇虎遜小学办的"男女平等 美好生活"亲子照片展（图9-1）特别有意思。学校安排学生与家长一起挑选能体现性别平等的亲子照片，带到学校展出。照片有奶爸给还是小娃娃的学生洗澡，有技术熟练的"女司机"妈妈在开车，还有家人一起做家务，等等。这些照片朴实又亲切，在亲子互动中，学生接受了身边生动的性别平等教育。

图9-1 "男女平等 美好生活"亲子照片展

当然，主题文化宣传只是学校环境文化的一部分，建设性别平等的学校环境文化，更重要的部分应该是"尝试9.1"中提到的"注意办公室、走廊、布告栏等处所张贴的图案或资料有没有偏颇的性别观念。注意操场、球场等学生使用频繁的场合，是否为男生独占，是否需要重新制定规则"。这些工作不是大张旗鼓，而是润物无声，需要敏锐的社会性别意识和细致入微、持之以恒的努力。

比如，在科学探究室、理化生实验室，常常会有科学家的介绍，其中女科学家的比例占了多少，比例太少就应该增加。在舞蹈室布置的表演照，有多少男舞蹈演员的身影，如果太少，也应该增加。在运动场馆，男女体育明星的比例也应该均衡。篮球场如果有多个，可以考虑适当设置女生优先使用场地。要通过这些设置突破性别角色的刻板化，营造性别平等的学校环境文化。

性别平等的学校制度文化

某中学的饭堂门口贴了一张学校新一届学生会和团委会的组成人员名单，一眼扫过去，根据姓名推测，就看出男生屈指可数。看了名单的老师和学生也都惊呼"阴盛阳衰"。

像这种学生干部以女生为主的情况的确在很多学校存在，不过且慢说"阴盛阳衰"。学生干部虽有一定的权威性（面对同学），但在学校制度文化中，学生干部的角色定位毕竟是教师的好助手；而助手，正是传统性别角色对女性的定位，比如"贤内助"。所以，学生干部中的性别比例失衡，只是父权中心的传统文化在新形势下的"变式"，将对男女生的不公平杂糅在一起，依然不是性别平等。

学校制度文化，如果单看文本制度，一般都能性别平等，但在那些不成文的规矩、做法、习惯等一些现实的制度文化中，性别不平等就处处可见。像学生干部就应该有关于男生女生的比例的规定，更重要的是，让不那么顺从（传统意义的女性角色）的学生有机会成为学生干部。

性别比例是制度层面的问题，但不能简单地算数。比如：一位某城市小学的校长说，我们学校男女很平等，学校行政人员基本上男女各半。但是，再问问学校男女教师的比例，得到的回答是1∶8，这样看来，男教师成为学校行政的概率比女教师要高得多。

传统教师身份的默认设置是具有权威的男性，传统的学校制度文化也是父权制的，重权威的。建设性别平等的学校制度文化，不仅要重视男女比例的问题，更重要的是宽严相济，尊重、关心每一个人，尤其是较弱的人。

学校要特别重视建立健全预防校园性侵害和性别欺凌的制度，对教师进行反性侵害的专项培训。反性侵害的教师培训，对极少数教师败类当然有震慑、劝诫作用，但培训主要目的并不在此，而是要让广大教师能够学会有效防控并正确处置对未成年人的性侵害。研究发现，师源性侵害作案时间多发生在学校日常教育教学活动中，而且很多侵害行为是在教室课堂上发生的，占85%。这自然会有蛛丝马迹，但学校安全制度不健全，教师反性侵害意识不敏锐，往往错失尽早发现、亡羊补牢的时机。更有一些教师、校长、教育行政部门负责人，认为"家丑不可外扬，淡化处理""虽有悖师德，但情节轻微""老师只是与学生有动手动脚行为，并不太严重"等。一些案件中学校还直接作为中间人努力促成"私了"。有一起案件，10岁女孩被小学老师多次猥亵，老师被警方控制后，学校居然将该老师保释出来，后续不仅没给任何处分，反而继续让其走上讲台"为人师表"。这完全是姑息养奸。

《中华人民共和国民法典》第一千一百九十九条规定："无民事行为能力人在幼儿园、学校或者其他教育机构学习、生活期间受到人身损害的，幼儿园、学校或者其他教育机构应当承担侵权责任；但是，能够证明尽到教育、管理职责的，不承担侵权责任。"学校对教职员工进行反性侵害的专项培训，实际上就是在"尽教育、管理的职责"。

如果尽到预防的职责，学校还是发生了性侵害未成年人的案件，同样需要有明确的制度，指引教师具体怎样协助受害学生保存证据，给予其心理抚慰，配合司法机构调查取证，联络监护人，对其他学生进行教育疏导，通报教育行政部门，接受媒体采访，等等。这样才能避免对受害学生造成二次伤害，并让侵害人受到法律惩处。

2007年在我国西部一些地区试行的《中国爱生学校标准》，结合中国国情，吸收国际社会的有益经验，提出"全纳与平等"校园建设核心理念，把"平等"解释为"关注男女儿童平等的入学机会和发展，营造无歧视的、尊重学生多样性和差异的学校环境"。我们的学校也可以参考这一标准，检视学校可能存在的性别歧视问题，建设性别平等的学校制度文化。①

下面的《中山市中小学性别平等促进学校基本标准（讨论稿）》，是性别平等学校建设规范化、制度化的尝试，供大家参考。

中山市中小学性别平等促进学校基本标准（讨论稿）

一、机制

1. 学校成立性别平等教育工作小组，校长担任组长，性别平等教育工作小组成员中女性不少于一半。
2. 学校制订推进性别平等教育的学年（或学期）工作计划，性别平等教育工作小组每学期至少召开一次会议。
3. 性别平等教育经费列入学校经费预算，并得到有效使用。
4. 学校年度考核、职级评定等小组成员，任一性别的比例均不低于三分之一。
5. 学校的招生，教职员工招聘、奖惩、福利待遇等没有性别歧视。
6. 学校教职员工校本培训，特别是新入职教职员工培训，列入性别平等课程。
7. 学校鼓励并引导教师进行性别平等教育方面的反思，开展相关的课题研究。
8. 全体教职工都知晓男女平等是我国一项基本国策，懂得性别包含了生理性别和社会性别。

二、教学

1. 学校按《中山市中小学性别平等教育指导大纲（试行)》的要求，开设了性别

---

① 郑新蓉. 营造无性别歧视的学校教育［J］. 中小学校长，2009（1）: 24-26.

平等教育的专题课程、融合课程和实践课程，教学效果良好。

2. 学校收集、购置并整理了性别平等教育教学的相关资源。

3. 学校按照性别平等的原则，选用、审查和调整教材，编写校本教材。

4. 教师能够指出教学材料中存在明显性别偏见的内容并避免学生受到影响。

5. 教师在教学中对男女学生提出同样的期待和要求，向男女学生提供同样的学习活动和任务。

6. 教师同样关注课堂中男女学生活动和表现，在提问、反馈问题时对男女学生一视同仁。

7. 教师在作业批阅、考试评价中具有性别平等意识。

8. 在学生兴趣爱好、学业选择与生涯规划的引导方面，学校和教师能突破传统性别观念的影响。

三、环境

1. 学校定期检查并改进校园环境，包括设施设备，使之符合性别平等的原则。

2. 学校的布告栏、宣传栏及其他文化设施所展示的内容，没有性别偏见。

3. 学校每学年都举办预防校园性骚扰与性侵害的宣传教育活动。

4. 学校安排的各项活动，包括社团活动，能够打破性别隔离，引导性别互动。

5. 男女生在班级和学校事务管理上负有同等的责任，享有同等的机会。

6. 学生能够敏感地识别带有性别偏见和歧视的话语。

7. 学校能借助社会资源开展性别平等教育，并对社会的性别平等发挥积极影响。

8. 学校帮助学生家长增强性别平等观念，与家长互相配合开展性别平等教育，引导家长在家庭教育中体现性别平等。

性别平等的学校课程文化

学校不仅要开设好性别平等教育的专题课程、融合课程和实践课程，还要将性别平等原则不断渗透到每一位教师的每一节课中，努力让每门课程的内容和教材都符合性别平等理念和原则，让每位教师的教学态度、语言和行为都没有性别歧视。

学校要依据性别平等原则选用、审查和调整教材，尤其是编写校本教材时，不能存在性别偏见和歧视。教师也要提高性别敏感意识，及时发现教学材料中存在性别偏见的内容，并妥善加以处理，避免给学生带来消极影响。

比如，以前的苏教版小学语文教材六年级上册，有一篇课文是《一本男孩子必读的书》。从题目到整个故事都是要告诉孩子，《鲁滨逊漂流记》是"一本男孩子必读的书"。课文中的书是爷爷传给爸爸，爸爸传给"我"；"等我有了儿子，我就把这本书再传给他"。这本书仿佛是传统社会的祖传绝技，传男不传女。女孩也似乎不必读《鲁滨逊漂流记》，也不能"成为一个像鲁滨逊那样的人，一个探索者、一个发明家、一个善于创造性劳动的人"。这样的课文就不宜选入教材。

某出版社出版的数学教辅书，分了蓝版、红版，并宣称"男生用蓝版，女生用红版"。该出版社公众号文章的大标题还用了一位家长的话，"我女儿数学不错，就选男生版吧"。显然是觉得男性更擅长数学，女性只是特例，这实际上是迎合并强化社会普遍存在的性别刻板印象。

教材应该改，教师教法也可以改。统编版《语文》八年级上册《〈孟子〉三章》一课，有《富贵不能淫》一篇，出自《孟子·滕文公章句下》的第二章，其中"妾妇之道"显然是歧视女性。古人的思想当然会有时代局限，孟子歧视女性不等于教材宣扬歧视女性。语文老师倒是可以利用教材课文上一节性别平等教育的融合课。一方面，结合理解孟子的"妾妇之道"，帮助学生了解出嫁从夫、"以顺为正"的传统性别文化对女性的压迫；另一方面，引导学生突破性别刻板印象，进而认识到如今的女性同样可以成为孟子认为的"大丈夫"。所谓丈夫气概，应当是不分性别的民族精神。

"新冠肺炎疫情蔓延期间，各社区都积极开展自主防控工作，保障居民在居家隔离时的正常生活。社工们每天都要完成以下任务：小区入口检测体温，查看行程记录；前往药店、超市分拣所需物品；上门派送物资；宣传疫情防控情况……如果你是社工组长，你会让男女生各承担什么任务？你这样安排的理由是什么？"上面的探究思考题，来自一节初中道德与法治课，教学内容是七年级下册第一单元第二课的第一节"男生女生"。教师给出的参考答案是，安排工作要考虑男生和女生各自的优势，并认为"男生优势：力量大，个子高，动作快……女生优势：细心周到，爱干净……"，这不就是性别刻板印象吗？按这样的思路，在家照顾孩子以女性为主、招聘警察男生优先之类的性别偏见和歧视就都顺理成章了。课件中还这样总结男女各有所长：男生喜欢篮球、足球，女生喜欢舞蹈、体操；男生爱玩电脑，女生爱看言情小说；男生勇敢果断，女生害羞胆怯；男生逻辑思维能力强，女生形象思维能力强；男生善于综合喜欢理科，女生善于分析喜欢文科，等等。这节道德与法治课上性别观念的错误，表现在教学，源头是教材。教材的编写者缺乏社会性别意识，在发挥性别优势与突破性别刻板印象之间摇摇摆摆。如果教师具有社会性别意识，用心观察，独立思考，不被教材框住自己的头脑，就会发现防控疫情，众志成城，各种工作不分男女，所有灵魂不分性别。

教师在教学目标设定、活动设计、师生互动和考试评价等方面要对男女生一视同仁，避免出现性别偏见和歧视。另外，教师还要打破性别刻板印象，鼓励学生张扬个性，全面发展。

课堂上很多的性别问题总在不经意之间产生。一位女生站起来大声问上课的女教师多少岁。"好尴尬哦，女性的年龄可是个秘密呀，你知道吗？"老师很和气地回应。女生轻轻摇头。"我知道，"一旁的男生抢着答道，"女人不告诉别人自己的年龄是害怕变老。"大家都笑了。教师弯下身子对女生耳语了几句，然后告诉同学们，"哦，这位同学是觉得我年轻漂亮，但又不太相信，所以想证实一下。"尴尬似乎化解了，性别问题却来了。年龄只是女性的秘密吗？女人就害怕衰老、就特别看重年轻漂亮吗？这或许是社会比较普遍的性别观念，但教师在课堂上是应该迎合、强化，还是应该辨析、纠正呢？年龄属于个人隐私，不论男女，一般情况下不应该问，公开场合问尤其不妥，甚至还可能有年龄歧视之嫌。男女都同样要面临衰老的问题及忧虑。认为女性看容颜，易衰老；男性重才华，抗衰老，是典型的性别偏见。今天不纠正这些性别偏见，"男人四十一枝花,女人四十豆腐渣"的说法或许就会出现在明天的课堂上。到那时,尴尬和问题恐怕就更难化解了吧。

教师还要注意作业与试题中可能隐含的性别不平等。有这样一道小学数学试题:"妈妈的工资是5600元,爸爸的工资是妈妈的1.5倍,请问,爸爸的工资是多少?"就某个家庭而言,爸爸的工资是妈妈的1.5倍,是可能出现的情境;但一个社会男性收入明显高于女性收入,就是性别不平等。这道数学题中妈妈工资仅为爸爸工资的66.67%,一定程度上反映了男女收入的现实差距。

对于性别不平等现象,没有态度就不是性别平等的态度,更不是性别平等教育的态度。小学是性别平等观念形成的重要阶段,教育内容中仅仅客观反映性别不平等现象,容易造成误导。小学生很可能会自然而然地以为男性收入高于女性收入是正常的、天经地义的,假如试题中不断客观呈现类似的"性别差异":爸爸的工资是妈妈的1.5倍,妈妈裙子的价钱是爸爸夹克的1.5倍,小强提水的重量是小娟的1.5倍,小娟编织的速度是小强的1.5倍,就会不断强化学生的性别刻板印象,引发性别偏见和歧视。

教师要避免自己的教学语言传播性别偏见。研究发现,人类几乎所有语言都长期普遍存在性别偏见。在英语中"man"(男人)可以指所有人,而"woman"只是指女人。用"mankind"表示"人类",确实从词源上可追溯到性别的不平等。再看看我们的汉字。"女"字的古字形像是一个跪着的人,双手温顺地放在胸前,意为跪着听话的人是"女人"。"妇"字在古代是跪着扫地的女性形象。

尽管如此,教师应禁用"娘娘腔""娘炮""男人婆"等明显带有性别歧视的词语,还应努力使用更具性别包容性的语言(gender-inclusive language),可以参考联合国制定的《性别包容性语言指南》。"使用非歧视性语言;根据沟通需要,可以表明被指称对象的性别;如不需要,不要强调被指称对象的性别"[①],该指南的三个策略教师不妨试试。

沟通中需要表达性别信息,例如"无论女童或男童,都有权获得平等的教育机会。"这句话表达性别信息,是基于世界范围内女童尚未获得平等教育机会的现实差异,是为了强调促进女童教育的沟通需要。沟通中不需要表达性别信息,例如"每位教授都应派(其)助手参加会议。"这句话不用男性人称代词"他",或换用中性人称代词"其",可避免强化"教授都是男性"的性别刻板印象。使用非歧视性语言,例如用"众所周知"代替"妇孺皆知"。在女性足不出户、少受教育的过去,"妇孺皆知"或许能很好地表达"众所周知"的含义,但如今女性积极投身社会,同样接受教育,这个词就显得很不合时宜了。

歧视性语言如何判别呢?"转换性别"是个简单有效的办法,即将句中的男性改为女性或女性改为男性,看看是否会改变句子含义,是否会让表述变得奇怪。例如,人们经常将"女强人"当作褒义词在用,我们不妨换换性别试一试。"男强人",听起来就很奇怪了吧。

---

① 参见性别包容性语言指南(中文),https://www.un.org/zh/gender-inclusive-language/guidelines.shtml。

性别平等的学校活动文化

某小学正在举行班级足球比赛。学校为推进校园足球做了大量工作，现在是班班有球队，级级有比赛。踢足球的女孩少，班级足球比赛只有男生参加，也不能冷落了女生，学校组织各班女生成立啦啦队。男生比踢球，女生比啦啦操；男生是足球队员，女生是足球宝贝。气氛活跃，男女平等，多好。

这是很多学校活动文化的常态，教师、家长甚至学生自己都觉得，男生女生各得其所。然而，将男生女生根据性别设置不同的活动并非真正的性别平等。突破活动中普遍存在的性别隔离，是建设性别平等的学校活动文化需要重点做的工作。

2015年女足世界杯在加拿大成功举办。有媒体报道称，这是因为东道主的用心以及女足在西方国家的高参与度。加拿大有一条体育性别公平法案很有意思，它要求如果在男子体育项目上花了一元，那么也必须在女子体育项目上花费对应的数额。美国也规定，大学男女运动队的数量要相等，组织了一支男子橄榄球队，也要为女生组织一支运动队，虽然不一定要同样是橄榄球。而美国大多数学校都会选择女子足球队，这也是美国女足运动人才不断涌现的原因。[①]

据了解，上面说的那所小学有一位女生也参加了班级足球赛，与男孩子一起踢。学校和老师真要好好表扬和鼓励这位勇敢的女生。中国女足重现辉煌，或许有赖校园女子足球的蓬勃开展；而建立性别平等的学校活动文化，不仅能发展女足，更重要的是促进两性不受限制地共同发展。

某中学评选"十佳女生""十佳男生"。十佳女生标准："一心，二好，三美，四自"，即"有爱心；性格好、心态好；知性美、心灵美、仪态美；自尊、自信、自立、自强"。十佳男生标准："一心，二志，三信，四好"，即"有责任心；有志趣、志气；有自信、威信、诚信；品质好、心态好、形象好、学识好"。

一比较就会发现，十佳女生和十佳男生的评选标准存在明显的性别刻板印象，描绘的依然是不平等性别文化构建出来的"好女人"和"好男人"。这样的"好女人"，性别角色是向内的，性别气质是柔性的；这样的"好男人"，性别角色是向外的，性别气质是刚性的。同样一颗心，女生是"爱心"，依然要求女性温柔善良，承担"照顾者"的角色；男生是"责任心"，还是要求男性顶天立地，承担"顶梁柱"的角色。不同的评比标准虽然看来都是正面的，却必然给青少年学生的全面发展、健康成长带来诸多性别限制。让女生收敛壮志，让男生隐藏温情。

另一所中学开展"现代君子淑女"评选，一位女生坚决不参选"淑女"，执意加入"君子"的竞争行列。这位女生很要强，成绩很好，其他方面的表现也很优秀，如果参评淑女，无论是班级、年级还是校级的"十大现代淑女"都没问题，但同学们觉得男孩才能评君子，都不投票给她。她表示自己在小学课堂接触过性别平等教育，对性别刻板印象有一定了解，不认同男刚女柔、男强女弱。这位想当"君子"的女生，让学校

---

① 加拿大体育性别平等法案值得借鉴 女足该分一杯羹 [N]. 扬子晚报，2015-06-12.

活动文化中的性别不平等暴露了出来。评选"现代君子淑女"其实是受性别刻板印象支配的教育活动,"儒雅正直,君子气度;美丽端庄,淑女风范"的口号,就与性别平等教育相悖。

某中职学校有两位女生参加了"广东省汽车运用与维修专业技能竞赛"汽车发动机拆装项目的比赛(图9-2)。作为唯一的女生组,她们获得了二等奖第一名的好成绩。当初有人劝她们说,"这又脏又累还苦,都是男孩子干的,即使参加也很难比得过男生啊。"但浓厚的兴趣让两个执着的女孩坚持报名参加,并且投入训练到了忘我的境界。常常是最先到达训练室,最后离开。拆装汽车发动机需要一定的力量和速度,教练安排了体能训练。两人不仅向男生的训练标准看齐,还加大了强度。有一次做哑铃训练,她俩虽磨破了双手,还是坚持完成,最后居然超过了男生。

图9-2 女生与男生同场竞技汽车运用与维修技能

这两位与男生同场竞技汽车运用与维修技能的女生,就是我们身边的性别平等榜样。我们的学校文化应大力宣传这样的榜样,建设性别平等的活动文化,鼓励更多孩子勇敢地冲破专业和职业的性别隔离,打破体能与技能方面的性别刻板印象,实现自身的充分发展。

第三节 构筑性别平等教育的支持系统

【困惑】接触性别平等教育,逐步有了一定的了解,还是挺认同的。但准备上好一节课的时候却发现,好的、合适的资源太少了;另外,虽然现在面向教师的培训很多,但关于性别平等教育这方面的培训却很少,看书也找不到合适的书。感觉不太给力。

学校内部的性别平等教育的支持系统主要包括教师培训、教育资源和教育科研。这套支持系统马力不足,难以提供有力的支撑是我们共同的感觉,这正是笔者编写本书的原因,也意味着今后在构筑性别平等教育的支持系统方面应有更大的投入。

教师培训

> 【尝试 9.2】性别平等教育课的语言要求
>
> 下面是教师在开展性别平等教育的时候使用的语言,您觉得有没有问题?有问题的话应该怎么改?
> 1. 家庭破碎产生很多问题家庭,问题家庭产生很多问题孩子。
> 2. 男孩子有那种反应就显得不太正常了,正常的男孩子应该是这样的。
> 3. 你们知道身体意像吗?身体意像就是个体对自己身体相貌、体格、体能等的认知和评价。
> 4. 青春期男孩子在晚上睡觉时阴茎会出现勃起的现象。
> 5. 男孩女孩各有优劣,大家要互相学习,取长补短。

教师培训的主要内容包括培养教师的一种意识(或观念)、两种能力,即性别意识(或性别平等意识),以及社会性别分析能力和性别平等教育能力。

性别意识,是一种从性别的角度,观察和认识社会政治、文化、经济和环境,并对其进行性别分析和性别规划,以实现社会性别平等的观念和方法。[①] 性别意识有两个分析解决问题的基本出发点,那就是从社会性别出发,从基本人权出发,两者殊途同归。

社会性别分析能力,是用社会性别的方法和工具分析社会现象与问题的能力。自然也包括对教育现象和问题的分析能力,对于教师而言,实际上还是一种用社会性别的方法和工具自我审视的能力。

性别平等教育能力包括两个方面,既要能够培养学生性别平等的观念和行动能力,又要能够改进自身的教育教学行为,使之合乎性别平等的基本理念。

"尝试 9.2"所列出的这些教师语言就可以从不同角度反映出教师应该提高的一种意识、两种能力。语言 1 不应将离异贬称为家庭破碎,对离异家庭的看法也是社会渲染的负面刻板印象;语言 2 中的"正常"和"不正常"的说法也是要避免的;语言 5 中各有优劣的"客观"说法背后还是性别刻板化作怪。这三句反映出教师的性别意识存在缺陷,社会性别分析能力也有明显不足。性别意识有社会性别和基本人权两个出发点,教师性别意识的缺陷其实也体现了基本人权观念的缺失。从尊重人的基本权利的角度,也能发现"正常"和"不正常"后面的话语霸权。语言 3 是用解释名词的方式来帮助学生理解概念,不该学术时太学术;语言 4 则用专业术语化解性话题的尴尬,该学术时就学术。这两句可以看出教师在性别平等教育能力上的差异。

关于教师培训的方法,专家讲座、现场指导当然有一定效果,但是,经验表明,"一到两个小时的'快速结合式'是不可能促使教师接受一种意识形态上的不和谐音的,何况许多教师在其教学生涯中已经形成了性别不公平的态度和行为,并且自己还未

[①] 郑新蓉. 性别与教育 [M]. 北京:教育科学出版社,2005.

意识到这一点"。①

中山市中小学性别平等教育试点工作的教师培训情况也显示，参与式培训是最有效的。听讲座、听指导，教师往往成为被动的接受者，旧有的、固化的观念就很容易继续按惯性运转。参与式培训让教师成为对话者，教师就会在交流过程中开动脑筋、辨析思考，在冲突中批判、扬弃。"做"中学性别平等教育则是在教育学生的过程中自我教育。古人云"教然后知困"，在解决教的困惑时，教师自身的意识和能力获得提高。古人还提倡"教学相长"。因为社会性别意识是一种现代意识，青少年传统的包袱相对较少，往往会出现学生的社会性别意识比教师强或学生接受社会性别观念和方法比教师快的情况，"做"中学性别平等教育其实还包含了向教育对象学习、向学生学习。罗婷婷老师在教学反思中深有感触地写道："在这节课的准备、设计和磨合过程中，我对课题的理解从迷茫渐渐变得清晰。或许下次选择别的课题，我又会进入新一轮的迷茫。这不要紧，探索的路注定充满了迷茫，但是一个探索者从来不会畏惧迷茫，这是性别平等教育工作者应有的态度！"

像"性别平等教育工作坊"这个教师培训项目就开发了以下参与式、做中学活动。

活动一，评课研讨。观看性别平等教育课录像；小组评课，然后各组派一位代表分享；建议从可学习之处、需改进之处、有疑惑之处选一个方面分享，之前谈到的不重复。

活动二，开发指导一节中小学性别平等教育课。从大纲中选定一项学习任务及一类课型，设计本节课的教学目标、简要的教学环节和一个有特色的活动，向全体学员展示并回答一个课堂生成的问题（由授课教师或其他组提出）。

活动三，中小学性别平等教育课的创新探索。提出创新做法：采用头脑风暴法，每位学员轮流发言，每次提出一项，不重复，不评价；尝试一种创新：排演一个性别平等教育主题的戏剧片段。

教师培训一定要帮助教师解决问题。以下三个关键问题，不解决就无法开展性别平等教育，要通过培训重点突破。其一"性别平等谁都懂啊，还要教吗"，解决这个问题就明白"教师需要性别的思想启蒙"；其二"教育中性别挺平等啊，何必推呢"，解决这个问题就明白"性别平等教育任重道远"；其三"性别平等教育做就做呗，不用我吧"，解决这个问题就明白"性别平等教育需要齐心协力"。

直面问题的同时要尊重教师，相信教师。2019 年 9 月，新闻媒体报道了某小学开设男女专属课程，女生打毛线，男生造火箭，此事很快上了热搜，网上很多批评言辞激烈，不少人还直接向教育局要求将该校校长撤职。当地妇儿工委办领导向我征求意见，我回复说："学校的做法和校长的性别观念肯定是错误的，但也不应该苛责校长和教师。"建议以此舆情为契机推进性别平等教育。该校长初步接触性别平等教育后，去芬兰考察教育就有新的发现，芬兰学校的缝纫课男孩女孩都在学。之后，该学校承担性别平等教育试点任务，校长参加全国性别平等教育研讨会，听了我的培训讲座并诚恳交流。回到学校后，她的毛线课继续上，但这一次是"男女生一起学，你教我织一遍，我示范给你看一下，好不热闹的课堂。男孩女孩，一样精彩"。我马上点赞，真好！

帮助教师，相信教师，教师就一定能通过培训逐步走上性别平等教育的正道。

---

① 周小李. 社会性别视角下的教育传统及其超越［M］. 北京：社会科学出版社. 2011.

教育资源

性别平等教育资源，尤其是直接可以供中小学生阅读或使用的资源，适合中小学教师阅读或使用的资源，的确是匮乏的。

虽然目前资源匮乏，但教师一定要注意增强媒介素养，宁缺毋滥，对于一些公信力存疑的微博账号、微信公众号所发布的信息、知识、观点绝不能轻易采信。

对某些正规的资源，包括名人、专家站台的资源，也要基于性别平等观念加以辨析。下面两个被教师采用的教育资源均存在明显问题。

某面向儿童的"男女平等"宣传视频中，男孩提水，说"男生力气大"，女孩打毛衣，说"女生手巧"，争持不下，妈妈裁决说："男女有别，各有所长。"此视频还是缺乏社会性别意识，混淆了生理性别和社会性别，当然也就无法传递真正的性别平等观念。

某知名作家的文章《孩子，我为什么打你》，反复强调"打是爱"，并将殴打作为教育手段，结尾还问，"孩子，打和不打都是爱，你可懂吗？"其实，打孩子不是爱，而是伤害，是家庭暴力；打孩子也不是教育，是体罚，无助于孩子的成长。不应该让孩子通过理解"打是爱"来感恩父母，而应该让孩子问"妈妈，您凭什么打我"，反对家庭暴力，建立平等和谐的亲子关系。

性别教育指导书籍总体上质量偏低，问题很多，其中最突出的问题就是缺乏社会性别理论的支撑，充满性别刻板印象。看书名，有些书的性别刻板印象就已显露无遗。比如《西点军校送给男孩的成长礼物》《男孩为何要"穷"着养 女孩为何要"富"着养》，与《哈佛男孩精英课》对应的是《哈佛女孩气质课》。看内容："男孩喜欢看移动的物品，女孩则容易辨别色彩；男孩擅长数学，女孩擅长语文"[①]"不要做太强势的母亲""女儿会向强悍的母亲认同，久而久之，女儿也会变成强悍的女儿"[②]"既然女孩生来感性，又何必要她过分理性""当一个女孩子太过理性的时候，那也许是一件可怕得让人无法忍受的事情"[③]。当家长这样看待女孩理性，才真是一件可怕得让人无法忍受的事情。同样是保护好自己，对女孩的要求就有特别之处，比如，"少穿紧身裤，衣着不暴露，打扮不'女人化'"，因为"一到夏天犯罪率就上升，其实和女性的穿着是有很大关系的"[④]。同是好好学习，教育女孩"爱上学习，做才情青春美少女"[⑤]；教育男孩则强调"学习让你拥有第一竞争力""当你把学习搞好了，你的人生会有更好的发展"[⑥]。据称全球销量400万册的育儿书中也存在用各有特长、优势互补的托词传播性别刻板印象，如"男孩更擅长数学"[⑦]"妈妈让女孩安心，爸爸则给她们自信"[⑧] 等。

---

① 邓雪. 让男孩像男孩那样长大 [M]. 北京：现代出版社，2018：3.
② 管遵华. 富养女孩全集：精神上的富养让女儿一生幸福 [M]. 北京：化学工业出版社，2015：49.
③ 文静. 女孩子这样教就对了 [M]. 北京：中国华侨出版社，2021：17.
④ 周舒予. 女孩，你要学会保护自己：好父母送给女儿的"安全手册" [M]. 北京：北京理工大学出版社，2015：209－210.
⑤ 王焕斌，杨秀娟. 青春期女孩心理成长手册 [M]. 北京：中国纺织出版社，2019：125.
⑥ 张清雅. 做个最棒的男孩：男孩成长不可不读的100个励志故事 [M]. 北京：中国妇女出版社，2015：195.
⑦ 比尔达夫. 养育男孩 [M]. 丰俊功，宋修华，译. 北京：中信出版集团，2019.
⑧ 比尔达夫. 养育女孩 [M]. 钟煜，译. 北京：中信出版集团，2020.

2022年5月，由深圳市爱阅公益基金会组织专家评审，发布了中国第一份"性别平等童书100"书单，质量比较可靠。下面也推荐一些性别平等教育资源，供大家参考。

推荐教师阅读的书籍：

《社会性别研究导论（第二版）》，佟新著，北京大学出版社

社会性别是性别平等教育的理论基础。这本书作为大学的社会学教材，较全面地介绍了社会性别研究。学术性比较强，但读通了它，教师的社会性别意识会有质的飞跃，运用社会性别工具分析性别现象的能力也会明显提高。学生提出的各种刁钻性别问题，恐怕就难不倒您了。

《男女平等基本国策的贯彻与落实》，国务院妇女儿童工作委员会办公室编，人民出版社

这本书代表了党和政府的声音，彰显性别平等的国家意志、制度力量与行动价值。笔者因探索性别平等教育与国务院妇儿工委办的同志有了较多接触，包括这本书的编写组成员，国务院妇儿工委办常务副主任王卫国、副主任张立，还有妇女处的朱东云、李贺、彭黎等，这些同志推进性别平等及教育的使命感、责任心、思想力和行动力，都让笔者获益良多。

《女性心理学（第6版）》，玛格丽特·W.马特林著，赵蕾、吴文安等译，中国人民大学出版社

这本书会打破您对女性心理的许多成见，比如，女性更情绪化吗？经前综合征究竟是怎么回事？性别平等不仅是价值观，也是方法论。作者从不空口说白话，每一句话都有来历，每一个观点都有研究支撑。这启示我们教师，做性别平等教育同样要懂科学、讲逻辑、重实证。

《社会性别与公共政策（之二）》，李慧英、刘澄主编，中国社会科学出版社

《社会性别与妇女权利》，薛宁兰著，社会科学文献出版社

《社会性别视野下的媒介研究》，刘利群著，中国传媒大学出版社

《晚清女性与近代中国（第二版）》，夏晓虹著，北京大学出版社

《厌女——日本的女性嫌恶》，上野千鹤子著，王兰译，上海三联书店

《亲密关系（第6版）》，罗兰·米勒著，王伟平译，人民邮电出版社

《职场妈妈不下班：第二轮班与未完成的家庭革命》，阿莉·拉塞尔·霍克希尔德著，肖索未、刘令堃、夏天译，生活·读书·新知三联书店

《爱说教的男人》，丽贝卡·索尔尼特著，张晨晨译，人民文学出版社

《成为波伏瓦》，凯特·柯克帕特里克著，刘海平译，中信出版集团

推荐中学生阅读的书籍：

《女性的权利》，奇玛曼达·恩戈兹·阿迪契著，张芸、文敏译，人民文学出版社

这本小书原是作者2012年的TED演讲，点击观看人数众多。作者结合自己经历的故事生动阐明"我们演进了，但我们的性别观念没有演进"。她还发现，培养男孩的方式是帮他们倒忙，"男子汉气概是一个冷酷的小牢笼，我们把男孩放在这个牢笼里面"。

与此相应，"我们教育女孩收敛锋芒，把自己变得较渺小"，在亲密关系中更倾向于"妥协"。因此，性别平等的第一步，要换一种方式教养男孩和女孩。

《我是马拉拉》，马拉拉·优素福扎伊、克里斯蒂娜·拉姆著，翁雅如、朱浩一译，四川人民出版社

一支笔、一个女孩，撬动一个世界；一颗子弹、一趟旅程，一个不可复制的传奇。1997年7月12日出生于巴基斯坦西北边陲的马拉拉，11岁便登台演讲、撰写个人网志，以亲身经历反抗不准女孩上学的禁令。2012年10月9日在上学的校车上，枪手对着马拉拉的脸开了枪，子弹穿过头、颈，嵌入肩膀。遇袭的马拉拉经多方救治才脱离危险。16岁生日那天，马拉拉在联合国发表了康复后的首次公开演讲，她说道："我们的书籍和我们的笔是世上最强大的武器。"2014年，17岁的马拉拉获得诺贝尔和平奖，成为最年轻的诺贝尔和平奖得主。

《嗨！青春期》，埃莉诺·格林伍德、亚历山大·考克斯著，田科武译，高等教育出版社

青春期总是充满了各种各样的问题：心绪不佳、朋友失和、担忧身体变化等等。这本书能为少男少女提供所需要的信息和安慰，有生理性别与社会性别的全面视角，帮其了解生理差异，也突破性别刻板印象，从容面对变化剧烈的青春期。该书包括三个部分，分别写给女孩、写给男孩、写给男孩和女孩。阅读此书，男孩女孩可以了解自身，还可以互相了解。

《邓颖超的故事》，赵炜编著，中国宇航出版社

《大美·中国女科学家：全2卷》，中国科协常委会女科技工作者专门委员会、中国女科技工作者协会编，科学普及出版社

《秋瑾选集》，秋瑾著，人民文学出版社

《当代中国妇女运动简史（1949—2000）》，全国妇联妇女研究所编著，中国妇女出版社

《芒果街上的小屋》，桑德拉·希斯内罗丝著，潘帕译，译林出版社

《异见时刻——"声名狼藉"的金斯伯格大法官》，伊琳·卡蒙、莎娜·卡尼兹尼克著，骆伟倩译，湖南文艺出版社

《她们的传奇：率性而为的女性们》，佩内洛普·芭桔著，王晨雪译，中国友谊出版公司

推荐小学生阅读的书籍：

《朱家故事》，安东尼·布朗著绘，柯倩华译，河北教育出版社

朱家的生活看起来不错，房、车、花园，一应俱全；爸爸和兄弟两个被妈妈照顾得无微不至。然而有一天晚上，任劳任怨、辛勤顾家的妈妈突然不见了。一纸留言"你们是猪"表明了妈妈对朱家父子的不满和失望。没有妈妈做家务，朱家又脏又乱，像个猪窝。后来，朱家父子是否转变，开始做家务呢？妈妈是否回家，她的感受又如何呢？让人忍俊不禁的绘本也给人更多思考，家务活是妈妈一人做，还是大家一起做？家务分工应该有性别限制吗？

《小王子》，圣埃克絮佩里著，周克希译，上海译文出版社

小王子住在 B-612 小行星,是那里唯一的居民。他离别自己的星球和所爱的玫瑰开始宇宙旅行,历经险阻,最后到达地球。在撒哈拉沙漠,小王子遇到飞行员,并和他成了好朋友。童话作者是飞行员,也是作家。他勇敢地作战,又细腻地描画书写。小王子常常露出善意的微笑,但也有忧伤,从小王子身上人们可以汲取天真、善良和爱的力量。

《秘密花园》,弗朗西丝·霍奇森·伯内特著,李文俊译,北京十月文艺出版社

富家小女孩玛丽因为一场可怕的瘟疫变成孤儿,被英国亲戚收养。玛丽的表兄科林长年卧病在床。为了帮助科林,玛丽带他进入了庄园里被关闭多年的秘密花园。主人公玛丽不同于传统小说中描写的那种漂亮、顺从的女孩,她相貌平庸,独立果断,敢于冒险。玛丽那颗勇敢的心同样不乏温柔善良,如此才能将牵涉死亡记忆而被关闭的花园重新开启,焕发出新的活力。从某种意义上说,"秘密花园"就是突破性别刻板印象的孩子所创造的美好世界。

《李娜:做更好的自己》,阿甲著,郁蓉绘,中国中福会出版社

《写给孩子的性教育童话》,方刚著,孙洁绘,接力出版社

《威廉的洋娃娃》,特·佐罗托著,威廉·佩纳·迪布瓦绘,浙江少年儿童出版社

《长袜子皮皮》,阿斯特丽德·林格伦著,李之义译,中国少年儿童出版社

《孩子的权利》,阿兰·塞尔著,奥赫丽亚·弗提绘,武娟译,贵州人民出版社

《无所畏惧——影响世界历史的50位女科学家》,瑞秋·伊格诺托夫斯基著,小庄译,接力出版社

《灰姑娘的梦想》,布兰达·迈尔斯、苏珊·斯威特著,文辰译,化学工业出版社

《灰王子》,芭贝·柯尔著绘,范晓星译,北京联合出版公司

《绿拇指男孩》,莫里斯·杜恩著,甄大台译,新蕾出版社

《纸袋公主》,罗伯特·蒙施著,迈克尔·马钦科绘,兔子波西译,河北教育出版社

《谁来我家》,安娜琳娜·麦克菲著,安东尼·布朗绘,阿甲译,河北教育出版社

萨琪性别启蒙桥梁书(共5册),提利·勒南著,戴勒菲妮·杜朗绘,武娟译,旅游教育出版社

推荐观看性别平等教育电影:

《嘉年华》,导演:文晏

海边一家旅店发生了一起小学女生遭受性侵害的案件。在旅店做临时工的少女小米,碰巧成为此案唯一的知情者。保持沉默,还是说出真相?她面临艰难的选择。小文是其中一位遭受性侵害的女生,她应得到保护关怀,还是再被伤害?依然面临严峻的挑战。这部根据真实案件改编的电影,直面儿童性侵害问题,充满勇气和力量。影片中小文母亲将性侵害的原因归结为"她们总是穿一些不三不四的衣服",正是我们需要努力避免的再伤害。

《跳出我天地》,导演:史蒂芬·戴德利

11岁的小男孩比利·艾略特生活在英国社会底层中一个平凡的单亲家庭。父亲和哥哥都是矿工,整日劳作,养家糊口。恰逢罢工,生活更为拮据。讨厌拳击运动的比利机缘巧合迷上了芭蕾舞。这种明显与现实脱节的"爱好"遭到家人的嘲讽抵制,父亲坚决地认为,芭蕾舞属于女孩子,拳击才是男孩子的运动。平时略显羞涩、木讷的小比

利，凭着对舞蹈的热爱和对梦想的执着，突破了亲人心目中的"男孩样"，最终"跳"出了属于自己的一片天地。

《怦然心动》，导演：罗伯·莱纳

电影中两位小主角的交往可谓"两小有猜"。少男少女朦胧的情愫是美好的。本片不仅把那一份美好表现得生动有趣，令人感怀，还探索了情愫背后，少男少女自我认知的生成与发展历程，让人信服。心动是一种成长，那是孩子生理在成长，谁也拦不住；那是孩子精神在成长，应该得到适当的呵护和充足的滋养。

《神秘巨星》，导演：阿瓦提·钱德安

这是一部少女追逐梦想的故事，但家庭暴力却成为追梦少女尹希娅挥之不去的噩梦。尹希娅的妈妈娜吉玛没工作、不识字，她对家庭暴力虽然有忍气吞声、无奈无助，但一直有反抗。尹希娅作为新一代受过教育的女性，反抗家庭暴力、追求性别平等的愿望和能力也更强，但她深知，勇敢反抗家庭暴力的妈妈帮助她实现了梦想，妈妈才是真正的"神秘巨星"。影片用跌宕的情节、动人的歌舞传递着反抗家庭暴力的巨大潜能。

《夺冠》，导演：陈可辛

《李双双》，导演：鲁韧

《摔跤吧！爸爸》，导演：尼特什·提瓦瑞

《超人总动员2》，导演：布拉德·伯德

《隐藏人物》，导演：西奥多·梅尔菲

《1982年生的金智英》，导演：金度英

再介绍一些比较可靠的性别平等教育的网络资源：

联合国妇女署 http：//www.unwomen.org/en

联合国儿童基金会 https：//www.unicef.org/zh

国务院妇女儿童工作委员会官网 http：//www.nwccw.gov.cn/

中华全国妇女联合会官网 http：//www.women.org.cn/

中国妇女网（中国妇女报官网）http：//www.cnwomen.com.cn/

广东女性e家园（广东妇联官网）http：//www.gdwomen.org.cn/

中山妇联官网 http：//www.zswoman.gov.cn/

中国妇女研究网 http：//www.wsic.ac.cn/

性别平等教育全球资讯网（台湾）https：//www.gender.edu.tw/

妇女事务委员会（香港）http：//www.women.gov.hk/

要注意的是，您的探索就是同行者的资源。我们要认真整理好性别平等教育工作中积累的资料。那些优秀的教学案例就是最贴近我们实际的教育资源。最重要的是用，运用才能将其变成有效的教育资源。

教育科研

研究是探索，也是学习。中小学性别平等教育方兴未艾，尤其需要教育科研的引领。

中小学教师开展教育科研最好的方式就是做小课题研究。在开展性别平等教育的过程中，每一节课就是一个小课题，碰到的每一个具体问题也可能成为小课题。比如，中山市华侨中学的王晓芹老师选择"数学的性别刻板化"这个问题开展小课题研究，撰写了《数学性别刻板印象对高中女生的影响与应对策略》的教育小论文，提出了突破数学性别刻板印象对高中女生影响的几点建议，包括：营造性别平等的社会以及学校氛围；教师传递科学的性别观念；考评环境尽量宽松，考评手段尽量多元化；在教育教学过程中有意渗透反数学性别刻板印象信息；引导积极归因，增强女生的数学学习自我效能感等。①

不少地方的教育科研管理部门也积极支持教师申报性别平等教育方面的课题，一些地方还安排了性别平等教育的专项课题。中山市小榄镇第一中学梁冠萍老师的"性别平等融入道德与法治教学的实践研究"成功立项为市级教育科研课题。梁老师首先基于社会性别视角，分析了《道德与法治》教材中存在着性别偏见，然后尝试将二次开发教材的教学策略融入性别平等教育，包括丰富教材中的女性形象、重新诠释教材中存在性别偏见的内容、补充性别平等的教育内容等，收到了良好效果。广东省梅州市龙丰幼儿园刘媚园长的课题"幼儿园开展性别平等教育的实践探索"立项为梅州市的性别平等教育专项课题，结合当地足球、醒狮等特色探索开发男孩女孩共同参与的园本活动。

性别平等教育开展时间还不长，大胆创新，向前一小步，就有新高度。例如，用绘本教学、戏剧教学、游戏教学等多样化的方法开展性别平等教育，就可以展开很多的课题研究、实践探索。当然，创新要基于已有的研究成果。某小学做的培养男孩阳刚品质的德育课题，开题报告的概念界定为"小学男生的阳刚气质应该具备坚强执着、活泼可爱、自信阳光和勇于担当等素质"，但这样的"阳刚气质"，女生同样应该具备。其"促进性别差异发展"的经验包括："男生学舞龙，女生学绣龙，塑造了男孩刚劲奋发的品格与女孩秀外慧中的特质，彰显了男女生的性别天然差异""男孩专柜以蓝为主色调，放置航模等饰品，把男孩感兴趣的冒险、科技、英雄人物传记等书籍分列柜上；女孩专柜则以粉红为主色调，摆设一些小饰物与精致的小盆景，把童话故事、手工制作、艺术鉴赏等女孩感兴趣的书放置其上"。不少的性别教育与该课题一样，一直走不出偏见与歧视的泥沼，就是因为未能接受社会性别研究的新成果。

另外，还要重视调查研究。没有调查就没有发言权，要调查研究学生的需要，调整性别平等教育的学习任务；要调查教师的需求，确定性别平等教育的培训内容；要在调查学校存在的实际问题的基础上，建设性别平等的学校文化。

2015年12月，试点工作开展一年多撰写的《中山市中小学性别平等教育试点效果调查报告》显示，上过性别平等教育课的学生，其性别平等观念有明显提高。该调查采用问卷形式，参加问卷调查共7345人，其中1173人已上过性别平等教育课，6172人未上过性别平等教育课。已上过性别平等教育课学生比未上课学生认为男女都适合的比率全部都要高，高出10%以上的7题，高出5%～10%的15题，高出5%以下的8

---

① 王晓芹. 数学性别刻板印象对高中女生的影响与应对策略［J］. 中小学心理健康教育. 2015（22）：30–31.

题，平均高出 7.51%。

下面这份调查问卷，您也不妨试着用来给您的学生做个小小的调查，或许会带来一些意想不到的启示。

性别意识调查问卷（选项）

在家庭中

	父亲更合适	男女相同	母亲更合适
1. 在家庭生活中谁应当做饭			
2. 在家庭生活中谁应负责更多孩子行为习惯的教育			
3. 接送孩子由谁做更合适			
4. 谁应主要负责带孩子看病			
5. 谁应该主要负责照顾孩子的生活			
6. 谁应主要负责工作挣钱			
7. 谁应主要负责辅导孩子学习			
8. 由谁主要照顾父母更合适			
9. 在家庭要做出重要决定（比如购房）时，谁应当主要负责			
10. 谁应当主要负责管理家庭财产			

在工作中

	男性更合适	男女相同	女性更合适
11. 谁更适合做秘书工作			
12. 谁更适合担任单位主要领导			
13. 谁更适合从事竞争性强的职业			
14. 需要高度理性思维方面的工作由谁承担更适合			
15. 幼儿园教师由谁做更适合			
16. 小学教师由谁做更适合			
17. 中学教师由谁做更适合			
18. 驾驶员由谁做更适合			
19. 需要注意细节的工作由谁承担更适合			
20. 要求高度创造性的工作（如发明家）应当由谁承担			

在学校中

	男 生	男女一样	女 生
21. 犯同样错误时，老师应当对谁批评更委婉			
22. 在学校生活中谁应当得到老师更多的关心			
23. 外语课上，有难度较大问题时应更多提问谁			
24. 数学课上，有难度较大问题时应更多提问谁			
25. 老师应当给予谁更多担任班长的机会			
26. 在组织野外活动时，谁应得到老师更多的照顾			
27. 在班级体育运动方面谁应当更积极			
28. 在卫生工作方面谁应当承担更多的工作			
29. 培养数学竞赛选手时，老师应把主要精力放在谁身上			
30. 班级文艺活动方面谁应做得更多			

种一盆花也许专注就够了，种一园花则需要规划。中小学性别平等教育要关注课堂，用好课堂主阵地；又不能止于课堂，要重视学校文化的力量，重视相关系统的支持。只有这样，性别平等教育才能"种成桃李一园花"。

本 章 小 结

促进性别平等教育融入学校教学内容、校园文化、社团活动和社会实践活动，就是要求把学校建成性别平等的学校。规划先行，要将性别平等教育纳入学校规划，整体推进，并将单列式规划逐步变成融入式规划。文化引领，要建设性别平等的学校环境文化、制度文化、课程文化和活动文化，最终形成性别平等的学校精神文化，让性别平等首先成为一所学校全体师生共同遵循的行为规范和价值标准。系统支持，要统筹好学校内部的"三力"，即教师培训，人力支持；教育资源，物力支持；教育科研，智力支持。家庭和社区则是要统筹好的外部支持系统。

深 度 探 究

1. 很多学校重视开展活动，如体育节、艺术节、科学节等，丰富多彩，我们试着对这些活动做一次性别审视，看男生女生是否真正得到平等对待。

2. 组织老师用头脑风暴的方法，开发一个别具特色、切合实际的性别平等教育方面的教师校本培训活动。

3. 选择一个合适的切入点，做一个中小学性别平等教育方面的小课题（可参考本书各章的【深度探究】）。

4. 参考学期规划的制定，编制一个本校性别平等教育的三年规划。

第十章

让我们荡起双桨
——连起家庭社会做性别平等教育

第一节 家长是性别平等教育的第一任老师

【困惑】学校开展性别平等教育，大部分家长还是支持的，但也有部分家长不理解。更重要的是，我们在学校教育男孩可以跳舞，女孩也可以踢球；回到家里，家长却说男孩子不该跳舞，女孩子不该踢球，岂不是给孩子带来更大的困扰？

性别平等教育可能存在家校冲突，这的确是一个需要特别关注的问题。从教师层面来看，要努力做好与家庭的联系与协作，让家长成为性别平等教育的老师。我们先来试试与家长的沟通吧。

> 【尝试10.1】性别问题答家长
> 下面是家长提出的问题，请您试着运用性别平等的理念，以及合适的沟通方法加以解答。
> 1. 虽然现在讲男女平等，但我还是觉得女儿做工程师、律师太辛苦，还是传统一点，当老师，做文秘，有条件的话做个全职太太，不是轻松又有福气吗？
> 2. 孩子爸爸几乎从来不做家务，儿子也有样学样，叫他做家务他就躲，有什么办法改变呢？
> 3. 我的大女儿比较泼辣，反过来小儿子爱哭，真希望两人交换一下就好了。
> 4. 女儿看完《人间四月天》的电视剧，对徐志摩的原配张幼仪很同情，还说爱情和婚姻都是不可靠的，还是要靠自己，我真有点担心。

承担性别平等家庭教育的主体责任

《中华人民共和国家庭教育促进法》第十四条规定，"父母或者其他监护人应当树立家庭是第一个课堂、家长是第一任老师的责任意识，承担对未成年人实施家庭教育的主体责任，用正确的思想、方法和行为教育未成年人养成良好思想、品行和习惯。"如果说学科教学，尤其像数理化、外语等学科，学校教育起了绝对的主导作用；那么性别教育则是综合的教育、实践的教育、生活的教育，家庭教育和社会教育的作用，不可或缺，十分重要。

孩子性别特征的形成，起主要作用的就是家庭和社会的影响。杰夫利·鲁宾的一个经典实验发现，新生儿的父母总是用与性别有关的特征来形容孩子。比如，父母会认为新出生的儿子"坚定、大度、善于合作、警觉性高、强壮且上进"，而认为女儿"温柔、善良、害羞、细心、柔弱且心灵手巧"。当然，新生儿并没有表现出上述的特征。事实上，男婴与女婴出生时体重、身高和活动频率均无明显差异，但是父母就是坚信自己的看法。之后取名字，性别的区分更是一目了然。女孩的名字一般包含象征女子容貌、品行和令人怜爱的词汇，男孩的名字中则充溢着强壮、勇猛、治国平天下的伟大志向。孩子逐渐长大，父母在买玩具、引导玩耍、选择读物、训练生活技能等方面，都有明显的性别分化。分析孩子性别特征形成过程中家长的作用，能让我们更清楚地看到，所谓性别气质、性别角色的差异，主要是后天形成的。

家长对孩子进行性别教育的主要方式就是身教，即树立"角色榜样"，除了自己以身作则，还会不断发现并提供"女人味"或"男子气概"的"角色榜样"。孩子进入学校后，家长还通过指导学业、学校生活和社交，讨论生涯规划，评论社会现象等多种方式，对孩子的性别观念发生重要影响。

2022年2月24日，上海市妇联、市教委、市文明办印发了《上海市家庭教育指导大纲（修订）》[1]，重视性别教育是其中一个突出亮点。全国妇联、教育部、中央文明办等单位在2019年5月14日印发过《全国家庭教育指导大纲（修订）》[2]。比较一下3年间的这两个家庭教育指导大纲，可以发现其中性别教育观念的变化。

《全国家庭教育指导大纲（修订）》中"性别"一词只出现了3次，12～15岁和15～18岁儿童的家庭教育指导内容要点中都提到"性教育"，没有出现"男女平等"或"性别平等"。"平等"一词出现6次，其中4次是亲子间的平等，1次是法治观念的平等，1次是儿童与他人间的平等交流。《上海市家庭教育指导大纲（修订）》中"性别"一词则出现了11次，其中"性别平等"一词出现2次，1次是"性别平等教育"，"社会性别"一词也出现1次。家庭教育指导内容及要求中的性别教育系统而全面：新婚期、备孕期及孕期，"拒绝非医学需要的胎儿性别鉴定和选择性别的人工终止妊娠行为"，真是性别平等从娃娃出生前抓起；0～3岁，"通过游戏、阅读等培养儿童初步的性别意识"；3～6岁，"引导儿童建立初步的性别意识"；6～11岁，"尊重儿童身心发展规律和个体差异，克服社会性别刻板印象""对儿童开展初步的性别教育，学会尊重和保护自己的身体"；11～15岁，"对儿童进行异性交往的指导，树立性别平等意识""提升儿童遭遇性别问题的处理能力"；15～18岁，"加强性教育和性别平等教育"；单亲、离异和重组家庭，"调动亲戚、朋友中的性别资源给儿童适当的性别影响"。删去了全国指导大纲"帮助其性别角色充分发展"的表述。"性教育"一词与全国的指导大纲一样出现了3次，但跟"提高性别平等意识""性别平等教育"联系在一

---

[1] 参见上海市家庭教育指导大纲（修订），http://cms.odb.sh.cn/shnx/tzgg/content/97afdf55-a4ff-4060-94f0-bae8085b7777.html。

[2] 参见全国家庭教育指导大纲（修订），https://www.zgggw.gov.cn/zhengcefagui/gzzd/zgggw/13792.html。

起，属于"全面性教育"的范畴。另外，《上海市家庭教育指导大纲（修订）》还两次提及"父母共同、平等参与"子女照料与教育，在家庭教育方式上也践行了男女平等。

总体来看，2022 年《上海市家庭教育指导大纲（修订）》与 2019 年《全国家庭教育指导大纲（修订）》相比，落实男女平等基本国策，基于社会性别理论，其性别教育是系统、全面和准确的。这一明显进步与两个重要文件出台密切相关，那就是国务院 2021 年 9 月 8 日印发的《中国妇女发展纲要（2021—2030 年）》和《中国儿童发展纲要（2021—2030 年）》。

某小区内，两男两女四个小学生一起坐电梯。进入电梯后，穿黑衣服的小男孩突然对着穿玫红色衣服的小女孩"壁咚"，并疯狂亲吻。亲完小女孩的脸，又单膝下跪，亲了女孩的手背。这时，另一个小男孩在一旁告诉他，电梯里有监控摄像头。谁知，黑衣小男孩一点也不羞涩，反而对着摄像头挑衅，并对小女孩进行新一轮的亲吻攻势。最终，小女孩准备出电梯时，这个男孩又冲上去亲脸告别。

"流氓变小了，世风日下啊""两小无猜嘛，大惊小怪的"，对此事的热评呈两极化。孩子还小，贴上"流氓"的标签固然不妥；但以为无关紧要，一笑了之，同样不对。其实，这个案例正充分说明开展性别平等家庭教育很有必要。家长必须严肃地告诫那个小男孩，一定要尊重他人，特别是异性的身体权利。喜欢小女孩，想要表达这种喜欢，都是可以的，但要学会用适宜的方式，要考虑小女孩的感受。家长也应当明确地告诉那个小女孩，你对自己的身体拥有自主权，不容他人侵犯，即使他人是以喜欢的名义。要学会保护自己的身体，对不合理的要求，无论是谁，都要敢于说"不"。

传统的性别教育总是要求女孩要善解人意、惹人喜爱，消极被动，并因此得到奖励，但上面那件事以及不断被曝光的性骚扰、性侵害事件，都在提醒家长这种教育模式多么危险。当女孩子被告知要学会保护自己时，太多的男孩子正在成长为她们需要防卫的男人。由于生理性别的差异，未成年人性行为对女孩的伤害更大，最明显的就是意外怀孕。从这个角度出发，重点对女孩开展相关教育是合理的。但重视教育女孩，并不意味着可以忽视教育男孩。未成年人性行为的后果通常是由女孩承担更多，并不意味着责任女孩也要承担更多。男孩应和女孩共同承担责任，甚至可以说应承担更多的责任，男孩当然也应该接受性的责任方面的教育。曾经有男孩家长谈到未成年人性行为的问题，会倍感轻松地说，"幸好我家的是男孩"。这时候怎么就忘了平时很热衷于培养男孩的"责任感"了呢？

性别平等教育的家校协同

家庭在性别教育方面具有举足轻重的地位，家长又承担着家庭教育的"主体责任"，学校的重要作用主要体现在服务指导。因此，开展性别平等教育，教师与家庭联系与协作的关键词应该是：尊重、支持。

尊重，不仅是对权利的尊重，对家长作为家庭教育"主体责任"承担者的尊重；也是对差异的尊重，尊重每一个孩子的不一样，每一个家庭的不一样。尊重权利，就要给家长充分的知情权。学校开展性别平等教育的一些基本理念和主要做法，必须让家长充分知晓。对于一些可能引起争议的敏感内容，比如性教育的尺度问题，还要多征询家长的意见，必要时还可以提交家长委员会讨论。尊重差异，就要考虑到不同家庭的文化背景、现实状况的各种可能。例如，在"性别与情感"模块的教学中，有教师布置作业让学生回到家里了解父母过去谈恋爱的情况。通过亲子分享情感经历，不仅让孩子找到了家庭中的学习资源，而且可以促进亲子关系。设计者的初衷无疑是好的。但是，如果考虑到部分孩子来自离异、单亲等背景的家庭，就要慎重，或者给出其他的任务选择。教师尊重家长，更有利于形成教师与家长之间互相理解、尊重的局面。

支持，就是当家长需要时，教师能给予有效的帮助、服务和指导。支持家长当然不是对家长一味地赞成、顺从，而是摆正位置。不是用"教育家长"的态度，强调纠正错误的家庭教育方法，而是用"支持家长"的态度，突出情感上的支持和技术上的支持。比如，孩子进入青春期，家长也会有很多的困惑和烦恼，教师给予更多的理解和帮助，家长也会逐渐发现，一些问题自己处理起来并不到位，也不太方便，从而更加认同学校开展的有关教育工作。教师支持家长，更有利于形成教师与家长互相帮助、支持的局面。

教师与家庭之间的联系与协作的方式也要注意。大讲堂似的专家报告、校长讲话固然需要，但亲子活动、家长沙龙更能体现尊重和支持。孩子是教师与家长沟通的永恒主题，也是联系的主要桥梁。在亲子活动中，家长更容易放下包袱，一些性别问题的解决也容易建立起必要的情境。家长教育家长，远胜于教师教育家长。背景不同，境遇相似，家长们在互相分享和交流中得到的性别及相关问题的教育经验，是大讲堂无法提供的。一次家长沙龙，有一位妈妈说起上小学五年级的儿子便滔滔不绝。她要求孩子做有责任心的男子汉，还觉得孩子虽然很优秀，但不够阳刚，就是有些爱哭鼻子。旁边有家长就忍不住打断她说，有压力的时候谁都会哭的，何况孩子，她自己的孩子碰到压力大有时也会哭。还认为大人要想想是不是过分强调男孩要怎样怎样，给孩子太大的压力。

一位家长投诉了女儿的班主任。读小学的女儿回家后告诉家长，班主任上课给她们讲了怀孕的过程。这可气坏了家长，她认为班主任不合格，不应该给这么小的孩子讲什么怀孕之类的事情，便投诉了。班主任赶忙解释，原来学校里有位老师怀孕了，有的孩子不明白怎么回事，追着老师问，班主任就向学生普及了一下相关的知识。不过，这位家长还是不肯善罢甘休。看来，性别平等教育要家校协同，教师应尊重、支持家长，家长同样应尊重、支持教师。教育9岁的小学生怀孕的知识一点也不早，且教师从学生生活实际出发（学校有老师怀孕），处理得很恰当。传授性方面的知识，用生理专业的方式能化解尴尬，与色情毫无关系，哪里会尺度太大？

对于"尝试10.1"家长提出的问题，下面拟出教师的回应。

（1）人各有志，也有其个性。家长可以根据孩子的个性帮助孩子发掘兴趣，发展特长，孩子将来能做自己喜欢的工作，即使辛苦也快乐。儿孙自有儿孙福，父母用过来人的经验替孩子考虑可以理解，但社会和人生都充满变化，还是自立自强者最有福。生活的道路不止一条，关键在于不要因为是女孩子，就限制她的选择和发展。

（2）要明确告诉孩子，一家人共同做家务，一是每个人都有责任，二是一家人要互相帮助。还要告诉丈夫，孩子受到了他的影响，促使他先有所改变。可以尝试将家务分门别类，然后大家讨论，根据每个人的兴趣、能力和时间包干到人，慢慢改变。

(3) 人的个性千差万别，用性别将人定型是不对的。泼辣和爱哭也有各种不同的情况。泼辣如果是见义勇为，那是优点；如果有些得理不饶人，就提醒她把握分寸。爱哭也许只是比较感性而已，只要不是无理取闹，适当的情感发泄并不是坏事。大人对孩子个性、气质的接纳，会让其更自信、健康地成长。

(4) 女儿希望自立自强，没有那种把婚姻当长期饭票的旧观念，这一点做家长的首先要充分肯定。还可以进一步引导孩子理解两性情感关系是复杂的，往往甜蜜和冲突交织在一起，而且很多难与外人道，电视剧中的场景很多也是虚构和猜想。良好的情感关系需要学习，幸福的婚姻也需要通过努力去争取。

这些回应不是标准答案，也不存在标准答案。重要的是教师运用自己的性别意识和相关能力，基于尊重和支持与家长进行真诚的沟通，建立有助于性别平等教育的友好家校关系。

别因性别限制孩子的成长

家长作为孩子性别平等教育的第一任老师，首先要注意的是，别因性别限制孩子的成长，要突破性别刻板印象，避免用固定模板塑造每一个不同的男孩和女孩。

幼儿阶段，请别因性别限制孩子的玩具。

在很多人看来，玩具是分性别的。一个小实验里，实验人员找来几个小婴儿，有男孩，也有女孩。实验人员把孩子们的衣服互换，名字也对调，比如女孩玛丽穿上男孩奥利弗的衣服。不知情的实验志愿者被带进房间，挑玩具给孩子玩。由于被告知这个孩子是奥利弗，志愿者不假思索地给孩子选了小汽车、机器人之类的"男孩玩具"。而面对叫作玛丽的小宝宝，志愿者很自然地拿起了粉红色毛绒玩具、娃娃之类的"女孩玩具"。在这个测试中，所有的被试志愿者，无论男女，都下意识地根据其认为的孩子性别作出了玩具选择。受社会文化的影响，玩具性别化现象一直普遍存在。企业设计玩具、商家摆放玩具、消费者购买玩具，都有明显的性别区分。其实，玩具就是玩具，孩子各不相同。孩子完全可以从个性而非性别出发，选择自己喜欢的玩具。玩具去性别化，不仅是正常的，还是正面的，能促进孩子突破性别限制，自由而全面地发展。有公司已经开始打破市场上现有玩具的性别区分，一些商店也开始尝试用主题而不再是按照性别来分类摆放玩具。

玩具对幼儿的成长非常关键，因性别限制孩子的玩具，实质上就是限制孩子成长的机会、发展的可能。作为家长，也要打破性别刻板印象，为孩子提供更丰富多样的玩具选择。您夺去女儿手里的小卡车，硬要塞给她洋娃娃、或许一个未来的女工程师就被"扼杀"在摇篮里了。一位学生的妈妈问：我的孩子是个男孩，可他就是喜欢洋娃娃，看动画片也喜欢一些女孩子形象，比如《冰雪奇缘》里的公主。洋娃娃我可以买给他，但是我担心这会不会不正常呢？必须明确指出：小男孩喜欢洋娃娃、喜欢公主没有不正常，真正不正常的是把玩具、喜好、气质依据性别简单固定地分成两类的性别刻板印象。这位学生的妈妈能够为自己的儿子买洋娃娃，这种做法是对的，她完全可以打消顾虑。如果说，玩洋娃娃等玩偶玩具能学习照顾人，培养同理心，那么对男孩、女孩的成长一样都是有益的。压抑、强制孩子的喜好只会适得其反，反而会产生不正常的情况。

小男孩喜欢洋娃娃不仅现在是正常的，将来也会正常发展。他或许会成为一位暖男型恋人、贴心的丈夫、爱孩子的父亲，他也一样可以成为一名优秀的设计师、耐心的教师、精明的商人、杰出的政治家。

学龄阶段，请别因性别限制孩子的学业。进入青春期，请别因性别限制孩子的个性。不要说什么男孩是"建设银行"，女孩是"招商银行"，男孩女孩都可以通过努力变得"很行"。

某明星发微博称，"儿子要成为对社会有用的人，女儿是我的人"。显然，这位明星对儿子的社会责任与成就的期待更高，对女儿则觉得要给予更多更细的关爱。众多家长其实都有同样的想法：男女有别，因"性"施教，要给男孩、女孩不同的期待和关爱。类似的还有"穷养儿子，富养女儿"，认为男孩将来是要奋斗的，必须让他知道钱来之不易；女孩是要嫁人的，必须培养她鉴别事物的眼光，不要将来被别人的一块蛋糕就给哄走了。看似有理，但稍加推敲，就不难发现其思想基础都是性别刻板印象：男强女弱；男主外女主内；男性报效国家，女性照顾小家；男性奋发有为抱得美人归，女性矜持贤淑嫁与好人家。虽然存在一定的生理差异，但男人、女人都是人，男孩、女孩都是孩。对于所有的父母来说，儿子、女儿都应"成为对国家和社会有意义的人"，也都是"我的人"。给予男孩、女孩同样的期待，就是给予平等的发展机会，就会成就更多的女政治家、女科学家、女军人，还会成就更多的贴心儿子、暖心丈夫、尽心父亲。

人们常常会说，"生儿子面子好，生女儿里子好""女儿是父母的贴心小棉袄"，这比起将生女儿视为"弄瓦""生个赔钱货"进步了不少，但还是把女性的优势刻板地认为是温柔体贴，令女孩的发展空间限制在家庭中。给予男孩、女孩同样的期待，不仅对女孩有利，对男孩也有好处，可以防止过于单一的"伟男子"形象，限制了男孩的多元发展；避免过分加重的"大丈夫"负担，压坏了男孩尚且稚嫩的肩膀。

给男孩、女孩同样的期待和关爱，推行性别平等教育，归根结底，是努力让每一个男孩每一个女孩都得到适合的教育，都实现充分的发展，这应该也是所有父母共同的心愿。

做孩子性别平等的榜样

作为性别平等教育的第一任老师，家长要给孩子提供多样化而非刻板化的"角色榜样"，以身作则，做孩子性别平等的榜样。

妈妈要成为孩子性别平等的榜样，就要自尊、自爱、自立、自强，拥有独立人格，敢于追求自己的成就和贡献。

"小女人"可以说是男权社会长期塑造女性的模板。而当今社会文化又在塑造"完美妈妈"的形象，由"母亲节"铺天盖地的感恩和赞美可见一斑。完美妈妈是幸福满足的妈妈，人们普遍认为成为一名妈妈，就是女性最终极的成就；完美妈妈是自我牺牲的妈妈，人们普遍认为妈妈为孩子和家庭奉献一切，体贴入微，却从不关注自己的需要；完美妈妈是全能妈妈，人们普遍认为妈妈天生具有神奇的母性技巧，自然而然就能胜任养育孩子。与一般人的看法相反，孩子的发展确实没有受到缺少母亲照看的影响。

大部分在日托中心的孩子与在家里由妈妈照看的孩子都同样对妈妈有着精神上的亲密感。[①] 在外工作的妈妈给孩子提供了有能力女性的榜样，使其知道女性也可以在工作中获得成功。[②]

妈妈要敢于打破"完美妈妈"的文化幻象，挣脱"小女人"的"裹脚布"。不完美的妈妈才是最美的。过度的自我牺牲不仅是对自己的不尊重，也是对伴侣和孩子的不尊重。放下过重的负担，轻装上阵，妈妈更快乐，孩子更健康，家庭更幸福，社会更和谐进步。

爸爸要成为孩子性别平等的榜样，就要敢于摆脱"有毒的男性气质"，多关爱孩子，多照顾家庭，尊重并支持妻子追求成就和贡献。

2015年6月，联合国发布了全球第一份《全球父亲状况报告》（State of the World's Fathers）。报告提到，女性比男性多花2～10倍时间照顾小孩。报告也提到，61%～77%的爸爸表示如果可以和孩子多相处，他们愿意减少工作量；但全球仅92个国家有父亲育儿假，其中半数不到3周。我国不少地方也借鉴国际经验，推出"男性育儿假"，但也还停留在概念上。父亲育儿并非"帮助"妻子，而是承担自己应尽的育儿责任。父亲育儿好处很多：对孩子好，有益于孩子的健康成长，避免所谓"丧偶式育儿"的父爱缺失；对妻子好，有助于女性的职业发展，缓解其两头为难的焦虑和压力；对社会好，有利于消除就业性别歧视，建设男女平等的性别文化。育儿也是男性的权利。父亲不一定主外，不只有阳刚。父爱不一定如山，也可以似水；父爱不一定无言，也可以尽情说出来。性别平等让更多父亲顺应自己的个性，放开手脚，敞开心扉，自如充分地表达对孩子的爱，让父亲和孩子们都在爱的交流互动中更加幸福。联合国人口基金副执行董事吉尔摩表示："和孩子关系亲密的男性活得更久，他们的心理和生理健康问题比较少，也比较不会依赖药物，工作效率也更高。"

爸爸和妈妈之间权利平等，责任共担，彼此协作，互相关爱，性别平等的夫妻关系也是孩子性别平等的榜样，对孩子将来的爱情、婚姻都能产生积极影响。

当然，离异、单亲家庭中的爸爸和妈妈也不必背上包袱。有电视相亲节目的嘉宾表示，不选择单亲家庭的孩子，认为这些孩子在婚恋方面存在问题。这种对离异、单亲家庭的污名化现象并没有可信的研究支撑。实际上20世纪90年代以来，离异家庭儿童的发展性研究已由先前所持的父母离异"严重影响说"转向"有限影响说"，认为父母离异确实会给子女造成一些后果，但问题特别严重的子女并不是多数，而且大多数都会从父母离婚的阴影中走出来，很少有持久的负面影响。理智、坦诚地妥善处理婚姻中的矛盾冲突，让不一样的家庭一样能拥有幸福、温暖，这样的爸爸和妈妈依然是孩子性别平等的好榜样。

营造性别平等好家风

重男轻女的陋习依然或明或暗地以各种方式出现，在某些家庭还十分严重。营造性

[①] 马特林. 女性心理学 [M]. 6版. 北京：中国人民大学出版社，2010：161.
[②] 费尔德曼. 发展心理学——人的毕生发展 [M]. 6版. 北京：世界图书出版公司，2013：221.

别平等好家风首先就要破除重男轻女的陋习。

　　破除重男轻女的陋习，必须转变生育的男孩偏好。有人将出生人口性别比居高简单归咎于计划生育的一孩政策，以为实行二孩、三孩政策这个问题自然会得到解决，并没有充分的证据。在我国，胎次升高出生性别比显著上升，与胎次升高出生性别比下降的一般趋势不符。显然，生育的男孩偏好根深蒂固，有人总会想尽各种办法去满足。一个家庭总是招弟、盼弟，一心想着生男孩传宗接代，延续香火，怎么可能有好的家风？

　　破除重男轻女的陋习，必须平等对待家中的男孩和女孩。某地一户人家有12个子女，最小的儿子是家中唯一的男丁，为了给家中唯一的男丁娶媳妇，11个姐姐集资32万元，其中23万元用来给弟弟买房。婚礼当天，11个姐姐穿着标注有1～11数字的红色T恤，按家中排行逐一上台，给弟弟送上祝福，这段其乐融融的婚礼，却引发人们的质疑。这些姐姐们，不仅要"招弟"，还要做"扶弟魔"。如此极端的情况虽不多见，但家庭中差别化对待男孩和女孩的形式多种多样，很多时候还以兄弟姊妹情深、互相照顾体谅的名义进行。问题是为什么多是要求姊妹照顾礼让兄弟，为什么牺牲的总是"她"。十指有长短，我们并不苛求父母对每个孩子的付出和给予一模一样，但根据孩子性别的偏心并不可取，将生活、教育、健康等资源向家庭中的男孩倾斜，当然是对女孩的不公平。

　　不少人总觉得家里完全没有重男轻女，其实很多只是藏在暗处容易忽略而已。比如，清明节期间祭祖扫墓的习俗中，存留着非常明显的男尊女卑现象。祠堂中祖先的牌位，通常是男性；族谱多为男性系列，女性只有作为妻子才能入列。在某些地方，祭扫只能由男性参与，出嫁女更不允许回娘家扫墓，祖先墓碑上也不会刻上其名字。这种"女儿不是传后人"的观念，正是生育中偏好男孩观念形成的重要原因。另外，还有女性例假期间不能参与祭扫相关活动的禁忌，这并非关怀照顾，而是因为人们有月经不洁等的性别偏见。

　　下面这个故事颇有点黑色幽默。某村村民集资盖祠堂，由于施工人员缺乏经验，祠堂的结构和朝向都盖反了。按当地风俗，这会带来灾难。后来，风水先生想出了一个"消灾"妙法：请村里所有的外嫁女回村祭祖。这些别人家的女人是"泼出去的水"，在意外和惊喜中，终于有机会尽洒对逝去至亲的祭奠之情。看来，还是不要总拿传统说事，用文化做挡箭牌。对待那些重男轻女的传统祭扫文化，最好的方式或许就是拨乱反正，落实男女平等。男人女人，都成为大写的人，更能体现慎终追远的生命情怀；婆家娘家，都成为可爱的家，更能实现敦亲睦族的社会和谐。清明时节，气清景明。移风易俗，性别平等，会让清明祭扫更加清明。

　　家庭无大事，家务非小事，一件一件家务事积累起来是很累人的，且经常成为家庭矛盾的导火索。营造性别平等好家风，就要倡导男女共担家务，还要真正落到细处、落到实处。

　　男女共担家务，关键在家庭中男性的认识和表现。一部贺岁片的主题曲《男子汉宣言》引起热议。它其实是首日本歌曲，20世纪80年代引入中国且流行一时，歌中这样唱道："在你嫁给我之前，我有话要对你说。你在每天晚上，不能睡得比我早；你在每天早上，不许起得比我晚。饭要做得很香甜，打扮起来要大方，还有婆婆和小姑，都要和睦地相处。我这个家全都靠你，全都靠你呀全都靠你。家中的事只有你，只有你才能做得好；不要指望我，我是个凡人，娶到你是我最大的福分。"这样充满性别偏见和歧视的歌曲，是对妻子和整个家庭的伤害。

著名导演李安曾遇到一件趣事。他出名后和妻子林惠嘉到纽约法拉盛的华人区去买菜，他把菜装上车，妻子到停车场对面的路边买西瓜，有位台湾来的太太对林惠嘉说："你命真好，你先生现在还有空陪你来买菜！""你有没有搞错啊，是我今天特别抽空陪他来买菜的！"林惠嘉的这句话让那位太太一时语塞，半天接不上话。李安曾说："像我们夫妻，我天性比较柔和，太太就比较刚烈。所以我家是我做饭，对我来说，做饭是一种兴致，对她则完全是浪费生命与精神，不过理家她又很能干。"①

要营造性别平等好家风，家庭和谐幸福，真正的男子汉就应主动与妻子共同承担家务。

第二节　社会是性别平等教育的无围墙学校

【困惑】性别平等教育的实践课要求走出课堂，甚至走出学校，开展"性别歧视的社会调查"等活动，可是我们不太了解，搞这些活动得联系什么部门，有什么好的社会资源呢？

社会这所性别平等教育无围墙的学校，不仅大，而且"教学内容和形式"与时俱进，不断更新。我们从社会中发掘性别平等教育丰富的资源，也在参与建设性别平等的社会。

统筹协调性别平等教育

开展性别平等教育是一项创造性和挑战性很强的创新工作，需要各级妇儿工委的积极组织和统筹协调，制定因地制宜的工作方案并有序扎实推进。中山市的性别平等教育试点工作在统筹协调方面堪称范例，可以为制定区域性别平等教育工作方案提供借鉴。②

1. 党和政府政策支撑

纳入决策体系。争取地方党委政府对开展性别平等教育试点工作的高度重视，将性别平等教育纳入妇女发展规划的重点工程，纳入培育和践行社会主义核心价值观的重要载体，纳入社会管理创新和文明城市建设的范畴，并放在学校教育的重要位置大力推进，为开展性别平等教育提供必要的政策支持。

加强组织领导。推动成立由地方妇儿工委统筹协调，妇联、教育部门具体组织实施的性别平等教育试点工作机构。出台试点工作实施方案，明确部门和学校职责，建立项目会议制度，多措并举推进试点工作。

落实工作经费。争取财政支持，将试点工作纳入财政预算，设立专项经费，为开展

---

① 李安. 李安传：十年一觉电影梦 [M]. 北京：中信出版社，2013.
② 中山市妇女儿童工作委员会办公室. 中山市探索推进中小学性别平等教育工作专题报告 [EB/OL]. (2015-06-18). http://www.pwccw.gd.gov.cn/dcyj/content/post_15179.htm.

性别平等教育试点工作提供充足的经费保障。

2. 相关部门有效联动

建立联动机制。妇儿工委负责组织协调，开展性别平等教育的各项会议活动；妇联负责组织妇女及社会性别研究领域的专家学者担任智囊，为编写指导大纲以及教育教学实践提供专业的引领和指导。教育行政部门加强对试点学校的业务管理，教育研究单位牵头编写性别平等教育指导大纲并进行具体的教学指导。部门之间优势互补，形成工作合力。

培育专业队伍。举办性别平等教育培训班，编写培训教材，培养性别平等教育专业团队和骨干教师。同时将性别平等教育专题培训纳入教师继续教育系列，列入校长入职岗前培训课程等。

探索有效教学模式。编写并不断修订完善指导大纲，选择实验区和实验校，根据指导大纲开发性别平等教育课程，包括专题课、融合课、实践课。开展性别平等教育优秀教学案例征集评选活动、教学实践观摩交流活动，探索符合教育规律、生动有效的教学模式。

3. 社会家庭协同配合

鼓励社会组织参与。通过"妇工+社工+义工"模式，运用丰富多样的形式，把性别平等理念融入社区教育，探索建立学校、家庭、社会三位一体的性别平等教育体系。

提高家长社会性别意识。将性别平等教育融入家庭教育公益课堂，充分发挥各类家长学校的作用，开展以性别平等为主题的家长沙龙，倡导男女双方共同承担家庭事务。

营造性别平等舆论氛围。在宣传系统培训体系中开设性别平等课程，刊登报刊专版，制作播放电视公益广告，编印宣传海报折页，举办咨询活动，编演情景剧，广泛宣传男女平等基本国策，营造性别平等、人人参与的社会氛围。

各地在探索性别平等教育的过程中，也形成了各自统筹协调的经验，充分调动了全社会的教育资源。①

天津市善于调动高校的学术资源。组建由高校教师、研究院所研究员、儿童教育机构负责人组成的市级性别平等教育专家团队，开发性别平等教育核心议题实操工具包，选配活动参考用书，制作供教师和学生使用的知识卡片。

江苏省采用项目化运作。将社工服务项目与性别平等教育进课堂项目有机融合，依托基层妇女儿童活动中心、妇女儿童之家、四点半课堂等阵地，以项目带动政府有关部门、女性社会组织、专业社工服务机构、高校专家、各类巾帼志愿者团队等共同参与实施，在一些社工服务项目中增添性别平等教育内容。扬州市"致橡树"性别平等进高校项目、苏州市"外来务工子女学生性别平等教育计划"、宿迁市宿豫区的"性别平等教育进中职生课堂"，连云港市的"校外教育中的性别平等教育"等都各具特色。

山东省开发性别平等有声教材。2020年10月21日，由山东省妇女联合会、山东省妇女儿童工作委员会办公室、山东广播电视台联合制作的100期"性别平等有声教

---

① 国务院妇女儿童工作委员会. 贯彻男女平等基本国策全面推进新时代中小学性别平等教育工作［N］. 中国妇女报, 2019-01-15（04）.

材"正式上线发布。在山东广播电视台经济广播即日播出，网络音频直播同步播出，在学习强国、央广网等多家网络平台可点播收听。"性别平等有声教材"根据中小学生年龄特点，以讲故事的形式宣传男女平等基本国策，内容鲜活、内涵丰富、特色鲜明。全省中小学可通过校园广播站、学校自媒体平台等随时播放，方便师生学习。

贵州省启动三年行动计划。2018年7月，贵州省"性别平等教育进校园"三年行动计划正式启动，省委、省政府高度重视、专门部署，省教育厅和省妇儿工委办公室安排专项经费，从课题研究、课程开发、扩大试点、团队打造、师资培训等方面入手，全面推进性别平等教育进校园工作。

虽然如此，推进性别平等教育的困难和矛盾还是很突出的。教育行政部门的同志经常会觉得，性别平等教育是妇联的工作，是给教育部门和学校找"麻烦"，态度好的，也只是表示愿意配合妇联开展工作。反过来，一些妇儿工委办的同志又认为性别平等教育纯粹是教育部门的事，自己工作繁重，人手不足，也不了解教育，想把性别平等教育工作完全转交出去。

独木难支，众志成城，只有各级妇儿工委统筹协调，教育部门认真落实，妇联大力支持，各部门彼此协作而非互相推诿，才能充分调动全社会的教育资源，大力推动中小学性别平等教育全面开展。

参与建设性别平等社会

【尝试10.2】连一连
请将下面的日期与相应的国际日连线，您能连对几个呢？
2月11日　　　国际劳动妇女节
3月8日　　　制止暴力侵害妇女行为国际日
10月11日　　妇女和女童参与科学国际日
11月25日　　国际女童日

中小学生是性别平等教育的学习者，也是性别平等社会的建设者。下面介绍两项学习实践活动。

一是参与性别统计分析。

社会性别统计报告，是全面收集两性婚姻生育与家庭、教育文化、劳动就业与社会保障、卫生健康、收入分配、社会安全、参与公共事务情况等方面的指标数据，科学分析两性人口特征和各领域发展情况的报告，为政府制定有利于促进性别平等的公共政策提供重要依据。深圳在全国率先建立科学的社会性别统计制度，率先建立科学的社会性别统计指标体系，率先发布年度社会性别统计报告。国务院妇儿工委和统计局给予充分肯定，广东省妇儿工委和统计局将深圳市的经验做法在全省推广。

社会性别分析统计可以高大上，也能接地气。教师可以组织学生及其家长一起阅读当地的年度社会性别统计报告，选择感兴趣的课题，进一步补充相关研究，撰写发表性别平等研究小论文、小报告。国事家事、社情校情，都可以引入社会性别的视角进行统计和分析。

比如 2021 年第八届全国道德模范颁奖，74 人获奖，其中女性仅 20 人，占 27%，即四分之一多一点。全国道德模范包括五类，分别是助人为乐、见义勇为、诚实守信、敬业奉献和孝老爱亲，各类别获奖男女人数如表 10－1 所示。

表 10－1　第八届全国道德模范获奖男女人数

获奖者性别	助人为乐	见义勇为	诚实守信	敬业奉献	孝老爱亲	合计
男性	9	8	11	23	3	54
女性	7	2	2	3	6	20

只有助人为乐类性别比例均衡，见义勇为、诚实守信和敬业奉献三类男性占比明显高，孝老爱亲类则女性占比更高，为男性的两倍。是不是这一届情况特殊呢？从 2007 年开始，全国道德模范评选每两年一届，历届全国道德模范分性别统计如表 10－2 所示。

表 10－2　历届全国道德模范分性别统计

届数	助人为乐	见义勇为	诚实守信	敬业奉献	孝老爱亲	合计
第一届	6:5	8:3	7:4	8:2	4:6	33:20
第二届	10:1	11:1	7:4	9:2	2:8	39:16
第三届	4:7	12:2	8:2	10:2	5:7	39:20
第四届	3:7	9:3	9:1	8:4	5:8	34:23
第五届	7:3	8:4	7:3	13:2	5:12	40:24
第六届	7:4	10:2	5:4	16:2	3:9	41:21
第七届	5:9	8:0	9:2	15:4	2:4	39:19
第八届	9:7	8:2	11:2	23:3	3:6	54:20
总计	51:43	74:17	63:22	102:21	29:60	319:163

注：表中比例均为男：女。

由上表不难看出，第八届的情况并不特殊，历届总计同样只有助人为乐类性别比例均衡，见义勇为、诚实守信和敬业奉献三类男性明显多于女性，孝老爱亲类则反之，女性同样为男性的近两倍。

敬业奉献的好人男多女少，孝老爱亲的好人女多男少，绝非小事，是性别刻板印象的结果，反过来又在进一步强化性别刻板印象。男主外，女主内；男人更有事业心，女人更有同情心。诸如此类的传统性别期待，依然在塑造着现实中众多的好男人和好女人。崇德向善，成为好人；但成为什么样的好人受性别限制，女性成就事业奉献社会，男性关爱亲人照顾家庭，都少了榜样，多了疑虑，就不够崇德向善了吧。记得以前在电梯里看到一则"讲文明树新风"的公益广告，宣传了 10 位孝老爱亲的好媳妇，标题是"媳妇要有媳妇样"。广告不错，但要幸福和谐，就该对上个"女婿要有女婿样"；看上述数据，凑齐10位好女婿，还真是蛮费力。全国道德模范和中国好人榜的性别不均衡现象，对包括性别平等在内的精神文明建设，尤其是对培养中小学生的性别平等观念，显然会有不利影响。

上述统计很简单，只要具有初步的社会性别意识，发现崇德向善中的性别受限，也不太困难。"数说性别平等"，简便易行，效果不错。

二是参与性别平等国际日活动。

国际日是提高公众对有关问题的认识、调动政治意愿和资源应对全球性问题以及庆祝和加强人类成就的机会。联合国系统各组织和办事处，最重要的是各国政府、民间社会、公共和私营部门、学校，以及更广泛的公民，把国际日当作提高认识、开展行动的跳板。以下为部分关于性别平等的国际日。

2月11日，妇女和女童参与科学国际日。为争取妇女和女童充分与平等地参与科学的权利，进一步实现性别平等，增强妇女和女童权能。妇女和女童们仍旧受到排挤，无法充分地参与到科学当中来。数据显示，世界上女性研究员的占比不足30%。只有约30%的女学生会在接受高等教育时选择科学、技术、工程、数学（STEM）相关领域。在全球范围内，女学生在信息通信技术（3%），自然科学、数学和统计学（5%）以及工程、制造、建筑（8%）等学科的录取率尤其低。

10月11日，国际女童日。重点关注解决女孩面临的挑战，促进女童赋权，实现她们的人权。如果女孩在青少年时期获得支持，她们就有改变世界的潜力：在今日赋权女孩，明日她们会成为工人、母亲、企业家、导师、户主，甚至政治领袖。认识到女童的力量并对她们投资，就能增加她们当下的权能并争取实现一个更加公平和繁荣的未来。

11月25日，制止暴力侵害妇女行为国际日。"消除性别暴力16日运动"于制止暴力侵害妇女行为国际日启动，并于人权日（12月10日）结束。橙色是该国际日的主题色，人们会穿戴橙色的衣饰，一些标志性的建筑和地标被点亮为橙色。

3月8日"三八妇女节"大家都熟悉，经常被称为女王节、女神节，成了消费节、娱乐节，或另一个感恩节、母亲节。女员工的娱乐活动依然跳不出性别刻板印象，多是展现"女性特长"，提高"女性素养"的活动，如学插花、秀旗袍之类。学生的教育活动，主题基本上是感恩、尊重，依然强调的是女性的家庭角色，忽略了女性同样承担着重要的社会角色。一些学校还流行不过妇女节，过所谓"三七"女生节。过不过妇女节，如何过妇女节的问题，需要性别平等教育的价值引领。

"三八妇女节"，实际上是一个争取妇女权利的节日，全称为国际劳动妇女节（International Working Women's Day），或"联合国妇女权益和国际和平日"（United Nations Women's Rights and International Peace Day）。起源于20世纪初一系列女权运动重要事件，欧美各国妇女纷纷举行集会、游行、示威、罢工，要求获得选举权、实现8小时工作制和增加工资等。争取女性权利、推进性别平等，从来就是纪念"三八妇女节"高举的旗帜。妇女节基于女性权利被剥夺、损害与忽视的现实，要求女性与男性拥有平等的权利，不存在对男性的不公平。妇女节不是谁对女性的恩赐或奖赏，而是女性主体意识觉醒，积极主动地争取应有的权利和地位，也不构成对女性的歧视。将妇女节过成了消费节、娱乐节，或另一个母亲节、感恩节，不仅有意无意地忽视并消解其争取女性自由平等权利的内涵，而且进一步将女性形象物化和刻板化，说重一点，妇女节正悄悄蜕变为"反妇女节"。很多人喜欢把妇女节称为女神节、女王节。女神节的称谓看似赞美，却流露出对女性在年龄、阶层和容貌等方面的歧视。与妇女节彰显女性主体地位相反，由商家推出并传播的女神节概念将女性当作被观赏的客体，满满的心机，都是期望人们为女神幻象而使劲买买买。女王节看似尊重，甚至崇拜，却与妇女节所倡导的性别平等背道而驰。争取女性权益，只是让不同性别回归其应有的平等地位——你不要当我的皇帝，我也不想做你的女王。

纪念妇女节应当昭示，女性需要的不是照顾，而是赋权；需要的不是顶礼膜拜，而是平等相待。女人不想封神，不想称王，就想与男人一样做堂堂正正、顶天立地、大写的"人"。我们听听全国政协委员、中央电视台播音员海霞的声音吧，她在接受记者采访时说："我还是更喜欢三八妇女节（的名称），因为这是属于所有女性的节日，而女神是别人附加给你的色彩，远不如奋斗得来的女性平等的地位让我更自豪、更自信。"风行学校的"三七"女生节更成问题。每年女生节，男生打出的各种横幅，其内容之猥琐，只是打着呵护女生的旗号，将女生节变成了男生挥洒荷尔蒙的节日。很多横幅不仅遮蔽了独立自主的女生形象，甚至在不同程度上构成了性别歧视和性骚扰。

妇女节的活动少了妇女权利的争取，就失去了灵魂；少了性别平等的省思，就迷失了方向。活动无需高大上，即使是做一些小小的改变，也能见效，如踏青欣赏田园风光，不妨顺便了解一下当地农村妇女土地权益的问题；看电影，选择一部以性别平等为主题的优秀电影；游戏展示，增加一些突破性别刻板印象的项目；聚餐之后，联欢之余，讨论交流一下单位或社会上歧视女性的现象；感恩母亲之前，先全面了解母亲，让孩子知道母亲的手不仅推动摇篮，还直接推动着世界。

教师与学生及其家长过好争取女性权益、推进性别平等的"三八妇女节"，就是参与建设性别平等社会的一个具体体现。

性别平等教育联盟

这是一次性别平等教育的主题活动（图10-1）。有小学生的体育艺术"2+1"展示活动——《男生女生一样棒》红绸舞、器械操表演，也有幼儿园小朋友的《加油歌》《唐诗新唱》舞蹈表演。活动展示了学生和家长共同编制的性别平等小绘本，还有性别平等宣传栏，以及性别平等有奖问答。形式多样，精彩纷呈。

《孙中山破陋习》舞台剧是

图10-1 孩子们在表演舞台剧《孙中山破陋习》

其中的一个优秀剧目，该剧讲述了少年孙中山阻止姐姐裹脚的故事。孙中山就是中山市南朗翠亨人，伟人的故事，家乡的故事，让性别平等教育变得亲切而自然。

舞台剧是性别平等教育进社区的好形式。由社工、教师、学生，有时还有家长、社会热心人士共同编写、排演。编排表演和观看演出都是教育的过程，演职员和观众一同受到教育。

让人惊喜的是，举办这次活动的不是一所学校，而是一个联盟——性别平等教育发展联盟。联盟由南朗镇翠亨小学作为牵头学校，联合了翠亨村、崖口村、博爱幼儿园、石门幼儿园、博艺幼儿园、崖口幼儿园和汇能社工站共同组建而成，还制定了《性别平等教育发展联盟章程》。章程中各个单位虽然职能各有不同、分工各有侧重，但大家有共同的愿景——"共建文明环境，推进性别平等"，有互动的平台——网络平台，有合作的活动——主题活动。这一互补互促的干实事的联盟，是学校与社会联系协作开展性别平等教育的创新举措，值得借鉴。希望社会能有更多形式各异、目标一致的性别平等教育联盟。

中小学性别平等教育的主导者是学校，但空着手划水肯定不行，家庭和社会就如同双桨，让我们荡起双桨，性别平等教育的小船儿一定能够推开波浪，驶向远方。

本 章 小 结

性别平等教育，学校之外有"学校"，老师之外有"老师"。教师要与家长互相尊重、支持，帮助家长承担性别平等家庭教育的主体责任，不要因性别限制孩子的成长，而要做孩子性别平等的榜样，共同营造性别平等好家风。各级妇儿工委要制定有效的工作方案，统筹协调社会各方，构建性别平等教育的大联盟。性别平等教育是真正的素质教育，在生活中学习，在实践中探索，您会听到孩子全面发展、健康成长的拔节声，感受到孩子在建设性别平等社会中的潜在能量。

深 度 探 究

1. 举办一次性别平等教育方面的亲子活动，想想如何确定活动主题，安排活动内容和形式。

2. 调动学校和社会的相关资源，拍一部性别平等教育的微电影。微电影的名字可先暂定为《让我们荡起双桨》。

3. 了解当地妇儿工委统筹协调所制定的推进性别平等教育工作方案，提出自己的意见和建议。

4. 收集家长在性别平等教育方面的问题与困惑，加以回应，并将它们编辑成册。或者，一起合作编下一本书吧，书名就叫——《性别平等教育家长手册》。

性别平等教育答疑解难

性别平等教育不关注歧视男性吗？

问：歧视女性的问题的确很严重，但男性也一样被歧视呀。我是一位男幼儿教师，就总被人瞧不起。男护士也是一样。性别平等教育为什么不关注歧视男性呢？

答：男幼儿教师、男护士被歧视的背后，是劳动的性别分工。人们通常认为，女性是细心、体贴的，擅长于抚育、照料，同时，将这类工作视为"女性专属"，觉得其技术含量不高，收入待遇也偏低。男性从事"女性专属"的工作被瞧不起，表面看是歧视部分男性，但本质还是劳动分工的性别不平等对女性的歧视。

必须清醒地认识到，我们谈性别平等时面对的是一个显著失衡的天平，而非男女遭受同等程度的歧视。某些对部分男性事实上的歧视和损害，追根溯源还是歧视女性的不平等的性别文化和社会机制。歧视所谓"娘炮"、男幼师等，是因为这些男性的气质、职业不够"男性化"，太过"女性化"，认为女人不行，连像女人都不行。

在现实生活中性别歧视往往不是独立存在的。比如，一位非洲裔的贫困老年妇女被老板无故解聘，她可能遭受到的除了性别歧视，还有种族歧视、年龄歧视、阶层歧视等等。

贫困地区的男性找不到老婆，付不起高价"彩礼"，其中的性别问题能简单理解为男性遭遇财产勒索吗？想想为什么适婚人口男多女少，还不是因为重男轻女，生育的男孩偏好，畸高的出生性别比。多出来的男性背后，是几乎同样多"消失的女性"，她们因为种种原因没有来到这个世界上，来到这个世界上也因为种种原因过早地离开。对女性生命权的剥夺，用"歧视"这个词来表达真是太过轻飘。高价彩礼还是意味着女性的物化，价格再高的商品依然是商品，而不是人，并不会享有人的权利和尊严。更不用说，一些家庭索要高价彩礼，也是为了让儿子娶媳妇，这就更是等同于商品交换了。

推进性别平等、争取妇女权益的确取得了巨大进步。不过，一些男性觉得现在性别已经很平等了，甚至过了头，男性才被歧视，这都是对性别问题缺乏全面、深入的清醒认识。男性习惯了固有的性别角色和性别互动模式，将不平等视为平等，觉得理所当然，就很容易将真正性别平等的一点进步视为过分之举。很多时候，所谓男性被歧视，只是性别天平朝向平衡的一次小小变动而已。

大脑真的男女有别吗?

问:《脑科学揭露男女思考的秘密》的演讲在网上很火,感觉挺有道理,大脑真的男女有别吗?

答: 该演讲打着"脑科学"的旗号,演讲者洪兰又顶着大学认知科学研究所所长、教授、博士等学术光环,所以,首先要辨析的就是,演讲中的观点真的是脑科学界的主流观点吗?

脑科学对于思维性别差异的研究是初步且不确定的。"科学表明,男女大脑在子宫内就开始分化,但有科学家认为,男女大脑间的差异很小。事实上,无论从大脑的结构,还是功能或使用大脑的方式上,学界有着不同的研究结果和理解。"[①] 洪教授作为学者当然可以有自己的学术见解,但以脑科学的名义向公众揭露所谓男女思考的秘密,却利用信息不对称,选择性地作片面介绍,这绝非科学的态度。更为严重的是,该演讲不仅充斥着极不严谨的对比、比喻、夸张,以及对个案的过度解读,还堂而皇之地传播第六感之类的伪科学。

另外一个需要辨析的重点是,该演讲缺乏基本的社会性别观念。例如,其中一个段子,妻子让丈夫"拿那袋马铃薯,一半削皮,放在锅里煮",丈夫就把每只土豆都削了一半的皮,用以说明男性不擅长做家务。其中的原因,更多的是长期以来形成的男主外女主内的性别分工,而不是所谓的大脑性别差异。不信,看看那些现代家庭"煮夫",不一样将锅碗瓢盆交响曲演奏得十分精彩。如果您的丈夫真像段子描述的那样做家务,更大的可能,不是所谓大脑结构功能的不同,而是大脑里面那些传统的性别观念作怪。

社会性别理论对于性别差异的脑科学研究也具有指导意义。演讲中,洪兰教授所介绍的一项研究还有以下内容她没提:试验参与者被分为3个年龄组,第一组年龄是8到13岁,第二组年龄是13岁到16岁,第三组是17到22岁。年龄最小的一组的大脑存在的差异,远比那些年龄更大的组存在的差异小。这一差异变化用社会文化的影响来解释或许更合理一些。

有人或许会说,洪兰教授在这个演讲中也是主张男女平等的,但我们不要忘了,如果没有社会性别观念,性别平等的漂亮口号就很可能变成性别歧视的实际行动。该演讲一方面说机会平等、薪水平等,每个人做他(她)擅长的事;一方面又说"不要男生做女生的事,女生做男生的事"。莫非男主外女主内,男学理女学文,才是男生做男生的事,女生做女生的事?

还有一点,要特别警惕那种对女性形褒实贬,看似尊重实为歧视的观点。比如,该演讲中的"母亲是家庭的灵魂""当你教育一个女童,你教育的是整个家庭和下一代",看起来把女性捧得很高,但都是在家庭和抚育下一代的范围,实质是对女性的限制和歧视。父亲在家庭和教育下一代中同样扮演重要角色,父亲也是家庭的灵魂。教育一个男

---

① 胡珉琦. 大脑的性别差异,生来如此 [N]. 中国科学报, 2015-01-20.

童,教育的同样是整个家庭和下一代。当然,女性和男性一样,能够在家庭之外更广泛的社会生活中发挥重要作用。

性别平等影响家庭和谐吗?

问(一位小学生的妈妈):现在学校的女生太强势了。虽然我赞成开展性别平等教育,但女人太强势会影响家庭的和谐啊,现在离婚率不就越来越高吗?

答:很高兴您赞成开展性别平等教育,而且您不仅关注不同性别各自的发展,还关注到相互的关系;不仅关注孩子的现在,还关注孩子的未来。

不过,我并不认同女生太强势的判断。准确地说,由于推进性别平等,女生现在处于升势。她们不断挖掘潜能,获得提升。很多人对这种升势还不习惯,看到低眉顺眼的女生变得扬眉吐气,总感觉女生太强势。其实,女生还是受到了种种限制和压抑,性别平等还有很长的路要走,性别平等教育还有很多的事要做。建设性别平等的婚姻家庭,并不支持男性或女性任何一方的强势。女性追求婚姻家庭中的平等地位,是合情合理的,不能认为是太强势。

现代社会的婚姻家庭趋于不稳定,原因很复杂,无须讳言,性别平等的推进是其中一个原因。要注意的是,婚姻家庭的不稳定既带来了负面影响,也蕴含着正面效应。离婚率上升,女性提出离婚的比例更大,在一定程度上反映了现代人(特别是女性)变得更重视婚姻质量,不愿再像老辈人那样凑合着过。

家庭稳定不等于和谐。以牺牲女性的平等地位、独立人格为代价的婚姻家庭的稳定,是不道德的,也不可能是真正幸福和谐的。如果一个家庭充满暴力,缺乏尊重与关爱,凭什么让女性忍辱负重、委曲求全呢?不如此就是太强势吗?

和谐的婚姻家庭当然需要稳定。男尊女卑的社会曾经形成了维护婚姻家庭稳定的丰厚传统,其基本模式就是大丈夫小媳妇:男性修身齐家治国平天下,女性举案齐眉、相夫教子、三从四德。在性别平等的社会这些传统很多都用不上了,但我们又困于旧传统,缺少新办法。很多追求性别平等的女性,其婚姻家庭观也往往难以突破性别刻板印象。如果丈夫不够强,自己不够顾家,在人前总免不了失落,在心里更会有深深的愧疚。这些都给她们婚姻家庭的和谐带来困扰。

因此,与其忧虑"性别平等,家庭不稳",不如探索"性别平等,情深意真"。青少年将逐步形成婚恋观和家庭观,这也是性别平等教育的一项重要内容。有一档电视节目,让父母为成年子女找对象来把关。这种相亲或许是"中国"的,但绝不"新"。儿女未来婚姻家庭的幸福,父母真正能把的关,不是这时候出主意(很多还是馊主意,诸如不要手凉的女孩,单亲家庭的孩子感情容易出问题),而是从小培养其性别平等的观念和能力。

恰当的做法是,着力引导孩子突破"郎才女貌""夫唱妇随"的刻板模式,支持孩子去积极探索一条新的基于性别平等来构建和谐家庭的幸福之道。

让女生先走男生后走是性别不平等吗？

问：上性别平等教育课时，有男生说："我们体育老师下课的时候总是让女生先走，男生后走，我觉得就是性别不平等"，我怎么回应好呢？

答：不难看出，体育老师让女生先走是基于"女士优先"的礼仪，那就得先由此说起。

"女士优先"（ladies first）是西方的一种社交礼仪，被认为是男性对女性的尊重、照顾和保护，体现了绅士风度。比如，在不允许两人并行时，男士应让女士先行；进门时，男士应把门打开，请女士先进，等等。这一社交礼仪有着悠久的传统，一般认为起源于欧洲中世纪的骑士精神。骑士应该保护弱者，伸张正义。弱者除了贫困者，还包括无助的妇女和儿童。骑士崇拜贵妇人，这又与当时渐渐流行的圣母崇拜有关，许多著名的大教堂就是以圣母玛利亚的名义修建的，圣母成为"悲苦母亲"和"理想女性"的象征。骑士爱情是护花使者和高贵女士的精神恋爱，浪漫而不切实际，但它引入了一种新的两性关系，女性支配、引领男性，男性遵从、服务女性。当然，这些女性都是血统高贵、举止文雅。

追根溯源，我们就会发现"女士优先"与性别平等的关系并不那么简单明了，一清二白。它的确有积极意义，特别是随着"女士优先"由贵族礼仪变成普遍的行为准则，女性的确得到了相对较多的尊重，社会地位也获得一定程度的提高。不过，消极影响也包含在其中。崇拜圣母的同时贬斥夏娃，得到尊重的女性贞洁还能生育，高贵却又恭顺，那些得到真诚"优先"待遇的实际上还是男权视角的"理想女性"。这与国人孝敬慈母的同时，把妻子当作可随意更换的衣服，并没有本质的不同。照顾、保护女性背后隐含着的理念是"弱者啊，你的名字叫女人"。不仅是体能上的软弱无力，而且是社会能力的茫然无措。这又与孔子的"唯女子与小人难养也"所见略同。在骑士精神流行的同时，基督教会还是将女性视为卑弱、不洁的。

因此，"女士优先"的社交礼仪，并没有改变社会诸多方面"女性靠后"的局面，西方女性至今也依然遭受着各方面的严重不平等待遇。性别平等取得的进步也不是靠"女士优先"照顾来的，而是靠艰苦卓绝的妇女解放和维权斗争争取来的。

让女生先走男生后走的体育老师，应该是本着尊重女性，照顾女生的良好愿望，但看来也还存在明显的性别刻板印象，与"女士优先"的观念一样，将柔弱当作与生俱来的女性特质。反倒是小男生揭开了"女士优先"披着的"皇帝新衣"。他单纯的双眼看到了一个基本事实，小学的男生和女生在体能和其他方面的能力并没有差异，女生没有必要得到特别的照顾。很多觉醒的女性都明确提出，"女性需要的不是照顾，而是平等相待"。

"女士优先"作为社交礼仪由来已久，曾被广为接受，也有一定的积极意义，我们大可不必一棍子打死，但应该引导人们通过文化反思努力驱除其消极影响。至于在中小学校，就没有必要继续推崇"女士优先"，尤其不能将其当作正面的性别平等教育。

"那你叫我怎么办？难道让男生先走吗？"那位体育老师或许会提出这样的困惑。

解决问题的方法很简单,不要总是采用性别分组就好了。有研究表明,学校教育中过多的性别分组不利于学生形成性别平等观念。体育课上的性别分组很常见,什么情况下是有必要的、有益处的,我们还真得好好反思。

性别平等是反传统的吗?

问(一位妇联的干部):有人认为性别平等教育与中国传统文化存在冲突,比如易经强调阴阳调和等,您怎么看?

答:与其他现代文明观念一样,性别平等与传统文化确实存在冲突,它不仅与中国传统文化冲突,也与其他传统文化冲突。

文化的演进总是在传承中变革,在变革中传承。西方文艺复兴并非回到古希腊古罗马,中华文化复兴也绝不是回到汉唐。改革开放已经四十多年,"五四"新文化运动也已满一百年,还将"藐视老祖宗的传统文化"作为一种罪名,也真是让人醉了。孔子说的"唯女子与小人难养也",再怎么解读,也不会有尊重女性的意思。又臭又长的裹脚布,再怎么漂洗,也脱不掉残害女性的血腥。这样的传统让我们如何"敬畏"?性别平等教育与它们冲突了又有何妨?

女娲补天、穆桂英挂帅、木兰替父从军、秋瑾慷慨赴义、邓颖超与周恩来的革命爱情……性别平等教育要让孩子传承的应是这样的传统文化。

传统文化从来不是铁板一块,一成不变,它们本身就充满了冲突。百家有争鸣,十里不同俗,不同时代会有文化变迁。郑观应、梁启超等众多维新思想家,都从变法图强的角度提出兴女学、反缠足等男女平等主张。其观点虽然有一定局限,但不少在今天看来依然切中时弊。反倒是现在某些人生活在信息时代,但脑后还留着一条无形的辫子。

"五四"传统也是大力支持男女平等的,鲁迅、胡适等新文化运动知识分子对此有着丰富的论述和积极的探索,真正是中华文化的"保存者、开拓者、建设者"。

男女平等同样是中国共产党的一贯主张,从成立之日起,它就写在党的旗帜上,并成为"红色"传统的重要组成部分。那些认为男女平等"藐视老祖宗的传统文化"的人,打算将老一辈无产阶级革命家置于何地呢?

衡量性别平等教育正确与否的尺子,不是传统,而是社会主义核心价值观。传统同样要接受检验,我们要弘扬的是"优秀的传统文化",是否优秀,是否需要弘扬,都应该以是否符合社会主义核心价值观为判断标准。

说回"阴阳调和"的传统文化。在阴阳二元论基础上把握事物运行规律,体现了古代中国人的智慧。随着现代科学技术的发展,我们对世界及其运行规律的认识早已超越了传统。关于性别的认识,由解剖学深入到遗传学,从生殖器官的差异深入到性染色体的区别;不仅注意到生理性别,而且发现了社会性别;不再是二元的,而是多元的。

特别需要指出的是,我们的认识不断超越传统,才能进一步辨析和理解传统。太极鱼的图案,阴和阳不是绝对的,阴中有阳,阳中有阴。激素的性别差异也不是绝对的,男性身上有雌性激素,女性身上也有雄性激素,两性间的区别只是由于激素相对量及比例的不同。性别气质也不是两极化的,两性都兼具了"男性气质"和"女性气质",不同个体只是程度不同而已。用现代的性别生理学、心理学和社会学重新审视"阴阳调和"的传统文化，才可能发现相互间的冲突和联系。

反对"女人吃饭不上桌"，反对女德班，不能说就是反传统；同样，反对"女性以瘦为美"，也不能说就是反潮流。性别平等教育既不反传统，也不固守传统；既不反潮流，也不迎合潮流。

性别平等教育搞错工作重点了吗？

质疑（一位教育局干部）：在我们中小学校中，一直就不存在性别歧视这些问题，所有教育教学管理都是平等对待的。性别平等教育的工作重点本来就不在我们这样的沿海发达地区，你们是搞错工作重点了吧？

答：中小学校不存在性别歧视问题，教育中性别已经很平等了，是教育工作者的普遍认识。不妨从一个案例说起。

"如果你的爸爸妈妈想再给你添一个弟弟或妹妹，来跟你商量，你会说些什么？"这是广州市某区小学三年级语文期末水平测试题，一位学生这样回答："我觉得应该添一个弟弟：①应（因）为男的可以养家。②男的还能为国家xiào（效）劳。③男的比女的能吃苦。④男人不会花钱，只会zhèng（挣）钱。⑤男人的身体比女人的人（身）体壮，不容易生病。"真是满满的性别刻板印象啊！我们中小学不是没有性别不平等，而是没有发现，没有感觉。

性别平等教育的工作重点不在经济发达地区吗？"教育工作全面贯彻性别平等原则""性别平等原则和理念在各级各类教育课程标准及教学过程中得到充分体现"其中的"全面贯彻""各级各类教育"，并没有将经济发达地区视为例外。广东省妇儿工委、省教育厅、省妇联联合下发《关于在我省全面开展中小学性别平等教育的通知》，说的还是"全面开展"。地处珠三角的中山市构建的性别平等教育"中山模式"也充分表明，经济发达地区开展性别平等教育同样很有必要，大有可为。

推进性别平等，在不同地区工作内容会有所侧重，但绝非经济发展了，性别就平等了。改革开放以来，随着国民收入的提高，女性的绝对收入当然是提高了；可与此同时，性别收入差距却在逐步加大，也就是说，女性的相对收入是越来越低了。进一步的调查还显示，非国有部门（民营、外资企业）的性别收入差距要大于国有部门（党政机关、事业单位、国企），这也可以解释为什么女性会更热衷于考公务员，选择"有编制"的职位。受教育程度的性别差距在缩小，收入的性别差距却在扩大，充分说明性别歧视才是造成性别收入差距的重要因素。如果忽视社会分配中的性别不公平，经济发展的同时，两性不平等很有可能会扩大。

再打个比方吧。加强环境保护，在不同地区的工作内容同样有所侧重，但偏远农村山清水秀，莫非就不要搞环保了吗？那些地方教育局的干部难道可以说："环境保护教育本来的重点的确就不是我们这样的偏远农村地区，你们搞错工作重点了。"

其实，"不是重点"只是找借口而已。自以为不是中小学性别平等教育重点的，恰恰就是重点。

中小学 性别 平等教育指南

信息学竞赛设女生奖是性别歧视吗？

问：2018年广东省青少年信息学奥林匹克竞赛决赛，专门设立了"女同学奖"，这对女生是歧视吗？

答：性别平等是形式平等与实质平等的结合。形式平等是指不同性别者一律予以同等对待。实质平等，则根据实际情况对弱势性别给予适当保护和补偿，以确保不同性别者在真正意义上的平等。在数学、理工的学习与研究方面给女性更多鼓励和支持，既不是轻视女性，也不是歧视男性，而是在考虑性别的"现实差异"，促进性别平等。

2018年的广东省青少年信息学奥林匹克竞赛决赛，前50名只有一位女生，排名第44。如前所述，我们不能据此推定男生天生就比女生更擅长学习信息学，只能说明目前女生学习信息学需要更多的鼓励与支持。因此，专门评选"女同学奖"，规定省队必须有一名女生，如果前十五名中没有，则女生中排名第一者入选，这些做法都是促进性别平等，而非性别歧视。甚至可以考虑单独举办同等级别专门面向女生的信息学竞赛。

当然，性别平等教育必须跟上，要让教师和学生都懂得：男生女生同样能够学好信息学，上述规定对女生学习信息学来说，不是安慰奖和照顾奖，而是支持奖和促进奖。

女性曾经被认为不适合学医。1540年，英国国王亨利八世曾明文禁止女性加入外科医生协会。可是，过去半个世纪女医生大幅上升，根据美国医学院协会统计，医学院毕业生中女性的比例从1983年的26.8%上升到2010年的48.3%。2012年全美执业的医生中，30.4%为女性，69.6%为男性。住院医生或者进修医生中，46.1%为女性，53.9%为男性。根据2015年7月的统计，上海有注册医师84 116名，女医师有42 192名，占在沪注册医师总数的50.16%，人数首次超过男医师。

2017年第34届全国青少年信息学奥林匹克竞赛上，来自杭州学军中学的高三女生毛嘉怡夺得了第7名。她的教练徐先友老师在接受采访时表示，"今后我们也会继续关注女孩子学编程的情况，希望能出现更多的毛嘉怡。"可以肯定，只要努力推进性别平等，推进性别平等教育，信息学竞赛、学习和研究中男女并驾齐驱的时代也一定会到来。

开展男女生混合篮球赛合适吗？

问（一所初中的校长）：为了建设性别平等的学校文化，鼓励女生参加体育运动，我们修改了学校篮球联赛的规则，每场比赛分三节，第一节男生比；第二节女生比；第三节男生女生混合比，场上的女生不得少于两人。但一些老师有不同意见，您觉得男女生混合篮球赛合适吗？

答：男女混合运动项目不断增加是国际体育发展的趋势。2020年东京奥运会新增9个男女混合项目，男女混合项目数量比里约奥运会翻一番，达到18个。参加奥运会比赛的女性比例在过去30年来大幅增加，从1988年汉城奥运会的26.1%到2016年里约奥运会的45.2%，东京奥运会进一步提升至48.8%。北京冬奥会女性运动员参赛比例达45.4%，全部109个小项中有女性运动员参与的项目占比53%，是迄今女性参赛比例最高、参与项目最多的冬奥会。北京冬奥组委会发布《促进性别平等承诺》，通过体育运动促进性别平等。

国内外不少具有社会性别意识的教育和体育工作者，在中小学体育活动中也正积极鼓励女生参与，增加男女生混合运动项目，其中就包括足球、篮球等。那么，中小学男女生混合进行篮球这类有身体对抗的比赛会不会增加（女生）受伤的风险呢？

未进入青春期的男孩与女孩在体能上是没有显著差异的，进入青春期后，性激素等生理因素会引起体能的性别分化。因此，未进入或刚进入青春期的小学生和初中生，还无须考虑体能的性别差异。那高中生呢？这就要特别注意"平均差异"。进入青春期一段时间后，体能的性别分化渐趋明显，但呈现出的性别差异属于平均差异，且体能的个体差异要远远大于性别平均差异。具体到一场篮球赛最悬殊的体能差距，分性别比赛完全有可能比男女混合比赛还更大些。篮球比赛对抗有风险，但男女生混合比赛并不会比分性别比赛风险更大。

还有一点很容易被忽视。男性与女性运动能力（包括体能和技能）存在的现实差异绝不仅仅是生理因素造成的，社会文化建构同样产生了重要影响。因此，鼓励女性参加体育运动，特别是对抗性强的项目，增加男女混合项目，将有利于缩小运动能力现存的性别差异，同时促进不同性别的和谐互动，有力推动性别平等。

考虑到男女生运动能力的"现实差异"，以及不同年龄学生体能性别分化的不同状况，男女混合篮球赛可以采用同场比赛与分场比赛混合计分等不同形式。

父教与母教之间真有条"三八线"吗？

问：有家庭教育专家认为，"母亲在培养孩子亲密性方面具有天然优势，父亲在培养孩子独立性方面具有天然优势"，这种说法对吗？

答：父母要共同承担家庭教育责任，但父教与母教并没有一条壁垒森严的"三八线"。

运用社会性别这一理论工具分析父教与母教的差异，就会发现：其中虽然有某些生理因素，比如母亲哺乳；但更多是社会文化构建的结果，比如，男主外女主内，男强女弱，男刚女柔。父教与母教之间画的"三八线"，源于性别刻板印象，虽然肯定了父亲在家庭教育中的责任，但依然会引发各种问题。

这条"三八线"强化家庭的性别分工，加剧性别不平等。"养不教，父之过"，儒家传统意义的"教"属于父职，母职只是"养"。母亲培养亲密性，父亲培养独立性的说法不过是上述观念的现代版。母亲培养亲密性，意味着要承担繁重的抚养照顾孩子的任务，当然就无法成为"孩子由家庭通向世界的桥梁"，其独立人格、榜样作用都被忽视。父亲培养独立性，也可能带来过重的精神压力，也剥夺了其与子女建立亲密关系的权利与机会。

这条"三八线"无视父母的个性爱好，有损家教合作成效。莫非一位很有亲和力的父亲，也一定要为了培养独立性，让孩子"既敬又怕"。莫非女法官、女警察在自己孩子眼里都不能成为"社会秩序和纪律的象征",没有资格成为孩子的"规则之源"吗?严格要求孩子属于她们的短处吗?更何况,严格要求孩子需要父母协同,管教激励孩子没有理由成为父亲的专责。

这条"三八线"渲染父教无可替代,对单亲家庭及其孩子构成了偏见与歧视。家庭教育父亲不应缺位,因为这是父亲应尽的责任,也是他应有的权利。父教缺失并非完全不能弥补。古今中外无数缺失父教的孩子,通过其他各方和自身的努力,同样健康成长、幸福生活,取得成就。父教缺失让男孩变得女性化更是无稽之谈。总体而言,与过去相比,中国父亲参与家庭教育的程度逐步提高,有人却说男孩越来越缺乏阳刚之气了,这怎么解释呢,这还让不让人好好做父亲呢?

其实,家庭教育中父亲和母亲的责任程度是同等的,内容也是互通的。抹去父教与母教之间那条人为的"三八线",并不会抹杀父教的价值,还能更好地推动父母主动、协同做好家庭教育,促进家庭领域的性别平等。

父亲在外儿子软弱怎么办?

问(一位小学男生的妈妈):儿子特别软弱,胆子小,我很担心,不知道怎么办好。家里情况有点特殊,孩子爸爸在国外工作,一年只能回来一次。我也有工作,做会计。会不会是由于父亲不在身边,缺少了男性榜样,导致儿子的软弱呢?最明显的是他很怕打针,每次打针都很抗拒,要左劝右哄,有时还得用蛮力强迫才行。

答:父母往往希望男孩刚强,这位妈妈您看来也是如此。不过性别气质不是两极化的,而是多样化的。并非所有男孩的个性都刚强,有些男孩个性偏于柔和,也是很正常的。柔和未必就软弱,也可以柔韧,甚至胜过刚强。

认为儿子因父亲不在身边,缺少男性榜样,导致个性软弱,也是不能成立的。父亲的确是孩子重要的男性榜样,但孩子的男性榜样不止父亲,还有其他男性亲属,甚至各种传媒、文化艺术作品中的男性角色。何况,父亲不在身边未必就不能发挥其榜样作用。

尤其不要忘了,男性榜样也应当是多样化的,可刚可柔,能武能文,宜动宜静,外向内敛、冷峻温暖、理智感性,敬业顾家。将刚强的男性作为标准形像,发现与之不符就认为孩子有问题,再凭性别刻板印象去归因,那其实是我们大人的问题,是典型的阳刚焦虑。将这种焦虑传递给孩子,反倒真的会给孩子带来很多问题。

父亲长年在外给儿子带来的最大问题,或许是安全感的缺乏。儿童都特别需要安全感,无论男孩女孩。儿子打针时的表现,更可能是由于对安全感的需求,对关爱的渴望。所以,解决问题的重点应当是努力让孩子充分感受父亲的关爱,增加安全感。比如,运用现代通信手段,让父亲和儿子多一些交流和沟通,尤其是分享一些共同的生活,共同读的一本书、玩的一个游戏、听的一首歌、看的一部电影等。母亲在家里也可以结合父亲给孩子买的礼物、家庭影像资料等,与孩子轻松自然地谈论父亲的点点滴滴。

怕痛、怕打针,是人的正常生理反应。每个人对痛的感受不同,不能简单地将怕痛视为软弱，更不能视为没有男子气。有生理学研究还认为，平均来说男性比女性更怕痛呢。是啊，生孩子的痛才是真痛，所谓痛不欲"生"嘛。曾经有准爸爸想体验生孩子的痛，结果惨叫不止，早早退缩。

我当然不是说不要培养孩子坚强地面对生活的艰难困苦，但也应该尊重人的一些生理差异。很多男性恐高，莫非他们就是软弱、胆小、不坚强吗？说回孩子怕打针这事，妈妈首先还是要理解接受他怕痛的感受，适当抚慰，与孩子一起寻找分散注意的办法。可以鼓励他忍受疼痛，但不宜要求过高，过急，哭叫、流泪等等，只要没有影响打针的顺利进行，都应在接受的基础上引导孩子慢慢调整。尤其不要将这与男子汉气概挂钩，批评责备，那只能增加孩子的不安全感，适得其反。

坚强并非男性的专利。这位妈妈您又要工作，又要照顾家庭孩子，一定也是位坚强的女性。您不妨将自己的生活经验与儿子分享，让他向女性榜样学习坚强，也培养他对性别角色、性别气质的正确认知。

儿子还小，有丰富的发展可能。说不定将来他不仅不怕打针，还敢给别人打针、做手术呢。最重要的是，作为妈妈千万不要随意给儿子贴上"软弱"的负面标签。在爱护、理解孩子的基础上，鼓励、支持他迎接生活的风风雨雨，将来他无论刚强或是柔韧，都一定会自如地驾驭生命的航船，享受属于自己的美好航程。

"男性化"的女儿如何管教？

问：我女儿是典型的"女汉子"，她现在读初二，处在叛逆期，家长的话有时根本不听，脾气也很大，感觉自己身为教师都对付不了她。

答：家家有本难念的经，每个孩子也都不一样，您的介绍简略，我也只能谈一些概要的建议，希望能对您有所帮助。

（1）请把自己的女儿当作正常的女孩子，尊重她的个性。

性别气质不是两极化，而是多样化的。研究表明，我们每个人身上都兼具了所谓的"男性气质"和"女性气质"，只是程度不同而已。女性并不是从同一个模板刻出来的，个性千差万别。有林黛玉，也有花木兰；可以温柔和顺，也可以叱咤风云；可以喜欢绣花，也可以喜欢拳击。女性身上拥有较强的"男性气质"，是有自己个性的正常女性。

孩子进入青春期，自我意识不断增强，特别希望自己的个性得到尊重。如果总觉得女儿刚好"反"了，自觉或不自觉地就会对她的兴趣、爱好、性格持批评态度，自然也会引起她的反感。比如，您说女儿"脾气也很大"，是否因为自己潜意识里认为女孩子就应该温和些，而将她的"脾气"放大了呢。发脾气作为情绪的表达和宣泄，有个体之别，而不必有男女之分。这样看，或许会感觉女儿的脾气也没有那么"大"了。如果再不去说"女孩子脾气那么大怎么行"之类的话，或许女儿的脾气也不会突然变得很大。

（2）请把自己的女儿当作成长中的孩子，接纳她的不足。

我不喜欢"叛逆期"的说法。初中二年级，是快速成长的阶段，也是学业等各方面压力增大的时期，各种矛盾汇聚在一起，让一个身心都还没有完全成熟的孩子处理得妥妥帖帖，是不切实际的。接纳成长中的不足，对成长不是阻碍，而是促进。比如，"家长的话有时根本不听"，或许有些固执己见，或许显得不够礼貌，但换个角度看，或许就是有主见，或许就是独立性。孩子毕竟是孩子，即使是孔圣人，不也要"六十而耳顺，七十而从心所欲不逾矩"吗？

（3）请把自己的女儿当作自己的孩子，而不是自己的学生，融洽亲子关系。

您说"感觉自己身为教师都对付不了她"，这很正常。好老师并不必然就是好家长，而且用做老师的那一套对待自己的孩子，往往就是错误的。同样一句话，对自己的学生说是良药；对自己的孩子说却可能是毒药。师生关系尚且讲情感，所谓"亲其师重其道"；亲子关系中情感就占据了更加重要的地位。遭遇了挫折困难，学生需要教师指点迷津，孩子则更需要家长安慰支持。良好的亲子关系，让女儿在您身边有心理安全感，您在家里暂时抽离自己的职业身份，即使什么都不教，其实就已经教了很多。

孩子的成长急不来，家长的教育要稳得住。慢慢来吧。

幼儿园能开展性别平等教育吗？

问（一位幼儿园园长）：您讲的都是中小学的案例，我们幼儿园可以开展性别平等教育吗？怎么开展呢？

答：幼儿园当然可以开展性别平等教育。《中国妇女发展纲要（2011—2020年）》要求"教育全面贯彻性别平等原则"，学前教育也不例外。《中国儿童发展纲要（2021—2030年）》明确提出了"中小学、幼儿园广泛开展性别平等教育"的要求。

我曾经发现幼儿体验活动受性别刻板印象影响，建议幼儿园重视。后来再观摩类似活动，教师适当引导，情况明显改观。耕种区，男孩女孩携手合作，汗水混着泥水，笑靥映着鲜花；木工坊里的几位女木匠，捶捶钉钉，饶有兴致；梳妆区，也有一个男孩，正专心致志地给玩偶梳头。

中山市教师进修学院的李姝静老师是学前教育专家，很赞同幼儿园开展性别平等教育，推荐我为幼儿教师开设相关讲座。她认为，幼儿教师树立性别平等观念，突破性别刻板印象，不仅能促进幼儿的健康成长，也有助于女性为主的幼儿教师正视自身，增强自信。2019年4月24日，我给民众镇幼儿骨干教师讲了"性别平等教育的理念与实践"。两周后，民众中心幼儿园的陈静老师就根据性别平等教育理念设计了一节大班社会活动"我们都一样"。

活动安排两个环节暴露性别刻板印象，另外两个环节打破性别刻板印象。且看其中两个片段。片段一："老师，我妈妈每天做饭要用到这个锅铲。""老师，我爸爸修理桌子的时候用到了锤子。""我妈妈每天下班后用扫把扫地。"幼儿还自主、快速地把工具分好。围裙、锅铲、针线、扫把都分到了"妈妈组"，扳手、锤子、钉子等都分到了"爸爸组"。孩子们的回答是：因为家里都是妈妈系围裙煮饭，爸爸才有力气使用锤子。

片段二：大多数女生都说喜欢插花，男生都说想要当小木匠。让幼儿选择插花或做小木匠分组。一开始有些女生不喜欢去小木匠那一组，老师走过去轻轻地说："没关系，我们一起来尝试做一做，看看能不能把小椅子修理好。""那好吧，我们一起来做吧！"一位女生带头，另外三位女生也给自己打气，"对，我们一定能修好的。"大家一起看看椅子坏的地方在哪里，一起分工合作，有的扶住椅子不让它东倒西歪，有的拿着螺丝刀把松掉的螺丝一个一个拧好。五分钟过去了，椅子修理好了，几位女生非常开心，说："我们做到了！"

幼儿园开展性别平等教育与中小学相比，理念相同，但内容形式独特，应当融入学前教育的健康、语言、社会、科学、艺术五个领域，与幼儿的生活实践紧密结合。具体做法需要尝试探索。梅州市龙丰幼儿园的刘媚园长开展了"幼儿园开展性别平等教育的实践与探索"的课题研究，惠州市教育局一位副局长也表示要在幼儿园性别平等教育方面进行创新探索。真期待早日形成幼儿园性别平等教育的新模式。

参考文献

阿迪契. 女性的权利［M］. 张芸,文敏,译. 北京:人民文学出版社,2017.

波伏瓦. 第二性［M］. 郑克鲁,译. 上海:上海译文出版社,2011.

布尔迪厄. 男性统治［M］. 刘晖,译. 北京:中国人民大学出版社,2017.

布兰农. 性别:心理学视角［M］. 北京:北京大学出版社,2005.

布劳恩,斯蒂芬,等. 科学中的性别［M］. 史竟舟,译. 北京:人民出版社,2014.

蔡玉萍,彭铟旎. 男性妥协:中国的城乡迁移、家庭和性别［M］. 北京:生活·读书·新知三联书店,2019.

高德胜. 生活德育再论［M］. 北京:人民出版社,2019.

高彦颐. 缠足:"金莲崇拜"盛极而衰的演变［M］. 苗延威,译. 南京:江苏人民出版社,2009.

国务院妇女儿童工作委员会办公室,江苏省政府妇儿工委办公室. 科学发展观与男女平等基本国策［M］. 南京:江苏人民出版社,2005.

国务院妇女儿童工作委员会办公室. 儿童暴力伤害预防与处置工作指引［M］. 北京:中国妇女出版社,2014.

国务院妇女儿童工作委员会办公室. 男女平等基本国策的贯彻与落实［M］. 北京:人民出版社,2016.

胡珍,苟萍,李扁. 向青春迈进——社会性别与小学性教育［M］. 北京:科学出版社,2013.

胡珍,吴银涛,李扁,等. 与青春同行——社会性别与中学性教育［M］. 北京:科学出版社,2013.

霍克希尔德. 职场妈妈不下班:第二轮班与未完成的家庭革命［M］. 肖索未,刘令堃,夏天,译. 北京:生活·读书·新知三联书店,2021.

蒋永萍. 世纪之交中国性别平等与妇女发展状况［M］. 北京:中国妇女出版社,2008.

克劳福德,昂格尔. 妇女与性别——一本女性主义心理学著作［M］. 许敏敏,宋婧,李岩,译. 北京:中华书局,2009.

李慧英,刘澄. 社会性别与公共政策(之二)［M］. 北京:中国社会科学出版社,2014.

联合国教科文组织,联合国艾滋病联合规划署,联合国人口基金,等. 国际性教育技术指导纲要:采用循证方式(修订版)［M］. 巴黎:联合国教科文组织,2018.

刘伯红. 社会性别主流化读本［M］. 北京:中国妇女出版社,2009.

刘建中,孙中欣,邱晓露. 社会性别概论［M］. 上海:复旦大学出版社,2011.

刘利群. 社会性别视野下的媒介研究［M］. 北京:中国传媒大学出版社,2013.

刘明辉. 社会性别与法律［M］. 北京:高等教育出版社,2012.

罗慧兰. 女性心理学［M］. 长沙:湖南大学出版社,2014.

罗英,李傲. 中国性别平等状况调查报告［M］. 北京:中国社会科学出版社,2008.

马特林. 女性心理学［M］. 赵蕾,吴文安,等译. 6版. 北京:中国人民大学出版社,2010.

孟昭兰. 情绪心理学［M］. 北京:北京大学出版社,2005.

米勒. 亲密关系［M］. 王伟平,译. 6版. 北京:人民邮电出版社,2015.

闵乐夫. 青春期性教育教师实用手册［M］. 重庆:西南师范大学出版社,2010.

莫萨特恰,昂格尔. 轻松应对青春期［M］. 王秀琼,译. 北京:中国人民大学出版社,2015.

彭珮云. 中国特色社会主义妇女理论与实践［M］. 北京:人民出版社,2013.

全国妇联妇女研究所. 当代中国妇女运动简史(1949—2000)［M］. 北京:中国妇女出版社,2017.

上野千鹤子. 厌女：日本的女性嫌恶［M］. 王兰，译. 上海：上海三联书店，2015.

深圳市妇女联合会，深圳市妇女发展研究会. 性别平等立法的深圳实践：《深圳经济特区性别平等促进条例》百家谈［M］. 北京：社会科学文献出版社，2013.

宋健. 社会性别视角下的中国社会政策［M］. 北京：社会科学文献出版社，2012.

宋秀岩，苏凤杰，宋文珍. 《中国妇女发展纲要（2011—2020 年）》学习辅导读本［M］. 北京：中国妇女出版社，2013.

苏霍姆林斯基. 爱情的教育［M］. 世敏，寒薇，译. 北京：教育科学出版社，1985.

谭琳，姜秀花. 性别平等与文化构建［M］. 北京：社会科学文献出版社，2012.

谭琳. 2008—2012 年中国性别平等与妇女发展报告［M］. 北京：社会科学文献出版社，2013.

佟新. 社会性别研究导论［M］. 2 版. 北京：北京大学出版社，2011.

瓦西列夫. 情爱论［M］. 赵永穆，范国恩，陈行慧，译. 北京：生活·读书·新知三联书店，1984.

伍德. 性别化的人生：传播、性别与文化［M］. 徐俊，尚文鹏，译. 广州：暨南大学出版社，2005.

夏晓虹. 晚清女性与近代中国［M］. 2 版. 北京：北京大学出版社，2014.

谢幸，苟文丽. 妇产科学［M］. 8 版. 北京：人民卫生出版社，2013.

薛宁兰. 社会性别与妇女权利［M］. 北京：社会科学文献出版社，2008.

印度人权与男女平等组织，尼日利亚女孩权力倡导组织，国际计划生育联合会，等. 青春健康教育指南［M］. 中国计划生育协会，译. 北京：中国人口出版社，2014.

曾晓东，鱼霞. 中国中小学教师发展报告（2014）［M］. 北京：社会科学文献出版社，2015.

郑新蓉. 性别与教育［M］. 北京：教育科学出版社，2005.

中国法学会反对家庭暴力网络社会性别培训分项目小组. 社会性别与家庭暴力干预培训者手册［M］. 北京：中国社会科学出版社，2008.

中华全国总工会. 促进工作场所性别平等指导手册［M］. 北京：中国工人出版社，2019.

周小李. 社会性别视角下的教育传统及其超越［M］. 北京：教育科学出版社，2011.

祝平燕，周天枢，宋岩. 女性学导论［M］. 武汉：武汉大学出版社，2007.

佐藤学. 课程与教师［M］. 钟启泉，译. 北京：教育科学出版社，2003.

附录一

中山市中小学性别平等教育指导大纲（试行）

性别平等教育，是贯彻落实男女平等基本国策的重大举措，是推进实施妇女发展纲要规划的重点目标，也是践行社会主义核心价值观的重要载体。中小学性别平等教育，是培养中小学生性别平等观念和行动能力，促进其个人成长、和谐相处并参与建设性别平等社会的教育，是进一步加强和改进中小学德育工作、全面推进素质教育的重要组成部分。为了科学指导和有效实施中小学性别平等教育，按照《广东省性别平等教育中山试点工作实施方案》的要求，认真总结中山市中小学性别平等教育试点成果，借鉴国内外性别平等教育的先进经验，制定本大纲。

一、指导思想

高举中国特色社会主义伟大旗帜，以邓小平理论、"三个代表"重要思想和科学发展观为指导，学习践行社会主义核心价值体系，贯彻落实男女平等基本国策和党的教育方针，落实妇女发展规划，推动性别平等原则和理念在中小学教育全过程中得到充分体现，促进性别平等发展、社会和谐进步。

二、基本理念

男女平等是我国的基本国策，《中华人民共和国宪法》明确指出："中华人民共和国妇女在政治的、经济的、文化的、社会的和家庭的生活等各方面享有同男子平等的权利。"《中华人民共和国妇女权益保障法》等法律法规都努力保障和推进性别平等。《中国妇女发展纲要（2011—2020年）》明确要求，"教育工作全面贯彻性别平等原则"，"性别平等原则和理念在各级各类教育课程标准及教学过程中得到充分体现。"性别平等已成为当今世界最关注的中心议题之一，我国是《联合国消除对妇女一切形式歧视公约》最早的缔约国之一，推进性别平等是我们履行的国际承诺。

平等，包含了性别平等；公正，包含了性别公正；和谐，也理应包含性别和谐。性别平等价值观是社会主义核心价值观的重要组成部分，其主要内容是：不同性别的价值和尊严的平等，权利与机会的平等，责任分担，多元选择。其中，权利平等是基础。

社会性别是性别平等的理论内核。长期以来，人们将性别气质、性别角色和性别分工的差异，仅仅归结为生理性别的差异，主张男阳刚，女阴柔；男主外，女主内；男主动，女被动；男豪爽，女含蓄等，导致生理性别决定论以及性别刻板印象。而社会性别在正视性别生理差异的同时，更强调社会、文化的建构，主张性别气质的多样性，性别角色的丰富性，性别权利的平等性。性别平等不是抹杀性别的生理差异，而是在正确认识性别生理差异的基础上推进性别的权利平等、机会平等，责任分担。

中小学生是性别意识形成和发展的关键时期，我们要努力帮助其形成积极合理的性别自我认识，学习处理性别的人际关系，促进性别的共同发展。

性别气质是多样的，积极的性别认同就是悦纳自己，勇敢做自己，青少年尤其要做好青春期身心保健，破除以瘦为美等体像烦恼；不同性别者都能够在各个领域有所成就和贡献，制定生涯规划要依据个人特点、社会需要，不应受性别限制。当前依然要重视培养女生"自尊、自信、自立、自强"的"四自"精神。

性别角色是丰富的，不同性别者在团体中都能扮演重要角色，家庭、学校和社会分工不应受到性别限制。性别权利是平等的，与性别相关的法律赋予了女性与男性平等享有各项权利，其精神内涵就是保障人的基本权利。性别互动、性别吸引，以及爱情、婚姻和家庭等，所有性别关系平等的关键还是权利平等，独立自主，互相尊重，共同承担各种责任。性是人的一项基本权利，也伴随着责任。青少年产生性好奇、性需求、性冲动是很自然的，也应该学习安全性行为的保护措施，但最好的保护是不要发生性行为，延后满足性欲望。性骚扰、性侵害、家庭暴力，也是对平等性别权利的侵害，对中小学生的身心伤害尤为严重，必须训练学生保护自己的身体，培养应对这些伤害的能力。保障性别权利，消除性别偏见和歧视，才能让不同性别间相处更为平等、和谐。

性别平等不是单纯的妇女问题，而是广泛而复杂的社会文化问题。社会性别主流化是将性别观点纳入政府工作和社会发展决策的主流；它重视妇女赋权，主张男性也要参与，且同样受益；社会性别主流化就是从人权、经济效益、社会公正和可持续发展的角度，全面持久地推进性别平等。青少年可以积极参加与性别有关的研究性学习和综合实践活动，通过资源运用、社会参与、文化反思等，了解并促进性别的共同发展。

三、教育原则

（1）全面展开与循序渐进相结合。性别平等教育要面向全体中小学生，但要根据不同年龄阶段学生的特点，选择适宜的教育内容，采用恰当的教育方法，从小学低年级到高中循序渐进，逐步提升。

（2）培养观念与提高能力相结合。性别平等教育的首要任务是帮助中小学生树立性别平等的观念，同时要提高其行动能力，引导其排除性别偏见和歧视，实现个人成长的自我超越、性别互动的友好和谐，并能参与建设性别平等社会。

（3）继承传统与创新开拓相结合。性别平等教育既要总结过往的教育经验，吸取性教育、青春期教育、女生教育中的一些成功做法，又要适应时代发展与社会进步，引进性别平等教育新观念，探索新方法，取得新成效。

四、教育目标

从认识理解、行为习惯和情感态度三个维度展开，形成中小学性别平等教育以下六个方面的总体目标：

（1）消除性别偏见歧视，自尊并尊重他人。
（2）突破性别刻板印象，自信并完善自我。
（3）培养性别多元意识，涵养关怀包容的胸襟。
（4）发展情感处理能力，营造性别和谐的关系。
（5）共建文明环境，进行性别平等的互动。

（6）善用社会资源，参与性别权益的维护。

五、教育内容

在性别的自我认识、性别的人际关系和性别的共同发展3个主题下，分解为12个模块。性别的自我认识主题包括性别与身心健康、性别认同、性别与生涯规划3个模块；性别的人际关系主题包括性别角色、性别互动、性别与情感、性与权利责任、家庭与婚姻、性别与政策法律6个模块；性别的共同发展包括性别与资源运用、性别与社会参与、性别的文化反思3个模块。然后按照不同学段的学生需要和教育需要安排若干相应的学习任务。

1. 小学低年级学习任务（1～2年级）

    1.1 认识两性身心的异同

    1.2 尊重不同性别者的气质

    1.3 辨别性别角色的刻板化

    1.4 学习与不同性别者平等互动

    1.5 不受性别限制表达自己的感受和意见

    1.6 知道保护自己的身体隐私

2. 小学中年级学习任务（3～4年级）

    2.1 知道身体意像对两性身心的影响

    2.2 了解性别气质的刻板化

    2.3 欣赏不同性别者的创意表现

    2.4 了解不同性别者在团体中都扮演重要角色

    2.5 尊重不同性别者做决定的自主权

    2.6 了解两性表达情感都有权采取适宜的方式

    2.7 认识性骚扰和性侵害的类型

    2.8 认识家庭暴力及其求助的渠道

    2.9 发现校园中资源运用与分配的性别差异

3. 小学高年级学习任务（5～6年级）

    3.1 认识两性青春期身体发育和保健

    3.2 理解性别气质的多样化

    3.3 认识不同性别者的成就与贡献

    3.4 了解家庭与学校中的分工不应受到性别限制

    3.5 学习在性别互动中展现自我特色

    3.6 辨别不同类型的情感关系

    3.7 消除性萌动的困惑

    3.8 了解性骚扰和性侵害的危害

    3.9 认识家庭暴力对身心发展的影响

    3.10 了解人人享有平等的权利，不受性别限制

    3.11 运用科技和媒体资源，不因性别而有差异

    3.12 调查社会中的性别歧视
4. 初中学习任务（7～9年级）
    4.1 尊重两性青春期身心发展与差异
    4.2 分析媒体对身体意像的表现
    4.3 辨析性别气质刻板化对个人的影响
    4.4 接纳自己的性别气质
    4.5 探索不同性别者追求成就的历程
    4.6 了解生涯规划可以突破性别限制
    4.7 思考传统性别角色对个人学习与发展的影响
    4.8 分析性别平等的分工方式对于个人和社会发展的影响
    4.9 分析人际互动中的性别刻板模式
    4.10 学会性别间恰当的情感表达方式
    4.11 学习处理与异性的情感关系
    4.12 认识安全性行为并保护自己
    4.13 学习自我保护，预防性骚扰与性侵害
    4.14 掌握家庭暴力的防治办法
    4.15 学习维护性别权益的相关政策法律
    4.16 运用校园各种资源，突破性别限制
    4.17 运用科技和媒体资源解决问题，不受性别限制
    4.18 参与公共事务，不受性别限制
    4.19 认识历史进程中的性别文化变迁
5. 高中学习任务（包括普高和职高）
    5.1 破除自我的体像烦恼
    5.2 注重两性青春期生理与心理的卫生保健
    5.3 破除性别气质的刻板化
    5.4 认同自己的性别气质
    5.5 分析职场中不同性别者的工作困境
    5.6 制定生涯规划不受性别限制
    5.7 反思家庭、社会存在的性别角色差异
    5.8 消除性别分工的偏见和误解
    5.9 展现在性别互动中的自主性
    5.10 尝试消除人际互动中的性别偏见与歧视
    5.11 学习情感表达与沟通的方式
    5.12 学习以合适的态度处理情感关系中的问题
    5.13 理解性健康与幸福的真谛
    5.14 懂得采用安全性行为的保护措施
    5.15 培养应对性骚扰与性侵害的能力
    5.16 探讨如何突破婚姻中的性别刻板模式
    5.17 认识性别相关法律的精神内涵及其所赋予的权利

5.18 运用相关法律维护性别弱势者权益
5.19 参与讨论社会性别问题并提出建议
5.20 反思民俗、媒体、文艺作品中对性别的限制，寻求改善策略

六、教育途径

根据目前中山市义务教育学校和高中学校的课程计划安排，性别平等教育将从专题课程、融合课程、实践课程三个途径展开。

（1）专题课程，是专门进行性别平等教育的独立课程。由学校的性别平等教育骨干教师、负责德育的行政人员、品德（政治）课教师、健康（心理健康）课教师和校医主导设计并授课，班主任也可参与设计及授课。每学期1～3课时，可安排在校本课程，或者健康、品德、政治类课程中进行，如班会、队（团）会、体育与健康课、小学品德与生活（社会）课、初中思想品德课、普通高中政治课、职业高中德育课等。

（2）融合课程，是将性别平等教育内容，与学科课程中的相关内容加以整合、互相融合所形成的课程。由学科教师设计并授课。每学期的融合课程总数不少于3课时，安排在学科课程中进行。

所有学科都可以开发性别平等教育的融合课程，关键是寻找恰当的融合点。健康、品德、政治类课程除了专题课程之外，也可以开发融合课程。语文、历史、地理等人文类课程中同样有不少融合点。即使是艺术、科学、技术类课程，如音乐、美术、数学、科学、生物、物理、化学、信息技术、通用技术等，只要深入挖掘，也能够开发出有效的融合课程。

融合课程要确保性别平等教育的充分展开。融合课程不应只是在学科课程原有设计的基础上简单加些性别平等教育的点缀，而应是学科课程与性别平等教育两方面目标、内容的有机结合。应通过巧妙的教学设计实现教学目标合二为一，教学环节一举两得，达到水乳交融、相得益彰的效果。

（3）实践课程，是组织学生在学校、家庭和社会进行性别平等教育实践活动的课程。由综合实践活动课教师、性别平等教育骨干教师、负责德育的行政人员主导设计并组织实施，同时要协调其他教师、学生家长、社会人士的密切配合。每学年至少1次，安排在综合实践活动课程或课外、校外活动中进行。实践课程不是一节课，也不仅仅限于课堂，但可以安排总结展示课，组织学生交流、分享在实践活动过程中的体会和取得的成果。"性别的共同发展"主题的教育内容尤其适合开发为实践课程。

七、实施建议

1. 教学建议

性别平等课程的教学要结合现实案例，设计体验活动，开展合作学习，避免单向灌输。教学活动要男女生共同参与，防止出现男生（或女生）发言显著偏多之类的现象。

2. 教材编写建议

性别平等教育教材要遵循不同学段学生的认知规律，具有可读性，同时也为教师提供可资借鉴的教学范例。要图文并茂，特别是小学低年级要以图为主。应考虑城镇和农村不同的生活情境。编写体例可以学期为单位，安排情境与问题导入、理念阐释、活动

设计、资源链接等板块。

3. 学期规划建议

每学期要做好性别平等教育的学期规划，整体安排相关教育工作，保证人员、资源、内容等相互配合，落到实处。

4. 相关支持建议

教师培训。分期分批培训性别平等教育骨干教师，切实提高其基本理论、专业知识和操作技能。要在中小学校长、德育行政人员、班主任和其他学科教师等各类培训中增加性别平等教育的内容。

教育资源。学校要添置性别平等教育所需的设施、设备、书籍、音像制品等多种资源，同时要认真开发、整理并有效运用相关教学案例、微课等。

科研引领。各级教育行政部门要加强指导，增加经费投入，积极引导高等学校、科研机构的研究人员开展相关研究，为性别平等教育提供理论基础和科学依据。要组织专家学者、教研人员、一线教师和学校管理人员结合实际情况积极开展性别平等教育课程教学研究，不断提高性别平等教育的科学性和实效性。

5. 建设学校文化建议

中小学性别平等教育的直接目标，可以说就是真正建立起性别平等的学校文化。应从环境文化、制度文化和活动文化入手，全面提高学校教职员工的社会性别意识，积极改变学校环境、资源、制度、分工、活动等各个方面性别不平等的状况。

6. 家庭、社会合作建议

学校要加强与家庭、社会的沟通和协作，既形成性别平等教育合力，又为学生的相关实践活动提供必要条件。学校要尊重家长作为家庭教育"主体责任"承担者的地位，尊重孩子与家庭的个别差异；在以家长学校等多种形式普及性别平等教育基本理念的同时，给予家长服务指导，也赢得家长支持配合。学校可借助住校社工开展相关工作，特别要紧密与妇联、教育行政部门的联系。还可以借助多种平台开展性别平等教育的宣传，扩大影响，争取更广泛的社会支持。

7. 评价建议

应对学生通过教育后在性别观念和行动能力上的提高进行综合性评价。评价的方法可以是观察记录、描述性评语、达成水平评价、作品评价、学生自评与互评、家庭与社区评价等。不排除纸笔测试方法，但反对考查死记硬背的知识。

同时，要对学校推进性别平等教育的过程和效果进行真实、可信、客观、公正的评价，评价内容可包括课程实施与学校文化建设，评价方式可将学校自评与第三方评价相结合，以发展性评价为主。要及时反馈评价结果，指导改进工作。

中山市妇女儿童工作委员会
中山市妇女联合会
中山市教育和体育局
2016年9月

附录二

中小学性别平等教育优秀教学案例选编

案例1　小学低年级专题课"性别平等过家家"教学设计

广东省中山市西区小学　罗婷婷　陕西省西安市西安小学　常媛媛

学习任务：1.3 辨别性别角色的刻板化

适用年级：二年级

教学目标：

1. 发现家庭角色和社会角色的性别刻板化；
2. 知道家庭角色性别刻板化不利于家庭和谐；
3. 懂得自己的职业梦想可以不受性别限制。

教学资源：

家庭剧剧本、绘本《朱家故事》、过家家情景题目、视频、PPT等。

课前准备：

8名左右学生组成一个过家家家庭（注意男女搭配）；分配好家庭身份（爸爸、妈妈、爷爷、奶奶、哥哥、姐姐、姑姑、舅舅……）并写在卡片上，佩戴在胸前；选好户主（小组长）。

教学过程：

一、歌曲导入

1. 播放歌曲《过家家》，师生共唱。
2. 小朋友，过家家这么好玩，今天我们就一起来玩过家家。出示部分课题"过家家"。

二、情境一：下班之后

1. 设计情景：每天下班回到家后，每个家庭成员会干些什么？
2. 反馈：刚才做饭的举手。（预设：女性做饭的多）
3. 家务是不是就是女性的任务？如果一直这样，会产生什么后果呢？

三、共读绘本：《朱家故事》

1. 《朱家故事》告诉我们：一起分担家务，真诚平等，建立了亲密和谐的家庭。
2. 在家庭里讨论一下：家里什么人应该承担什么家务？
3. 每个家庭派代表发言。

四、猜测讨论：职业与性别

1. 猜男女：每个家庭的男性、女性除了要做家务，还要工作。现在给你们介绍两个人，你们猜测一下他们是男性还是女性？（两个都猜完后，同时揭晓）

女性和男性都能从事各种各样的职业，都能在各行各业中做出成就和贡献。（播放有成就的男性和女性的图片并介绍）

2. 讨论交流：你将来想从事什么职业？有人曾经对你说女孩子不适合做什么职业，男孩子不适合做什么职业吗？不要受这些限制，按照自己的兴趣、愿望选择职业。决定后将职业写在胸前的卡片上。

五、情境二：家庭聚会

1. 设计情境：新春佳节，很多家庭都会团聚在一起。下面我们的过家家游戏就是一次家庭聚会。大家互相交流自己一年的工作，然后照一个全家福。

2. 学生结合自己选定的职业，在小组（家庭）内谈自己的工作。老师巡视，拍各组（家）的全家福。

3. 配乐播放全家福（先播放过家家的"家庭合照"，再播放学生的真实家庭合照）。

六、总结

过去的过家家，角色很多是性别刻板化的，这次过家家是"性别平等过家家"（将课题补充完整）。家庭中爸爸、妈妈、男孩、女孩都要各尽所能，承担家务。男性和女性在社会上也能做各种各样的职业。

性别平等过家家，家庭更幸福，国家更兴旺。

案例2　　小学中年级专题课"情绪我做主"教学设计

广东省中山市广东博文学校　黄喜璇

学习任务：2.6 两性表达情感都有权采取适宜的方式

教学目标：

1. 知道男女两性都有自己的情绪。
2. 懂得情绪表达不因性别受限制，男女都有权采取适宜的方式表达情绪。

教学过程：

一、导入活动

1. 热身游戏：乌鸦与乌龟
2. 分享：刚才做游戏的时候，你的心情是怎样的？

二、主题活动

1. 情绪表演

情境：小明放学回到家，和妈妈打招呼。

表演台词："妈，我回来了！"

请学生依据不同情境，分别用高兴、生气、害怕等多种不同情绪模拟表演。

2. 性别猜想

提供两个故事的主要线索，让学生依据生活经验猜测：他/她是男生还是女生？

故事一：他/她哭了，大家刚想和他/她说话，他/她就哭了，他/她在很多人面前哭了。

故事二：他/她又黑又瘦，外号"猴子"。他/她挥起拳头，一拳打在同桌的肚子上。

暴露情绪表达性别刻板印象的问题。

3. 案例分析

揭示故事一：2016年里约奥运会，孙杨以0.13秒微弱劣势与金牌失之交臂后抱着记者痛哭。

引导思考：孙杨哭泣是在表达他的哪一种情绪？

小组讨论，分享：都说"男儿有泪不轻弹""流血流汗不流泪"，孙杨是一个男子汉，但他却哭了，男孩子到底能不能哭？

男生也会难过，也有权采取适宜的方式表达难过，哭是适宜的方式，男生也可以哭。"男儿有泪不轻弹，只是未到伤心处"。

揭示故事二：女生豆子被男生取外号，她就打了男生。分析豆子打人是在表达她的哪一种情绪？

引导思考：女生生气打人的行为对不对？男生生气打人的行为对不对？（学生分享时，教师可引导反对校园暴力与欺凌。）

小组讨论，分享：你认为女孩能不能生气？男孩、女孩生气的时候怎么表达比较适宜呢？

女生也会愤怒，对不良行为同样可以敢怒敢言，也有权采取适宜的方式表达愤怒。当然打人不是适宜的方式，一般情况下男生、女生都不能打人。

男生可以哭，女生也会怒，适宜表达情绪，男女无不同。

4. 做情绪的主人

教师出示两种情境，让学生根据自身情况用表演的方式作出选择。

情境一，陪伴你长大的小宠物生病死了；情境二，同学故意抢走了你看得入迷的书。

小组交流，分享：自己在生活中突破性别限制，适宜表达情绪的经验或教训。

三、结束活动

边唱边舞：《幸福拍手歌》。

自由歌舞，情绪释放。情绪我做主，男女都一样。

案例3　　小学高年级专题课"我们是多样的"教学设计

广东省中山市东区柏苑小学　龙贻君　广东省中山市实验小学　刘秀银

学习任务：3.2 理解性别气质的多样化

教学目标：

1. 回顾对性别特点刻板化的了解情况。
2. 感受和体验性别特点是丰富多样的。
3. 理解性别特点多样化是正常和正面的。

教学过程：

一、热身活动

【猜一猜】男生还是女生

教师介绍某学生的个性和行为，让同学们猜是男生还是女生？

1. 小邱很喜欢踢足球，为此还报了学校的足球队。
2. 小陈是老师的好帮手，奥数比赛曾获市一等奖，武术比赛曾获市一等奖。
3. 小林性格内向，很害羞，说话声音很小，喜欢哭。

【选一选】男生女生特点

小组内讨论，分别选出大家认为能够概括男生、女生特点的词语，贴在黑板上。

【设计目的】复习并进一步了解性别特点的刻板化，导入主题。

二、主题活动

【看一看】名人面对面

1. 认识著名女子网球运动员李娜。播放她在赛场上拼搏和给妈妈热牛奶的视频。请学生说说李娜的特点。

2. 认识11岁孝心少年付昭翔。老师呈现图片并讲述付昭翔独自细心照料瘫痪在床的父亲的事迹，请学生说说付昭翔的特点。

【设计目的】通过分析两位不同性别、不同年龄的公众人物的特点，让学生发现性别特点的多样化，以及其积极和正面的意义。

【秀一秀】同学展风采

1. 本班的男女生各若干名现场展示自己的特长。其他同学认真观察。学生讨论这些同学表现出的特点。

要注意根据班级学生实际确定展示项目,项目类型要多样,男女生都参与。如:击剑、跆拳道、花样跳绳、翻花绳、折纸、拼七巧板等。

2. 展示本班男女同学部分生活照片,发现其多样化的特点。

【设计目的】通过身边男女同学的现场展示和生活观察,让学生更生动、更强烈地感受和体验到性别特点是多样化的,性别特点多样化是自然的、正常的。

【亮一亮】自我透视窗

1. 拿出课前准备好的一幅代表自己特点的事物的画,把自己的特点写在画的四周。

2. 小组内互相分享各自的特点及其对自身成长的影响。注意,选择其中一个突出特点来说,要有事例、有细节。

3. 全班分享。

【设计目的】通过自我分析、互相借鉴,更好地理解性别特点的多样化,并发现性别特点多样化对自己的成长是有积极影响的。

三、结束活动

【跳一跳】我们是七彩阳光

1. 播放本校的校园歌曲《采摘阳光》(歌词:赤橙黄绿青蓝紫,太阳太阳最美丽。阳光是那最美的花,摘下一朵戴心里。啊,阳光!啊,阳光是我的歌声,啊,阳光!啊,阳光是我的舞姿。阳光是我的问候,阳光是我的敬礼),学生有节奏、有创意地边唱边跳。

2. 小结分享。

【设计目的】充分展示并体验性别特点的多样化,及其给我们和整个世界带来的美好和快乐。

案例4　　初中专题课"悦纳性别气质"教学设计

广东省中山市华侨中学　王晓芹

学习任务:4.4 接纳自己的性别气质

教学目标:

1. 进一步理解并尊重性别气质的多样化;
2. 消除困惑,克服压力,悦纳自己的性别气质;
3. 努力完善自己刚柔相济的人格。

教学准备:

课前让学生使用贝姆性别角色量表进行自测,计算两项得分。

教学过程:

一、导入

由学生关注的微信热点话题"主要看气质"导入课题;摆出社会上普遍存在的

"男阳刚女阴柔"这一性别气质两极化的看法,引起学生思考。

二、主题活动

（一）测测自己的性别气质

1. 呈现并简介贝姆性别角色量表。

2. 告诉学生"第一个分数是你的男性气质得分,第二个分数是你的女性气质得分",让学生知道课前自测的性别气质得分的含义,并谈谈自己的感受。

3. 引导学生发现,虽然大家的男性气质得分与女性气质得分各有高低,但每个人身上都兼具了男性气质和女性气质。性别气质不是简单固化的男阳刚或女阴柔,每个人都同时拥有阳刚和阴柔的气质,只是程度不同,这就是性别气质多样化。

4. 引导学生分析本班同学性别气质类型分布情况,发现性别气质双向化的人数最多。告诉学生其他样本的调查,也有同样规律,这更充分说明性别气质是多样化的。

【设计意图】通过自我测试与分析,进一步理解性别气质的多样化,同时也初步悦纳自己的性别气质。

（二）劝导他人悦纳性别气质

1. 展示同龄人接纳自己性别气质存在问题的案例。

案例一：初二男生小张,认真细心,喜欢做手工,喜欢折纸、插花,而且做得非常棒。但是他很担心别人说他像女孩,于是只有自己在家才做手工。当学校有插花比赛的时候,他想去参加但又不敢去,他很困惑。

案例二：初二女生小李,她经常想,为什么女生总被看轻,男生多好,多受重视。于是她会在各种场合刻意做出粗鲁的行为和大声说话,而且还很瞧不起柔弱的女生。后来她发现,同学不喜欢她这个样子,她很苦恼。

2. 小组讨论然后汇报：我们该如何帮助小张和小李悦纳自己的性别气质？

引导学生理解男性身上具有某些女性气质是很正常的。小张不必对自己身上的某些女性气质过分紧张。女性也是同时具有阴柔和阳刚气质的。女孩既不要担心不像女孩,压抑自己身上的男性气质；也不必像小李那样害怕太像女孩,被别人轻视。

【设计意图】以劝导帮助他人的形式,引导学生学习消除接纳性别气质可能遇到的内在困惑和外界压力,从而进一步悦纳自己的性别气质。

（三）设计刚柔相济的自我

1. 介绍具有刚柔相济人格的优秀人物,提示学生在悦纳自己的性别气质的基础上,可以不断完善自己的人格。刚柔相济就是适应社会发展、有助于自身幸福的健康人格。

2. 设计刚柔相济的我。要求：把自己的想法用画或写的方式完善人形图。可参考选用贝姆性别角色量表中的词语或其他词语,时间3分钟。

3. 全班交流分享。

【设计意图】通过自我设计,引导学生完善刚柔相济的人格,从而深化对性别气质多样化的理解,也巩固对自己性别气质的悦纳。

三、总结

希望男生女生都能悦纳自己的性别气质，完善刚柔相济的人格。

布置课后拓展作业："男人婆"或"娘娘腔"这些词语体现了什么样的性别偏见？我们是否应该将这类词语列为校园禁忌语？说说你的理解和行动建议。

【设计意图】总结并引发学生在性别平等方面新的思考和行动。

案例5　高中专题课"当职业遇上性别"教学设计

广东省中山市第一中学　李　闻（执教）　林志华　许映霞
黄珊珊　韩　闻

学习任务：5.6 制定生涯规划不受性别限制

教学目标：
1. 认识职业选择中的性别刻板印象，积极尝试突破性别刻板印象。
2. 树立职业选择中的性别平等观念，重新审视自己原有生涯规划。

教学准备：课前组织学生完成贝姆性别角色量表；职业卡片若干、A3 白纸若干张。

教学过程：

一、引入活动——"火眼金睛"

呈现一张国家领导人（男性、女性领导人各一名）着正装出席外交活动的图片。请学生寻找两位领导人西服纽扣的差异。

教师小结：这种差异体现的是一种"男女有别"的职业性别文化。对于我们，职业服装的这一性别差异或许无关紧要，但职业选择和发展方面存在的很多性别差异，我们恐怕就不能掉以轻心了。

二、展开阶段——发现性别差异

1. 请学生阅读图表"浙江新高考选科结果"，并说出图表中数据呈现的特点。

【引出观点】更多的男生选择物理，更多的女生选择政治，高中学科选择存在性别差异。

2. 请学生阅读图表"大学专业选择结果"，并说出图表中数据呈现的特点。

【引出观点】男生比例最高的学院全为理科学院，女生比例最高的学院全为文科学院，大学专业选择存在明显的性别差异。

3. 活动：职业归类

邀请一名男生和一名女生将社会上普遍认为更适合某个性别的职业放到相应的表格中，请学生分享"从对职业的分配结果中看出社会对男性和女性各有怎样的职业期待"。

职业包括：护士、幼儿教师、秘书、妇产科医生、海军陆战队队员、工程师、公司总裁、国家元首、心理咨询师、律师、时尚设计师、消防警察、军队指挥官、乘务员、飞行员、金融分析师、科研人员、法医、搬运工人、刺绣师、舞蹈家。

【引出观点】职业选择同样存在明显的性别差异。

4. 小结过渡：从高中学科到大学专业再到工作职业，无处不存在选择的两极化性别差异，呈现出很明显的性别界限。那么，是否真的就应当如此呢？

三、深入阶段——分析性别刻板印象

1. 观看一段3位男性和3位女性分别讲述自己职业感受的视频《"不同"的选择》，请学生分享观后感。

【引出观点】很多职业并没有严格的性别界限，男性和女性都可以胜任。但是认为男女有别的观点依旧普遍存在，这种观点就是性别刻板印象。

2. 认识性别刻板印象及其消极影响。性别刻板印象是对某种性别简单而固定的看法。性别刻板印象会局限我们对他人和自己的认识。

3. 理解性别气质多样化。首先介绍贝姆性别角色量表，然后现场统计各类性别气质类型的人数百分比。基于现场统计的本班结果，请学生分享对结果的理解。

【引出观点】性别气质是多样化的，每个人都兼具有男性气质和女性气质，只是程度不同。性别刻板印象应该突破。

4. 职业共享。在第二阶段活动3中的职业分配表格的基础上，增加一个"共享区"。请一名男生和一名女生参加活动，将其认为可以"共享"的职业移入中间区域，并说明原因。

【引出观点】不存在所谓的男性优势或女性优势，也没有所谓的"专属"于某个性别的职业。如果从事某一个工作不擅长，这只是个体差异，并非性别本身的不足。

5. 突破性别刻板的职业人。依次向大家介绍碧桂园联席主席杨惠妍、NASA首席飞行员霍莉·莱丁斯（Holly Ridings）、亚丁湾护航编队陆战队员宋玺、"南丁格尔奖"得主巴桑邓珠、时尚设计师吴季刚、北京协和医院妇产科主任郎景和。认识到他（她）们的职业选择和发展突破了性别刻板印象。

6. 请学生思考，能否找到一个专属于男性或女性的工作。

【引出观点】很难找到一个真正专属于某个性别的职业，再次提醒我们自己进行生涯规划时，要敢于突破性别刻板印象。

四、总结阶段——不受性别限制

1. 活动"我的选择"：在接下来的学科、大学和专业的选择中，如果有来自性别刻板印象的挑战，你会怎么做？每个学生在纸上完成"当职业遇上性别，我将_____"的填空，并分享。

2. 教师总结：
当职业遇上性别，树立性别平等观念，尊重每一个人的选择；
当职业遇上性别，接纳最真实的自我，看见它，走进它，实现它！

案例6　小学低年级融合课（音乐）"洋娃娃和小熊跳舞"教学设计

广东省中山市实验小学　梁妮莎

融合任务	1.4学习与不同性别者平等互动		适用年级	二年级	教学时间	40分钟
教学资源	人民音乐出版社小学二年级《音乐》教材第3册、学生自制简易服装道具、图片					
教学目标	1. 用听唱法学唱歌曲，在互相聆听和模唱互动中熟悉旋律； 2. 听、动、唱结合，用不同的动作学习并表现××　×○的节奏； 3. 互相借鉴配合，学习用领唱、齐唱、独唱等多种形式演唱歌曲； 4. 编创表演舞蹈，学会互相帮助、互相欣赏、互相协作					
活动设计	流程		目的		学习方式	资源运用
情境导入 （3分钟）	1. 观赏图片，将孩子引入洋娃娃和小熊即将举办森林舞会的情境。 2. 请孩子选择：你想当洋娃娃的舞伴还是做小熊的舞伴，为什么？引导孩子回顾如何辨别性别角色刻板化。 3. 提出参加舞会的准备任务：会唱会跳《洋娃娃和小熊跳舞》。同时提出学习要求：互相学习、互相欣赏、互相协作		重温学过的性别平等观念，激发学生的学习兴趣，揭示本课融合的学习主题		观赏 讨论 聆听	图片
歌舞学习 （32分钟）	1. 边听边唱（6分钟） （1）听老师范唱，说出歌曲情绪。 （2）跟琴轻声模唱，同座男、女生互相倾听，互相提醒		初步学唱歌曲，男生、女生由倾听开始，初步尝试平等互动		模仿 学习 听唱	歌谱 音乐
	2. 边动边唱（10分钟） （1）听音乐，观察老师的动作，学会××　×○的节奏，并创编与节奏配合的简单动作。 （2）听、动、唱结合，边唱边根据歌词内容，小幅度自由律动。 （3）尝试借助动作背唱歌曲。 要求同座男生、女生互相观察交流，互相配合		基本熟唱歌曲，配合简单动作。 男生、女生通过肢体交流，进一步学习平等互动		同座互动	歌谱 音乐
	3. 边唱边舞（16分钟） （1）学生组成若干4～6人小组创编、排练舞蹈。 （2）选出1～2个小组在全班展示。 排练后段和展示阶段，学生可穿上自制舞会服装。要观察学生的表现，帮助学生在歌舞时把握重点节奏，表现歌曲情绪，同时引导男生、女生互相学习、互相欣赏、互相协作		分组创编舞蹈，同时巩固歌曲。 男生、女生在表演任务的驱动下，全面深入地体验并学习平等互动		小组合作	歌谱 音乐 服装 道具

活动设计	流程	目的	学习方式	资源运用
展示活动 （5分钟）	营造森林舞会的氛围，进行集体舞展示，要求不仅组内有配合，小组间也有互动。引导孩子们尽情用不同的动作展示同样的欢快。布置课后表演给其他的老师、同学还有家人看。更希望在今后的学习和生活中，男孩、女孩都能互相学习、互相欣赏、共同合作，展现不同的个性、共同的美好	展现音乐学习和性别平等教育融合的成果。引导学生在课后延伸	集体展示	音乐服装道具

案例7　小学低年级融合课（语文）"大象的耳朵"教学设计

贵州省遵义市桐梓县灯塔小学　毕嘉

融合任务：1.2 尊重不同性别者的气质；1.3 辨别性别角色的刻板化

教学准备：多媒体课件、动物卡通头饰

教学目标：

1. 分角色朗读，了解大象的耳朵和别的动物不一样，以及大象的转变过程。
2. 打破刻板印象，尊重他人，悦纳自己；理解"人家是人家，我是我"。

教学过程：

一、课前预热：猜一猜

小朋友们好！今天我想和聪明的你们玩猜一猜的游戏，要参加的小朋友举手。

我是谁？我是男生还是女生？我会做饭吗？我会开车吗？

我是不是你们猜的那样呢？请看大屏幕，我姓毕，我是女生，我喜欢唱歌、不怎么会做饭，因为家里的叔叔做得更好吃，我还会开车。所以，请同学们不要戴有色眼镜看人哦。兴趣爱好和性别无关，只要是适合自己的，就是最好的。童话故事《大象的耳朵》也告诉了我们这个道理。为了学习好这个故事，老师设计了几个闯关游戏，你们敢来挑战吗？

二、闯关一：考一考

认真倾听故事：说说大象的耳朵是什么样的？

形容"耷拉"的样子。把大象的耳朵比喻成什么？你能再说一句这样的比喻句吗？

三、闯关二：演一演

用你喜欢的方式读1～8自然段。

有哪些小动物认为大象的大耳朵有病？扮演小动物，表演它们分别说了什么。

动物们认为：所有动物的耳朵都是竖起来的。你能不能也用："所有……"来说话？预设：所有的花都在春天开放。所有的鸟都会飞。所有的女生都扎头发。（学生边说边评价，引起争议，老师不作回答）

大象怎么回答？它的心理有什么变化？请你演一演，演的时候注意语气的变化，适当配合动作和表情。

先分组进行，再派代表上台表演，老师读旁白，其余学生当观众和小评委。

四、闯关三：做一做

学生自读课文9～13自然段，填写表格，然后汇报。

1. 大象不舒服时是怎么样的？请你比一下动作，并把这句话读出来（难受）。
2. 大象舒服时是怎么样的？有什么表情？把这句话读一读。（开心）

通过实践，大象明白了："人家是人家，我是我"。

五、闯关四：想一想

读了《大象的耳朵》这个童话故事，你明白了什么道理？

所有动物的耳朵都是竖起来的吗？（不是）大象说："人家是人家，我是我。"只要是适合自己的，就是最好的。我们要相信自己，不盲从，不跟风。小兔、小羊、小鹿等小动物要求别人和自己一样，这是不尊重别人的表现。

我们小朋友也一样有自己的个性特点，你能够正确地认识自己吗？让我们来做一个小游戏。

六、结束游戏：拍一拍

男生拍一拍，女生拍一拍。扎头发的拍一拍，没扎头发的拍一拍。喜欢折纸的拍一拍，喜欢武术的拍一拍。喜欢跳舞的拍一拍，喜欢下围棋的拍一拍。

七、总结

女生都是扎头发的吗？折纸是女生的专利吗？武术只有男生才可以学吗？跳舞只有女生才可以学吗？（不是）因为"人家是人家，我是我"。通过这个游戏，我相信下学期选少年宫社团的时候，大家都能跟从自己的内心作出选择。有自信、有梦想，你就能做一个最好的自己。

八、作业布置

1. 把今天学的故事说给自己的父母听。
2. 推荐阅读《萨奇到底有没有小鸡鸡》。

案例8　小学中年级融合课（美术）"我的劳动小围裙"教学教计

广东省中山市实验小学蓝波湾学校　杨君绮　王晓晶

设计背景：

本课由岭美版《美术》小学四年级上册第10课"妈妈的好帮手"改编而成。原课有明显的性别刻板印象，从题目中就可看出，只是强调妈妈在家务劳动中的重要性。我们根据《义务教育美术课程标准》小学3～4年级"认识和运用冷暖色"的要求，融合性别平等教育的学习任务，设计了"我的劳动小围裙"这节课。

融合任务：3.4 了解家庭与学校中的分工不应受到性别限制

适用年级：四年级

学习目标：

1. 学习恰当地运用冷暖色，打破男性冷色、女性暖色的性别刻板印象。

2. 学会在设计中运用儿童劳动生活人物画，懂得学生在学校的劳动分工中不应该受到性别限制。

3. 能够把握作品整体设计的和谐，了解劳动分工不受性别限制能让家庭更和美。

教学过程：

一、情境导入

1. 播放温暖小家庭的图片和温馨的音乐，穿戴暖色调小围裙的男生出场，认真地擦桌子做清洁。

2. 请学生谈看到此情景的感受。

3. 教师引导学生理解家庭分工不应受到性别限制：无论是妈妈、爸爸、男孩、女孩，每个人都是温暖家庭的一分子；如果我们共同分担家务劳动，家庭会变得更加温暖和谐。虽然同学们现在年纪小，但是可以做爸爸妈妈的好帮手啊。（引出课题）

二、探究启发

（一）恰当运用冷暖色调与突破性别刻板印象

1. 展示分别穿粉、黄、蓝三种颜色衣服的婴儿的图片。先让学生回顾什么是冷色和暖色，再让学生猜婴儿是男孩还是女孩。受性别刻板印象影响，学生多数会猜穿暖色（粉、黄）衣服的婴儿是女孩，穿冷色（蓝）衣服的是男孩。接着展示女性穿冷色调衣服，男性穿暖色调衣服的图片，让学生发现一般人会认为穿冷色的是男孩、穿暖色的是女孩，其实这是一种性别刻板印象，色彩与性别并没有固定的联系。

2. 展示冷暖色的图片，问学生"冷色和暖色给你什么样的感觉"，让学生体会色彩与情感有关，冷色调让人感到细腻、理性、清新、干净和整洁等，暖色调让人感到温暖、热情、柔软、有行动力。出示教具——冷色调和暖色调的两条围裙，让学生体会到冷色调围裙能给家带来干净清爽的感觉，暖色调围裙能给家带来温暖的感觉。

3. 进一步引导学生观察两条围裙的颜色分布，发现冷色调围裙也有暖色，暖色调围裙也有冷色，提示学生在绘画的过程中也要注意将冷暖色互相渗透，让画面更加和谐。

（二）装饰儿童劳动生活人物画与劳动分工不受性别限制

1. 观察围裙教具装饰的儿童劳动生活人物画。

2. 教师请在学校能做某项劳动的学生举手。接着可以考虑，问能提水的女生，"有些人觉得男生的力气更大更适合提水，你怎么看？"问能擦桌子的男生，"有些人认为女生更细心更适合擦桌子，你怎么看？"

3. 展示在家庭与学校从事各种劳动的学生图片，引导学生理解家庭与学校中的分工不应受到性别的限制，鼓励男生女生在各项劳动中发挥自己现有的能力，并不断提高自己的能力。

4. 让学生起来做出自己最想做、最美的劳动动作，然后互相观察动作的动态。教师选择其中某个学生的动态在黑板上示范绘画，帮助学生把握、突破劳动人物画的动态这个难点。

三、合作创作

出示并明确创作任务与要求后，展开创作。

任务：请四人小组共同合作设计一件劳动小围裙，并穿戴上与大家分享创作体会。

要求：恰当运用冷暖色；运用儿童劳动人物画装饰围裙；整体和谐，体现家庭的和美。另外，要注意组员统一色调，分工合作，每个人都要在团队中发挥作用。

四、展示分享

1. 请各组的小模特穿上小围裙向全班展示，摆出最炫的劳动造型并合影留念。

2. 学生分享本组的创作意图和体会，并欣赏评价其他组的作品。

3. 教师举例点评学生作品在恰当运用冷暖色、运用儿童劳动生活人物画装饰、整体和谐等方面的表现，同时引导学生今后在家庭和学校分工中不受性别限制，积极劳动，创造和美生活。

案例9　　小学高年级融合课（体育）"快乐的角力"教学设计

中山市西区翠景东方小学　林仲意

融合任务	3.5 学习在性别互动中展现自我特色	适用年级	五年级	教学时间	40分钟
教学资源	自编教材；小体操垫、音乐播放器				
教学目标	1. 进一步掌握运用对抗、角力的方法与技巧； 2. 发展学生的力量、协调、灵敏等身体素质； 3. 培养学生敢于竞争、善于合作、顽强拼搏、尊重对手等优良品质； 4. 鼓励男生、女生积极参与，在性别互动中展现运动技能、身体素质的特色个性				

一、 导入部分 （5分钟）	抱一抱：桃花朵朵开 通过游戏"桃花朵朵开"让学生活跃起来。游戏方法类似抢凳子，音乐停顿，学生按照老师指令尽量拥抱并站立在体操垫上	放松心情，热身破冰 鼓励男生、女生在体育游戏中友好相处	聆听 游戏	小体操垫 音乐
二、 主题部分 （30分钟）	练一练：个体与个体对抗、角力 1. 面对面拉伸起立； 2. 背靠背支撑起立； 3. 自由合作创编动作	复习对抗、角力的有关方法和技巧，发展身体协调，培养合作能力，在两人互动中展示自我特色	聆听 展示 观察 交流 练习	小体操垫 音乐
	斗一斗：斗牛角力 分两个大组，各组自主选择推荐选手参加以下比赛： 1. 一对一斗牛（男） 2. 一对一斗牛（女） 3. 三对三斗牛（男） 4. 三对三斗牛（女） 5. 三对三斗牛（1男2女） 6. 三对三斗牛（1女2男）	综合运用之前学过的对抗、角力的方法和技巧，全面发展力量、协调和灵敏，体会到角力竞赛中人人都有自己的特长，男女生都能够发挥特长，互相协作，争取胜利。要注意消除偏见，适当多些鼓励女生	展示 观察 交流 比赛 分享	小体操垫 音乐
三、 结束部分 （5分钟）	秀一秀：欢快歌唱 1. 吉他弹唱《对面的女孩（男孩）看过来》，学生跟着有节奏有创意地舞动起来； 2. 总结分享	进一步体验男、女生共同参与运动、展现自我特色的快乐	歌舞 分享	吉他

案例10　小学高年级融合课（科学）"常用的工具"教学设计

广东省中山市华南师范大学中山附属小学　林嘉娜

融合任务：3.4 了解家庭与学校中的分工不应受到性别限制
教学目标：
学习并掌握几种常用工具的使用技能，体会到男生、女生都能通过学习实践使用好不同类型的常用工具,发现并理解家庭与学校的分工不应受到性别限制。

教学过程:

一、认识工具

活动一:"你做我猜"

一名学生上台做动作,其他学生猜工具,老师出示实物,逐一介绍,学生尝试使用工具。

活动二:"火眼金睛"

利用电脑PPT快速出示图片,学生说出其他各种常用工具的名称。

二、使用工具

活动三:小调查"工具谁常用"

现场调查,哪些工具爸爸用得多,哪些工具妈妈用得多。

引出问题:男性更擅长使用干重活的工具(锤子、螺丝刀),女性更擅长使用干细活的工具(剪刀、针线),这种看法对吗?

活动四:"男生女生大PK"

全班分为6个组,3个男生组,3个女生组,3项实践活动分别由1个男生组与1个女生组进行PK。

①用螺丝刀组装小板凳;
②用钳子将手工花扭在展板上,形成一个图案;
③用锤子将工字钉敲击到木板上,制作一幅图画。

完成后展示作品,分享交流学习使用工具的感受。让学生体会到,并没有所谓男生擅长或女生擅长使用的工具,只要勤学苦练,男孩女孩都一样能熟练使用这些常用的工具。

三、拓展生活

1. 教师介绍社会生活中劳动分工突破性别隔离的典型案例。比如:女工程师、女消防员、男护士、男幼儿教师、开车的妈妈、超级奶爸、女科学老师、男舞蹈老师等。

2. 学生谈发现,说感受。引导学生发现家庭、学校和社会的相关现象,理解家庭和学校的分工不应受到性别限制。

案例11　　初中融合课(语文)"木兰诗"教学设计

广东省中山市华侨中学　黄玉玲　陕西省西安市第四十五中学　李凌

融合任务:

4.3 辨析性别刻板印象对个人的影响。
4.5 探索不同性别者追求成就的历程。

教学目标:

1. 熟练诵读诗歌,分析诗歌中木兰的性格和选择,进一步准确把握木兰这一文学形象。
2. 尝试知文论世，发现人们存在的性别刻板印象及其消极影响，了解女性追求社会成就需要更多支持。

教学过程：

一、导入

上节课我们已经初步学习了《木兰诗》，今天这节课我们在进一步读懂木兰的同时，也进一步读懂性别平等。

1. 诵读全诗。
2. 用简要的词语概括这首叙事诗的故事情节。

（故事讲述了木兰女扮男装替父从军，踏上征程，征战沙场，辞官还乡，荣归故里）

二、木兰的性格

1. 在这颇具传奇色彩的故事背后，你读到了一个怎样的木兰。请再次自由读全诗，然后结合具体的诗句分析木兰的性格特点。

（她既有英雄气概，又有女儿情怀。）

2. 既然木兰兼具了英雄气概和女儿情怀，为什么她的伙伴"同行十二年，不知木兰是女郎"呢？

（学生可能会谈到木兰隐藏自己的生理特征。）

教师可追问12年难道就没有露出半点蛛丝马迹吗？温柔、细腻、思念家人、爱美等所谓女儿情怀难道从来没有流露出来过吗？为什么伙伴们会视而不见呢？

展示文字：他/她是一位北大高材生，大四时选择去当兵，以训练全优成绩进入海军陆战队，还被挑选去亚丁湾护航7个月。你们第一反应，认为他/她是男生还是女生。
（男生）

展示照片：宋玺，女

人们普遍认为男生阳刚，女生温柔；男生勇敢、强壮，女生细腻、体贴。这叫作性别刻板印象，也就是对某一性别的简单而固定的看法。木兰的伙伴就是受性别刻板印象的影响，以为骁勇善战的就一定是男性，从而有意无意地忽略了木兰某些女性的生理特征，才会"同行十二年，不知木兰是女郎"。

3. 请一位学生依据《花木兰》剧本片段表演木兰回家，请学生指出扮演者把握木兰形象的问题所在。

教师提供的剧本片段，刻意强调木兰的娇弱、羞怯等，台词有"我一个娇弱的小女子"之类。

（这段表演存在性别刻板印象，认为女性一定娇弱，忘了英勇杀敌、功勋卓著的木兰虽是女性，在勇气和力气方面都是很强的。）

4. 刚才大家说木兰既有英雄气概，又有女儿情怀，教材上也这样写，这是不是性别刻板印象呢？

（也是。英雄的雄字，已经表明人们刻板化地将英雄气概视为男性特质。木兰这位

巾帼英雄，生理性别是女性，但她的勇敢坚强、温柔体贴，无论男性还是女性都是可以具备的。）

5. 突破性别刻板印象，我们就能更准确地把握木兰形象，也能更好地认识自己。请学生简单说说自己或者同学个性特质多样化的表现，要有细节和例子。

三、木兰的选择

1. 木兰为什么最终选择了辞官回乡呢？小组讨论，请注意不仅要从木兰个人角度分析，还要考虑时代和社会的因素。

（木兰的选择主要不是基于个性，当初敢于替父从军，就说明木兰敢于冒险，敢于承担。认为木兰淡泊名利，看似赞扬，其实还是误解了功勋卓著的木兰。关键还是时代和社会的因素，当时男尊女卑的制度决定了女性在一般情况下无法实现自己的社会成就，木兰辞官回乡其实是被迫的，是没有选择的选择。）

2. 昔日木兰只能辞官返乡，今日木兰应该追求成就。请说说你知道的突破性别限制做出成就和贡献的今日木兰。

播放视频：西安地铁迎95后女司机，就爱速度感，能比男生做得好。

四、总结

通过深入研读《木兰诗》，分析木兰的性格和选择，我们不仅更准确地理解了木兰这一文学形象，也更准确地理解了性别平等，初步辨析性别刻板印象对个人的影响，也认识到女性追求成就需要更多的支持。

1. 下面让我们带着新的认识和理解再次诵读全诗。这首诗是要求背诵的，大家可以边读边尝试背诵。

2. 诗的最后一段，"雄兔脚扑朔，雌兔眼迷离；双兔傍地走，安能辨我是雄雌？"很有意思，结合前面的分析思考，你又读出了什么新的意味呢？

读木兰诗，看性别平等。"谁说女子不如男"，昔日木兰，令人敬佩。未来木兰，将会在性别平等的新时代展现更壮丽的新风采。

案例12　　初中融合课（语文）"美丽的颜色"教学设计

江苏省南京市上元中学　钱倩芬

教学内容：统编版语文初二上册《美丽的颜色》
融合任务：4.5 探索不同性别者追求成就的历程
教学目标：

1. 感受居里夫妇在科学探索路上的伟大人格，明白玛丽·居里付出了比男性科学家更大的努力。

2. 了解本文"多次引用传主的话"这一传记写作特色。

3. 自我激励，共同奋斗，突破性别限制，努力追求成就。

教学过程：

一、初读课文，初品美丽

课题中美丽的颜色指什么颜色？（镭的颜色）

一起读一读发现镭的场景，"它们那些略带蓝色荧光的轮廓闪耀着，悬在夜的黑暗中。"（出示镭的照片）

创造出这样美丽的颜色需要付出怎样的艰辛呢？请同学们阅读文章，勾画出体现人物品质的细节并在旁用简洁的词语概括出来，再小组讨论交流。提示本文引用了很多玛丽·居里的原话。

（主要品质：吃苦耐劳、坚毅执着、积极乐观、刻苦钻研、献身科学、热爱工作等。）

正因为有这些优秀的品质，居里夫妇在艰难的环境下共同提炼出了美丽的颜色，但两人各自付出的努力和遇到的困难一样多吗？

二、深读课文，深悟美丽

1. 再读课文细节

"我常常就在那里做我们的饭食，以便某种特别重要的工序不至于中断。有时候我整天用和我差不多一般高的铁条，搅动一大堆沸腾着的东西。到了晚上，简直是筋疲力尽。"

"在这种分工中，玛丽选了'男子的职务'，做的是壮汉的工作。她的丈夫在棚屋里专心做细致的实验。玛丽在院子里穿着满是尘污和酸渍的旧工作服，头发被风吹得飘起来，周围的烟刺激着眼睛和咽喉。她独自一个人就是一个工厂。"

"我一次炼制20公斤材料，结果是棚屋里放满了装着沉淀物和溶液的大瓶子。搬运容器，移注溶液，连续几小时搅动熔化锅里沸腾着的材料，这真是一种极累人的工作。"

理解玛丽·居里付出了比一般男性科学家更多的努力。体会引用玛丽·居里原话的作用，补充历史细节，展示传主心理感受，增强文章真实性等。

2. 阅读补充材料

学生阅读两则玛丽·居里传记的补充材料。思考：玛丽·居里在成为女科学家的过程中受到了哪些阻碍？她是如何冲破这些阻碍的？可以看出玛丽·居里的什么品质呢？

当时人们认为女性不能上大学，女性不能竞选院士。玛丽·居里移居巴黎上大学，坚持自己的科研工作；不断努力，用自己的成就，评上了院士。玛丽·居里不妥协，不放弃，敢于突破性别限制，追求自己的理想，终于绽放出人生美丽的颜色！

三、阅读社会，创造美丽

1. 联系时代，延伸拓展

展示"女子桌"图片。美国耶鲁大学是一所世界名校。自从1701年建校，经过170多年，即1873年才开始接受女学生。这张桌子是1993年耶鲁大学的校友林樱也就是林徽因的侄女为了纪念耶鲁大学男女同校25周年而专门设计的。椭圆桌上雕刻着数字，这些数字呈螺旋状展开，记载着每年耶鲁大学新生中的女生人数。数字从零开始，逐渐增加，直到现在，每年都会加刻上一个新的数字。

大学的门已经对女性开放，男女接受教育的机会和权利平等了。在我们这个时代，那些性别不平等的观念消失了吗？

呈现颜宁与撒贝宁对话截图。（从小小细节可以看出，现在人们看待女科学家时依然会忽略她的努力和成就。）

正因为女性科学家在事业中会遇到很多的困难和观念的阻碍，她们的奋斗更令人敬佩。2009年诺贝尔奖创造了女性得主的一个纪录——那一年有5位女性获得了诺贝尔奖。（播放其中一位获得者布莱克本发表获奖感言的视频："诺奖女科学家：科学需要女性"。）

我们中国也有很杰出的女科学家。（介绍屠呦呦。）

你们同龄人中也有努力进取、勇追梦想的例子。（介绍上海15岁女生蝉联"中国最年轻科学家"。）

看完这些事例，你想对自己或者身边同学说些什么？

男生也可以把女性科学家当作自己学习的榜样；男生应鼓励、支持女生；女生应该勇敢冲破束缚，不断努力奋斗；社会要推进性别平等，支持女性追求成就等。

我国著名物理学家钱三强也对居里夫人高度赞扬，朗读他的这段话："在科学的道路上，有时特别是妇女工作者，可能会遇到不应有的压抑和歧视，但只要有信心，有脚踏实地的忘我工作精神，保守的枷锁和禁锢，是可以打破的。"

2. 回顾课文，小结全课

"美丽的颜色"仅仅指的是镭的颜色吗？（还指居里夫妇科研过程中表现的坚毅不屈、热爱科学的品质与精神。）

朗读课文，"镭不只有'美丽的颜色'，它还自动发光！在这个黑暗的棚屋里没有柜子，这些零星的宝贝装在极小的玻璃容器里，放在钉在墙上的板子或桌子上；它们那些略带蓝色荧光的轮廓闪耀着，悬在夜的黑暗中。"

"美丽的颜色"是奋斗的颜色，是男女共同奋斗的颜色。

案例13　　初中融合课（历史）"性别平等始于'足'下"教学设计

广东省中山市第一中学　　张泽惠

教学内容：部编版《历史》八年级上册第25课"经济和社会生活的变化"劝禁女子缠足的内容。

融合任务：4.19 认识历史进程中的性别文化变迁

教学目标：

1. 了解中国妇女缠足的出现和消失，知道缠足的原因，认识历史进程中的性别文化变迁。

2. 初步掌握运用社会性别工具分析性别现象的方法、口述历史的实践方法，通过研读史料、小组合作，共同探讨放足和女性解放的必要性。

3. 树立性别平等观念，思考、发现并破除现实中的不平等现象；培养史料实证的学科素养。

教学准备： 学生提前采访祖辈，完成祖辈关于缠足见闻的问卷调查。

教学过程：

一、导入

播放视频《中华人民共和国成立70周年阅兵式民兵方队》，指出女民兵都是选拔自北京市朝阳区各行各业的普通女性，她们步伐铿锵，健康自信。提问，若时光倒流一百多年，北京的女性能否也扛起保家卫国的责任？呈现课题"性别平等始于'足'下——近代经济和社会生活的变化"。提示，从足到人，由性别平等推进反映整个社会变迁。

【设计意图】从国庆阅兵式的社会热点导入，通过女民兵铿锵的步伐和清末妇女的小脚对比，引导学生关注本课的着眼点"缠足"，同时注意点面结合，起到了激趣、入题、凝神的作用。

二、新授

1. 金莲之奇——女性缠足的畸形恶习

（1）教师简介缠足风俗的起源和发展。

（2）学生分享：我了解到的缠足口述史。

你采访了谁？他（她）身边曾经裹小脚的人是谁？小脚有何特点（形状、大小等）？为什么缠足？有何影响？

（3）课件展示三寸金莲鞋和畸形的小脚。

了解中国女性缠足简史和特点——缠足风俗世界独有、缠足陋俗历时奇长、缠足形状畸形异常，感受缠足女性的血泪史。

【设计意图】从书中的历史，到身边人物的口述史，再到历史照片，由远及近、由抽象到直观，激发学生对缠足的痛恨，对受压迫女性的同情，避免猎奇心态。

2. 金莲之泣——男尊女卑的礼教压迫

展示材料，引导学生提取信息，分析缠足风俗形成的原因。

"世俗所称'折腿腕'，最为灵妙耐人看。"——《采菲录——中国妇女缠足史料》

"世人娶妇，不问妇德，先问女足。"——《缠足论》刊于《万国公报》

"妇人有三从之义，无专用之道。故未嫁从父，既嫁从夫，夫死从子。"——《仪礼·丧服·子夏传》

"九嫔掌妇学之法，以九教御：妇德、妇言、妇容、妇功。"——《周礼·天官》

结论：缠足风俗是受到时人审美观念、择偶标准、礼教观念等影响而形成的，归根结底就是在男权社会中，男尊女卑观念的影响。男尊女卑背后还有深刻的经济原因——小农经济的分工是男耕女织，女性难以实现经济地位独立。

【设计意图】教师引导学生由材料得出结论，在能力层面培养了学生史料实证的学科核心素养，在内容层面也直指缠足风俗的原因在于性别不平等，从而引出下文的移风易俗、追求平等。

3. 金莲之弃——性别平等的不懈追求

（1）思考：缠足陋俗顽固地延续了千年，为何在近代终于得到根本改变？

师生互动，用简易思维导图，共同回顾近代中国在外交、政治、经济和思想文化领域的变化，指出缠足风俗的松动也是伴随着这些变化而发生的，同时变化又是不平衡的，呈现出新旧并呈的特征。

【设计意图】回顾近代中国的变化，帮助学生在复习巩固旧知的同时，发现近代中国经济和社会的变迁是整体性的，从而理解废止缠足的必然性，也为下一环节的学生活动做铺垫。

（2）学生活动：创设情境，借助史料，请学生充当"天足劝导员"，规劝裹脚女孩及其父亲，解放双足。

时间：1923 年

地点：热河特别区街头

人物：卖枕头的小脚女孩

情境：今早，看妹妹裹脚时哭得厉害，"我"小声地说了母亲两句，就遭到父亲的斥骂。父亲已经给妹妹找了门亲事，男方家就要恭顺的小脚女孩！虽然是当二房，只要生下儿子，不会亏待她的。出门前，母亲把妹妹的裹脚布缠得更紧了，想到未来"我"有点心慌……

【设计意图】创设情境帮助学生进入历史，引导学生从个人出路、个人权益、国家权益和新式观念等角度来说明为什么要废止缠足，加深学生对解放双足就是追求性别平等的认识。

（3）展示材料：劝禁缠足的成就，近代中国女性在服饰、教育、就业、婚姻生活、社会生活等方面的变化，新中国成立 70 年来妇女事业的发展与进步。

【设计意图】由点到线到面，延伸拓展，让学生认识到，中国女性从废止缠足开始，不断追求从物质到精神各方面的解放和平等，一百多年来性别平等是一步一个脚印不断向前。

三、思考延伸

提问：中国女性的裹脚布早就解开了，但是当下是否还存在精神上的裹脚布？

举例：2000 年和 2010 年关于女性社会地位的调查数据；少年女德班。

性别平等，始于足下，不能止步。

【设计意图】从历史观照现实，引发学生继续思考乃至行动。

案例 14　　初中融合课（生物）"人的性别遗传"教学设计

广东省中山市第一中学　赖浩

教材内容： 人教版《生物学》教材八年级下册第七单元第二章第四节"人的性别遗传"

融合任务： 5.19 参与讨论社会性别问题并提出建议

教学目标：

1. 懂得人的性别是由性染色体决定的。
2. 进行精卵结合的模拟实验，理解生男生女机会均等。
3. 了解重男轻女思想下"两非"行为（非医学需要的胎儿性别鉴定和非医学需要的人工终止妊娠行为）等，是造成我国人口出生性别比失衡的主要原因。
4. 关注出生性别比失衡的后果与对策，树立尊重生命、性别平等的价值观。

教学过程：

一、导入

有人因为重男轻女，想选择新生儿的性别，例如拜神求子、责怪生女儿的孕妇、吃药求子等。如果身边亲友有类似行为，你会怎样劝说？

想要有说服力，就要学习性别遗传的自然规律。

二、新授

（一）决定人性别的因素

1. 讲授：人的性别与性染色体有关。人体细胞有 23 对染色体，1 个男性体细胞的性染色体为 1 条 X，1 条 Y。
2. 学生在教材 40 页图中找出男、女性染色体并圈出。
3. 提问：已知体细胞形成生殖细胞时，每对染色体中只有 1 条进入生殖细胞。那么精子里会有几条性染色体？按性染色体分，精子可以分为几种？卵子呢？
4. 完成教材 42 页练习 2，思考孩子的性别由什么决定？

（二）出生性别比例

1. 思考：你认为生男生女机会均等吗？
2. 组织分组模拟实验：用围棋子模拟精卵随机结合，探究生男生女机会是否均等。
3. 统计全班结果。提问：生男生女比例正好是 1:1 吗？为什么？

模拟实验说明，理论推理是正确的。在一个多子女家庭中，由于偶然因素的影响，男女比例有可能不是 1:1，但自然情况下，一个国家或地区的新生儿男女性别比为 103～107:100，大致均等。人的自然性别比显示了大自然的奇妙与和谐。

4. 提问：现在你打算怎样劝说前述的求子行为？

(三) 平等的生命权

1. 思考：我国出生人口性别比的实际情况与理论和模拟相符合吗？
2. 播放视频：实际情况是我国出生人口性别比曾经长期偏高，出现严重失衡。
3. 这些性别问题背后的原因是什么？主要原因是"两非"行为，即非医学需要的胎儿性别鉴定和非医学需要的人工终止妊娠行为，甚至溺死、遗弃女婴。
4. 分组讨论并请代表发言：这些做法会带来什么后果？可以采取什么措施纠正？
教师引导、点拨。比如：可能带来婚恋、家庭、性犯罪等社会问题，应对措施包括打击"两非"，惩处溺婴、弃婴等犯罪行为，关爱女孩行动等。
5. 出示图片"消失的女儿"。帮助学生理解"消失的女儿"，懂得这些做法剥夺了女性生命权，严重地践踏了生命伦理，是严重的违法犯罪行为。
6. 播放视频：好消息，近些年我国出生人口性别比连年下降。

三、总结

生男生女机会均等的自然规律应当遵循，重男轻女的落后观念必须破除。
尊重生命，男女平等，社会和谐！

案例15　高中融合课（语文）"玩偶之家"教学设计

广东省东莞市东莞中学　黄航升

融合任务：5.7 反思家庭、社会存在的性别角色差异
适用年级：高二
教学资源：人教版高中语文选修教材《中外戏剧名作欣赏》
教学目标：

1. 促进学生思维发展与提升，提高审美鉴赏能力。
2. 帮助学生全面认识娜拉和海尔茂人物形象，理解娜拉出走原因，认识并反思家庭、社会存在的性别角色差异。
3. 联系生活，增强学生性别平等意识。

教学过程：

一、导入

介绍作者和《玩偶之家》全剧情，引出课文内容，激发学生兴趣。

二、角色演绎

1. 从"你这坏东西"到"我这场大祸都是一个下贱女人惹出来的。"
2. 从"好，去吧"到本段结束。
3. 从"丢了你的家"到"把事情的道理弄明白"。

分析引发戏剧冲突的事件，解读人物行为变化。分析娜拉出走的原因，海尔茂不许娜拉走的理由，反思背后家庭性别角色差异。

三、结局设计

1. 全剧最终以娜拉出走时关大门"砰"的一声结束，这一关门声也引发许多人无限的遐想？很多人都在关心，娜拉出走之后会是怎样的呢？从那个时代和当时的社会看，你们觉得娜拉的结局会是怎样的？

2. 如果放在当今社会，你们觉得娜拉出走后又会是怎样呢？请为她设计一个结局，并说明你们的理由。

四、联系现实

娜拉和海尔茂的时代是离我们远去了，但是我们身边有没有未曾觉醒的娜拉们？还有没有海尔茂们？

五、总结

社会在进步，男女平等在不断推进，然而不可否认的是，我们身边还有无数个娜拉，无数个海尔茂。鲁迅说过，"无尽的远方，无数的人们，都与我有关"。或许我们可以透过娜拉、海尔茂来观照自己，也改变社会。

案例16　职业高中融合课（政治）"就业，你准备好了吗"教学设计

广东省中山市中等专业学校　马惠燕

融合任务	5.5 分析职场中不同性别者的工作困境	适用年级	职高一年级	教学时间	40分钟
教学资源	教材《职业生涯规划》，中国人民大学出版社；模块四 职业生涯发展与就业、创业——第九课 正确认识就业 运用素材：图片，歌曲音乐，比赛专用钞票、手机等教学道具					
教学目标	1. 了解职业的性别隔离，鼓励学生敢于突破； 2. 分析国家和本地的就业形势，以及职场中不同性别者的工作困境； 3. 引导学生树立务实的择业观念，同时积极应对不同性别者面临的就业压力					
活动设计	流程		目的	学习方式	资源运用	
热身活动 （5分钟）	一、理想职业选一选 请学生选择图片展示的职业，并说说选择的原因。由学生选择的性别隔离，引导学生在职业选择中要敢于突破性别隔离		活跃课堂气氛，了解并敢于突破性别隔离	游戏活动	图片

续表

活动设计	流程	目的	学习方式	资源运用
主题活动 (30 分钟)	二、就业形势看一看 学生结合课前搜集的资料，分成四组分别谈对中职生就业形势的看法，围绕的问题：(1) 你想找什么工作，能找什么工作，什么工作好找？(2) 中山的就业形势乐观吗？(3) 中职生凭什么与别人竞争找工作？(4) 找工作中出现过"男女有别"吗	引导学生分析就业形势，初步认识在职场中出现的性别歧视现象	资料搜集展示讨论	就业相关资料
	三、专业能力比一比 (1) 点钞比赛，各请一男生与一女生进行点钞比赛。(2) 推销比赛，各请男女同学推销一款智能手机。(3) 讨论：如果你是老板，你会聘用哪位当员工，为什么	就业需要提高自身的专业水平与综合素质。同时改变性别刻板印象	活动讨论	比赛专用钞票手机
	四、求职现场试一试 首先在招聘软件上随机选择若干招聘广告，学生分析讨论：(1) 你找到你喜欢的工作了吗？它需要什么技能与条件？(2) 在招聘广告中找到适合你的工作。(3) 男同学和女同学相比，谁的工作机会多些	树立务实的择业观念，体会职场中不同性别者的工作困境，学习积极应对	讨论角色扮演	招聘广告
结束活动 (5 分钟)	五、就业设想写一写 让学生结合各自专业写写自己未来的"就业设想"。鼓励大家既要务实择业，也要敢于突破包括性别歧视在内的各种困境	总结	设计分享	音乐

案例17　小学高年级实践课"性别视角看校园"教学设计

广东省中山市实验小学　黄艳冰（执教）　黄权标　姜克旺

设计背景：

本节课是"性别视角看校园"实践活动的组成部分，是调查分析之后的成果展示课。以学生筹划主持的"性别视角看校园听证会"为主体，教师通过组织、引导、点评，帮助学生发现并提升性别平等教育实践活动的价值和收获。

教学过程：

一、导入

教师与学生共同回顾本次实践活动的过程。

二、听证

1. 小主持宣布"性别视角看校园听证会"开始,介绍到会的学校领导。
2. 各小组分别做"性别视角看校园"调查报告。
3. 学校领导回应各小组提出的促进校园资源运用与分配性别平等的意见和建议。
4. 班长代表全体同学向学校转交调查报告书。

三、分享

1. 组织学生各自填写《性别平等意识自评表》,反馈参加本次实践活动前后性别平等意识变化情况。
2. 学生分享本次实践活动的收获。注意要围绕自己性别平等意识的具体变化,要有细节。
3. 教师引导学生发现"性别视角看校园"实践活动的意义,共同憧憬"性别平等,快乐成长"的和谐校园美好生活。

"性别视角看校园"实践活动方案

中山市实验小学　黄艳冰　黄权标　姜克旺

一、活动目的

1. 根据《中山市中小学性别平等教育指导大纲》学习任务"2.9 发现校园中资源运用与分配的性别差异"的要求,学生通过调查、采访、听证,发现校园中资源运用与分配的性别差异,增强性别平等观念和行动能力。
2. 学生在自主活动中,提高主人翁意识,发展实践能力。

二、活动时间

调查时间:2015 年 9 月 21—30 日(地点:校园)
听证时间:2015 年 10 月 13 日(地点:科学楼演播室)

三、活动内容

校园资源运用与分配的性别差异调查任务表

	调查内容	调查要求
1	运动空间	1. 了解运动设施是否满足男、女生活动需要 2. 调查不同时段男、女生使用设施的情况 3. 对校园运动设施满足男、女生活动需求提出建议和意见
2	绿色休闲空间	1. 调查不同时段的男、女生使用情况 2. 对绿色休闲空间满足男、女生活动需求提出建议和意见

	调查内容	调查要求
3	公共厕所	1. 调查统计男女厕所数量，绘制校园厕所分布平面图 2. 了解学校师生男女人数，调查校园各区域厕所男女师生使用的情况 3. 对校园厕所满足男女师生需求提出建议和意见
4	功能场室	1. 了解各功能场室分布情况，绘制分布平面图 2. 调查各功能场室男、女生使用的情况 3. 对功能场室满足男、女生活动需求提出建议和意见
5	社团活动	1. 了解我校有哪些社团 2. 统计各社团男、女生的数量 3. 对社团活动满足男、女生需求提出建议和意见
6	课堂教学	1. 了解男、女生在课堂上举手发言的情况 2. 调查各学科老师提问和表扬男、女生情况 3. 对课堂教学满足男、女生需求提出建议和意见
7	用餐情况	1. 男、女生用餐时座位分布情况调查 2. 男、女生用餐时间和数量的情况调查 3. 男、女生文明用餐情况调查 4. 对用餐条件满足男、女生需求提出建议和意见

四、活动要求

1. 以班级为单位，以小组为核心，优化调查研究内容，自定调查方法；
2. 各班围绕调查主题搜集资料，撰写调查小报告，并制作PPT报告。

五、技能培训

培训内容：调查的相关要点、方法、技能，调查小报告的撰写与PPT制作。

案例18　　幼儿园大班社会活动"我们都一样"教案

广东省中山市民众中心幼儿园　陈静

活动目标：

1. 学会彼此尊重，体验游戏的快乐。
2. 尝试打破性别刻板印象，学习尊重他人不同的性别特质和职业选择。

活动准备：

调查表《我们的选择》、生活常见的工具和物品。

活动过程：

一、师生问好，谈话导入

1. 出示锤子、钉子、围裙、锅铲等实物，引发幼儿兴趣。
   引导语：今天陈老师给大家带来了一些有趣的物品，一起来看看！
   提问：小朋友们认识这些东西吗？你见过谁使用过这些工具和物品呢？
2. 第一次操作，进行物品分类，进一步了解幼儿性别刻板印象的情况。
   提问：为什么你要把×××分给男生？又为什么把×××分给女生？

二、初步理解性别平等

1. 对幼儿做一次调查并进行统计，尝试引发幼儿思考。

	我们的选择			
项目1	粉色房间		蓝色房间	
	男孩：	女孩：	男孩：	女孩：
项目2	医生		幼儿教师	
	男孩：	女孩：	男孩：	女孩：
项目3	小木匠		花艺师	
	男孩：	女孩：	男孩：	女孩：

2. 分组体验操作。鼓励女孩做小木匠，男孩体验插花，引导尝试打破性别刻板印象。
3. 教师小结：男生插花一样很漂亮，女生做木工也很棒。我们都一样能干，没有规定什么活动是男生或者女生的专属，只要我们感兴趣，都可以去做，都有成功的可能。

三、进一步打破性别刻板印象

1. 观看行业图片，了解生活中的一些职业和兴趣爱好并不受性别限制。
2. 教师总结：爱好是没有性别之分的，男生可以喜欢粉色和布娃娃，女生也可以喜欢蓝色和模型飞机；工作也没有性别之分，男生可以做幼儿园老师、护士、模特、化妆师、造型师；女生也可以做医生、航天员、警察等。
3. 游戏：挑战不可能

齐唱《再见歌》结束活动。

附录三

重要概念（按音序排列）

安全性行为：是指没有精液、阴道分泌物、血液、唾液与黏膜组织等体液交换的性行为。安全性行为能有效预防艾滋病、其他性传染病和未婚怀孕，保障人的身体健康。对于未成年的青少年学生，最安全最负责的是不发生性行为。正确使用安全套属于安全性行为，考虑到避免可能存在的安全风险，应该让青春期的孩子认识安全性行为，懂得如何采用使用安全套等保护措施。

玻璃天花板（glass ceiling）：1986年3月24日华尔街日报记者Hymowitz和Schellhardt首次用"玻璃天花板"描述了女性在职位晋升过程中遭受的某些"透明、不易察觉"的障碍，就像玻璃天花板一样。

妇女参政：是指妇女作为一个群体参与国家政治生活、管理社会公共事务。由于社会地位和性别角色的影响，妇女参政比例远低于男子，因此社会参与的性别平等问题，就转化成了妇女参政的问题。

赋权（empowerment）：指的是每个人，不论男女，都有掌控自己生活的权利，包括安排自己生活日程，获得技能，增强自信，解决问题，能够自立。它既是一种过程又是一种结果。赋权妇女着意改变社会性别机制及其他社会不平等，关注妇女的独立自主决策与资源控制，以建立新的社会经济政治平等。它不是外在的给予或允许，而是对内在的能力的确认和发挥，是妇女发起并推动其他社会机构积极回应的改变现状的行动。

家庭暴力：按照《中华人民共和国反家庭暴力法》的规定，是指家庭成员之间以殴打、捆绑、残害、限制人身自由以及经常性谩骂、恐吓等方式实施的身体、精神等侵害行为。

情感关系：主要有亲情、友情和爱情三种类型。亲情是基于血缘关系的情感，包括亲子之情、兄弟姐妹之情。而友情和爱情都是基于人际吸引的情感。

社会性别（gender）：是指男女两性在社会文化的建构下形成的性别特征和差异，包括社会文化形成的对男女差异的理解，以及男女不同的角色分工、社会期望和行为规范等。生理性别是与生俱来的，一般不可改变，或者很难改变；社会性别则是后天赋予的，当然也会因文明的差异而不同，随社会的发展而改变。我们日常使用的性别概念往往混合了性别的生物属性和社会属性，既包含了生理性别，也纳入了社会性别。

社会性别分析法：是审查社会中现存性别关系的有效方法，可以广泛运用于与性别问题相关的各种分析领域。社会性别分析不只是分析女性的生存发展状况，而且分析两性的社会属性及其相互关系；社会性别分析不是将性别问题看成是偶然的、简单的态度问题，而是与社会文化相关的问题。

社会性别刻板印象（gender stereotype）：简称性别刻板印象或性别刻板化，又叫性别定型、性别定式等，是指针对不同的性别群体的简单而固定的看法。例如，我们到商店里请售货员帮忙给小朋友挑选礼物，如果是男孩，一般会推荐枪、刀剑、小汽车之类的玩具；如果是女孩，则很可能是洋娃娃。在性别气质、性别角色、性别分工、性别互动等方面都普遍存在性别刻板印象。性别刻板印象是产生性别偏见、性别歧视的直接原因之一。如果说性别刻板印象还仅仅是意识、观念，性别偏见就与行动有关，性别歧视更偏重于指违反道德法律的行为。例如，"女性不擅长开车"是性别刻板印象，"我不愿意教女性学开车"就是性别偏见，"女性学开车需多交学费"则属于性别歧视了。

社会性别主流化（gender mainstreaming）：就是将性别观点纳入政府工作和社会发展决策的主流。这是经过国际妇女运动数百年奋斗和世界各国人民探索，在20世纪后期联合国一系列有关人类发展大会的基础上，逐渐形成的推进性别平等和可持续发展的基本经验和共识。

身体意像（body image）：也称体像，是个体对自己身体相貌、体格、体能等的认知和评价，是个体自我意识中最早萌发的部分，也受社会文化的支配和重要他人评价的影响。

生理性别（sex）：是指男女两性在生理上的分化，具体表现在染色体、性腺、性激素、解剖结构、生理机能、身体形态等方面的差别。

体像烦恼（body image depression）：是个体由于对自我体像失望所引起的心理烦恼，对青少年学生来说，具体表现为形体烦恼、性别烦恼、性器官烦恼和容貌烦恼等方面。体像烦恼对个体心理和行为，如社交、情感及学习积极性均产生不同程度的消极影响，严重的甚至会引起体像障碍。

性别分工：是指社会依据性别不同而分配劳动的方式。性别分工是性别角色在劳动方面的具体体现。"男主外，女主内"体现的就是家庭中的性别分工，男性主要承担社会劳动，女性主要承担家务劳动。等级化的性别分工使人们相信，男性劳动是社会生产发展的主要推动者，女性劳动只是辅助性的，是维护文明。男性的，以商品化劳动为主的工作是更有价值的；女性的，以关怀性劳动为主的工作是次要的。

性别隔离（sex segregation）：社会的性别分工等级化，表现为职业中的性别隔离现象，包括水平隔离和垂直隔离。垂直隔离是指男性与女性在同一行业中，男性通常有着较高的职位与薪资，女性则处于较不需要技术的低职位，薪资低且不易升迁，遇到"玻璃天花板"。水平隔离则是指女性难以进入某些被视为是"男性的工作"，例如以体力劳动为代表的职业，如司机、搬运工，以及有较高的社会地位名声、强调专业的工作，如医生、律师、大学教授。而有些工作则被认为是"女性的工作"，通常是类似于家务劳动的关怀性工作，如家政服务、护士、幼儿园老师以及大多数的服务业从业人员。

性别互动：社会互动是各种社会关系交互刺激与反应的过程。性别互动是社会互动的一种，是用性别的视角考察个人或团体相互作用和交往的过程。性别互动体现的是性别关系。

性别教育：性别教育就是社会性别的教育，是指以特定社会背景中的性别观念为基础，通过有形和无形的方式渗透到教育的各个环节，影响受教育者性别认知的发展和性别观念的形成，产生相应性别行为的社会化教育过程。性别平等教育就是基于平等权利的性别教育，因此，就目前的教育实践而言，性别平等教育和性别教育常常表达的是同一个概念。

性别角色（gender role）：是以性别为标准划分的社会角色，是指每种性别在所属的社会和群体中占有的位置，以及被该社会和群体所规定及希望的特定的行为模式。性别角色与性别气质这两个概念既有区别，又有联系。性别气质的认识增加了性别角色的合理性，性别角色的规范又强化了性别气质的两极化。两者都与行为有关。性别气质是从心理学的角度，分析两性不同行为所体现的心理倾向；性别角色则从社会学的角度，考察两性不同行为的规范，以及相应的社会地位。两者都要破除性别刻板印象。破除性别气质刻板化（典型是"男阳刚，女阴柔"），是要理解性别气质多样化；破除性别角色刻板化（典型是"大丈夫，小媳妇""男主外，女主内"），更多是推进平等的性别地位和性别分工。

性别平等（gender equality）：是国际妇女运动和联合国长期努力追求的社会目标。在 1975 年第一次世界妇女大会通过的《墨西哥宣言》中，就明确界定了男女平等是"男女作为人的尊严和价值的平等，以及男女权利、机会和责任的平等"，此后人们不断深化认识，形成了对性别平等的共识：性别平等是作为人的尊严和价值平等，是男女权利平等，是男女机会平等，是男女实质平等。形式平等，是指不同性别者在法律面前一律平等；而实质平等，是指法律要对妇女的合法权益做出某些特殊保护规定，以确保不同性别者在真正意义上的平等。"男女平等"和"性别平等"在一般情况下是同义词。性别平等还考虑了不同性倾向和性别认同等情况。

性别平等教育：指培养性别平等观念和行动能力的教育，是基于平等权利的性别教育。我国开展性别平等教育，是贯彻落实男女平等基本国策的重大举措，是推进实施妇女发展纲要规划的重点目标，也是践行社会主义核心价值观的重要载体。中小学性别平等教育，是培养中小学生性别平等观念和行动能力，促进其个人成长、和谐相处并参与建设性别平等社会的教育，是进一步加强和改进中小学德育工作、全面推进素质教育的重要组成部分。还有广义的性别平等教育。如果说上述狭义的性别平等教育是"关于性别平等的教育"，那么广义的性别平等教育实际上就是"体现性别平等的教育"，是指不同性别者在接受教育的全过程中，在教育的各个领域均享有平等的机会和权利。

性别平等意识：简称性别意识，是一种从性别的角度，观察和认识社会政治、文化、经济和环境，并对它们进行性别分析和性别规划，以实现社会性别平等的观念和方法。性别意识有两个分析解决问题的基本出发点，那就是从社会性别出发，从基本人权出发，两者殊途同归。

性别气质：是以两性第一性征和第二性征为基础，一整套固化的、强调两性对立的心理特点和行为举止。传统社会两性性别气质的稳固和对立，表现为性别气质的刻板化。男性气质是强壮、勇敢、独立、追求成就、富竞争性，表现为阳刚的行为；女性气质则是娇弱、顺从、依赖、温柔、整洁，表现为阴柔的行为。其实性别气质是多样化的，每个人都同时拥有阳刚和阴柔的气质，只是程度不同。

性别认同（gender identity）：是指一个人对自己性别上的认定。个人的性别气质不符合传统社会的期待，就可能面临性别认同的困扰和痛苦。

性教育：一般来说，性教育是指关于性知识、性道德和性行为等方面的教育。性别教育与性教育的区别在于，前者的立足点是社会性别（gender），而后者的立足点是生理性别（sex）。国际社会倡导的全面性教育（comprehensive sexuality education，CSE）也要求基于社会性别来开展。

性侵害：是指任何违背个人意志，要求性行为或与性有关的活动，并在性方面造成对受害人伤害的行为。猥亵、乱伦、强暴、性交易、媒介卖淫等都属于性侵害。

性骚扰：是指违背他人意志而实施的与性或性别有关的行为，例如透过文字、图画、声音、影像、物品等方式，或以歧视、侮辱的言行、有性意味的触碰等，造成当事人尊严受损，或使人感到不舒服、焦虑、恐惧，正常生活受影响，都属于性骚扰。

中国妇女发展纲要：为全面贯彻落实男女平等基本国策，自1995年起国务院制定实施了四个周期的中国妇女发展纲要，全国县级以上地方政府相应制定实施了妇女发展规划。中国妇女发展纲要是促进性别平等、推动妇女全面发展的国家行动计划，为促进性别平等和妇女发展提供了行动纲领和有力保障。中国妇女发展纲要与中国儿童发展纲要经常合称为"两纲"。目前实施的"两纲"为《中国妇女发展纲要（2021—2030年）》与《中国儿童发展纲要（2021—2030年）》。

后　记

本书写作后期，国务院妇儿工委办确定将在中山市举办"全国教育工作者社会性别意识培训班"，其中安排了观摩中小学性别平等教育课程的培训内容。中山将提供三节观摩课，分别是初中专题课"悦纳性别气质"，小学中年级融合课（美术）"我的劳动小围裙"和小学高年级实践课"性别视角看校园"。我一边校改书稿，一边与承担观摩课教学任务的老师研讨教学，忙碌而快乐地穿越着。校改书稿时，感觉像用文字与教师研讨；研讨教学时，又发现书稿的某些部分需要继续修改。

《中小学性别平等教育指南》可以说是一本为教师所写，同时也是与教师一起写的书。因此，我要衷心感谢参加中山市中小学性别平等教育试点工作的学校领导和老师们，还有市妇儿工委、市妇联、市教育和体育局、镇区妇联和教育事务指导中心的有关领导，以及我在市教研室的几位同事，是你们的热诚和智慧，引发并成就了这本书。

本书编校时间紧任务重，我要衷心感谢华南理工大学出版社领导的大力支持，感谢郭文婷、吴翠微两位责编的辛勤付出，以及对我某些时候苛刻、急躁的宽容。

最后，我还想感谢自己生命中三位重要的女性，我的母亲、妻子和女儿，她们让我切身感受了性别平等的价值和力量。我妻子是性别平等教育的实践者和本书的第一位读者，我女儿提供了不少新鲜热辣的性别议题和案例，都给我很多帮助和启发。

本书的编写与中小学性别平等教育试点工作同步，试点工作期待深入，本书也将会随之不断修改完善。欢迎各位读者将意见和建议用电子邮件发至1413069325@qq.com。让我们共同编写更新更优的指南，也共同探索并实践更高水平的中小学性别平等教育。

冯继有
2015 年 12 月 12 日

再版后记

"人事有代谢，往来成古今"，六年半诸多变迁，感谢依然。

《中小学性别平等教育指南》初版后，"中山模式"广泛辐射，我也有机会接触到全国各地更多投身性别平等教育的妇儿工作者、教育工作者、社会工作者等。每一次研讨交流，每一节磨课、评课，都为再版积累着丰富的素材，也在我心底留下了一份很长很长的致谢名单。有人退休了，有人换了其他岗位，但共同探索的深深足印，总会让我无言感激。

感谢李慧英老师赐序。再版对性别议题思考的深化，得益于性别研究专家的指教，其中受教于李老师最多。我曾笑着对李老师说，"相当于读了您的博士吧，至少是硕士。"

衷心感谢华南理工大学出版社的卢家明社长、吴翠微主任，对本书从初版到再版长期的支持和帮助。

2020年、2021年，父母先后离世。二老给了我最朴素的性别平等教育启蒙，也以我在性别平等教育方面的成绩为荣，虽然对我的一些观点未必完全赞同。

妻子对我的性别平等教育观念与实践给予了坚定的支持。女儿一直为我提供相关资源，还与我热烈讨论，有些议题相当前卫，多数时候能达成共识，但她总觉得我对性别歧视还不够锐利，相信她心中会有自己的修订版本。

修订不会停息。我2016年12月开通微信公众号"冯继有"，一个主要目的就是反馈性别平等教育的探索，至今已撰写性别平等教育主题文章220篇。欢迎各位读者通过该微信公众号提出对再版的意见和建议，我会及时回复，大家共同打造《中小学性别平等教育指南》的在线修订版本。

冯继有

2022年7月8日